◆本教材为广州大学教材出版基金资助项目
◆高等院校会展专业教材
◆南开大学出版社

◆樊英　刘冰　编著◆

会展法规与实务

图书在版编目(CIP)数据

会展法规与实务 / 樊英，刘冰编著. —天津：南开大学出版社，2010.5（**2013.8 重印**）

高等院校会展专业教材

ISBN 978-7-310-03400-0

Ⅰ.①会…　Ⅱ.①樊…②刘…　Ⅲ.①展览会－法规－中国－高等学校－教材　Ⅳ.①D922.16

中国版本图书馆 CIP 数据核字(2010)第 058015 号

南开大学出版社出版发行

出版人:孙克强

地址:天津市南开区卫津路 94 号　　邮政编码:300071

营销部电话:(022)23508339　23500755

营销部传真:(022)23508542　　邮购部电话:(022)23502200

*

天津泰宇印务有限公司印刷

全国各地新华书店经销

*

2010 年 5 月第 1 版　　**2013 年 8 月第 3 次印刷**

787×960 毫米　16 开本　17.5 印张　322 千字

定价 :32.00 元

如遇图书印装质量问题,请与本社营销部联系调换,电话:(022)23507125

前　言

会展业作为一个新兴的产业部门，被誉为“朝阳产业”，它与旅游业、房地产业一起并称为21世纪“三大无烟产业”，具有广阔的发展前景，会展业涉及的领域非常广泛，但从目前我国会展业法制建设情况看还很不完善，立法层次不高，正式的行政法规也尚未出台。相关法律法规不少，但比较散乱，没有形成体系。毫无疑问，完善会展法对中国会展业的蓬勃发展起着关键作用，而一个正规的、合理的、有秩序的会展业才能更好地带动中国的经济。

随着会展业的迅速发展，会展法学作为新兴的法律学科分支应运而生。近些年来，不少学者开始投入到会展法学的教育和研究中，在某些领域取得了一定的成果。但一个不能忽视的事实是，会展法学作为具体的部门法分支学科，在法学研究中还基本处于边缘法学的地位。从事会展法研究的人员大多是从事会展教育的人士，法学界对此关注不多，在很多问题上还没有涉足，在很多领域还没有达成共识。因此，加强会展法学研究迫在眉睫。

中国会展业的发展使培养会展人才成为当务之急，自2003年教育部首次在普通高校设立会展经济与管理专业起，近年来高等会展教育以令人难以置信的速度飞速发展。从现有的高等教育会展法规教材来看，数量不多，其中不乏好的教材，应该说倾注了会展教育者们的心血，为会展高等教育做出了贡献，也为本书的编写提供了不可多得的经验。但总的来看不少教材是对相关法律内容的论述，而与会展实践活动的联系性不强，从某种意义上说，这类教材多半属于会展业相关法律制度汇编，因而，对会展实践活动的具体指导性和应用性不大。

广州大学旅游学院（中法旅游学院）是国内最早开设会展类专业的院校之一。2002年，旅游学院成立之际，就率先开展了会展专业的合作项目。2007年获教育部批准同意设置会展经济与管理本科专业后，广州大学旅游学院大力加强会展经济与管理专业学科建设，积极鼓励教师们自编教材。本书编著者均为广州大学具有多年教学经验、从事相关法学教育的教师。在充分吸收同行同类教材编写宝贵经验基础上，尽快、尽早出版符合大专院校会展经济与管理专业的教材，为会展人才的培养尽了最大的力量。

本书编写侧重点在实务，编著者力图梳理会展业部门规章和相关法律规范，并密切结合会展业的发展动态与前沿问题，注重内容的科学性、系统性和实践性。融合了民商法、其他相关法律及会展业政策和部门规章，密切围绕会展业市场经营过程中最为常见和实用的理论与实践问题，在分析会展业法律关系和法律纠纷的基础上，运用相关法律制度，力图使学生在学习中注重法律基础、关注会展业发展动态、开阔视野，拓展知识面、培养解决实际问题的能力。这是我们在教材编写过程中所做的尝试，当然，难免有不完善的地方，我们愿意以诚恳的态度求教于方家。

本教材第一、二、三、六章为樊英编写；第四、五、七、八章为刘冰编写。并由樊英负责本教材的最后统稿工作。

本书编著者

2009 年 8 月 31 日 于广州市桂花岗

目 录

第一章

会展业法律制度概述

学习目的

从市场经济的内涵看，市场经济就是法制经济，只有进行严格的法律规范才能促进市场经济更健康的发展。会展法是一个新兴的法律分支，是随着我国会展业的发展而出现的，它对中国会展业的蓬勃发展起着保驾护航的作用。通过本章的学习，使学生了解我国会展业的发展现状及其地位和作用，了解法学的一些基本理论问题，掌握会展法的调整对象，熟悉我国会展法制建设的状况。

主要内容

- 会展业概述
  - 会展业的概念
  - 我国会展业发展现状
  - 会展业的地位和作用
- 会展法的概念及其调整对象
  - 法的一般原理
  - 会展法的概念及其调整对象
- 会展法律关系
  - 会展法律关系的概念
  - 会展法律关系的构成
  - 会展法律关系的发生、变更和消灭
  - 会展法律关系的保护
- 我国会展法规体系
  - 我国会展业立法现状
  - 我国会展法规体系

第一节 会展业概述

一、会展业的概念

学术界对会展的定义可以分"广义"和"狭义"两种。狭义的会展仅指展览会和会议;广义的会展是会议、展览会和大型节事活动的统称。

会展业是指由会展经济运行而引起的相互联系、相互作用、相互影响的同类企业的总和,是一个新兴的服务行业。

二、我国会展业发展现状

改革开放 20 多年来,我国会展业从无到有,从小到大,以年均近 20%的速度递增,行业经济效益逐年攀升,场馆建设日臻完善,已成为国民经济的助推器和新亮点。

概括起来,我国会展业良好发展态势主要体现在以下几个方面:

1.展览会场馆规模不断扩大

在第三届中国会展经济国际合作论坛上,中国贸促会首次发布了对中国内地展览场馆比较全面的统计:截至 2006 年底,中国内地共拥有 2000 平方米以上的各类会展中心和展览场馆 170 家,可用于展览的总面积达 536.5 万平方米,其中近 2/3 为室内展馆,1/3 为室外展馆。展览总面积已居世界前列,超过了号称"世界会展之国"——德国的展馆面积,拥有一批具有国际水平的现代化会展场馆。广州国际会展中心是到 2009 年 1 月为止,亚洲规模最大、设施最先进、档次最高,被认为能满足大型国际级商品交易会、大型贸易展览等需要的多功能、综合性、高标准的国际展览中心。已竣工的首期工程占地 43 万平方米,总建筑面积 39 万平方米,拥有三层共 16 个标准展厅,展厅总面积 16 万平方米,有国际标准展位 10200 个。据不完全统计,全国正在建设或规划将在未来几年建成的各类会展中心的会展面积可能超过 100 万平方米。当然,展馆的建设不是越多越好,也不是越大越好,更不是越豪华越好,关键是要适应国家以及当地经济发展的需要。

2.会展活动空前活跃

据有关调查表明,举办和参加会展的企业数和人数不断增多,2004 年我国会展项目数量超过 3000 个,出国办展近 800 个;参展企业 500 多万家,参会专业观众近 2000 万人次;节庆活动 5000 多个,参与观众达数亿人次。就展会类型来说,有外国来华单一国家展览,有综合性展览,有专业性展览。就国际展而言,专业性展览约占95%以上。会展收入增幅明显，目前举办各类展会直接收入超过100亿元，间接带动的旅游、餐饮、交通、广告、娱乐、房产等行业收入高达数千亿元。

3.会展质量逐步提高

经过多年发展，一些由政府主导的综合会展向专业会展转变，有的随着市场化、专业化、国际化水平的提高而成为著名会展，已培育出一批具有特色的、高水平的、较大影响力的会展知名品牌，诸如广交会、高交会、上交会等综合展。专业化会展比重增加，几乎涉及经济的各个部门和主要行业，如北京的机床展、纺机展、冶金铸造展和印刷展等已跻身国际同行展的前四名，珠海国际航空展成为亚洲第二大航展，而号称"中国第一展"并享誉全球贸易展的"广交会"是我国历史最长、规模最大、层次最高、影响最广、商品种类最全、到会客商最多、成交效果最好的综合性国际贸易会展。

4.组展主体呈多元化

目前主要有五大主体：一为政府机构，包括政府部门、事业单位，承担政府主导的各种重大经贸洽谈展会和综合性展会，政府主导型的展会仍是一大亮点，由国家部委和省市政府共同举办的大型展会活动，其中不少展会有高层领导人出席、讲话、剪彩、题词；二为行业协会，各种有影响的专业性会展大部分由行业协会主导或主办；三为国有企业，少数国有企业组织经营性会展等业务；四为民营企业，民营企业介入会展业，或主营或兼营，经营范围中有会展业务的民营企业在京、沪、穗这三地就超过千家；五为外资企业，境外的会展公司与国内有关单位结成合作伙伴，开展海外和国内招展，据不完全统计，目前国内举办的国际专业展将近40%有境外公司参与。

5.会展群聚效应突出

会展业在全国各城市发展迅速，尤其以北京、上海、广州、大连、成都五大会展城市最为活跃，形成了"环渤海、长三角、珠三角、东北、中西部"五个会展经济产业带。环渤海会展经济带——以北京为中心，以天津、廊坊等城市为重点，其会展业发展早、规模大、数量多，专业化、国际化程度高，门类齐全，知名品牌展会集中，辐射广。长三角会展经济带——以上海为中心，以南京、杭州、宁波、苏州等城市为依托的会展产业带已经形成。该产业带起点高、政府支持力度大、规划布局合理、贸易色彩浓厚，受区位优势、产业结构影响大，发展潜力巨大。珠三角会展经济带——以广州为中心，以广交会为助推器，以深圳、珠海、厦门、东莞等会展城市群，形成了国际化和现代化程度高、会展产业结构特色突出、会展地域及产业分布密集的会展经济带。东北会展经济带——以大连为中心，以沈阳、长春等城市为重点的会展经济带，依托东北工业基地的产业优势及东北亚的区位优势，形成了长春的汽博会、沈阳的制博会、大连的服装展等品牌展会。中西部会展经济带——以成都为中心，以重庆、西安等城市为重点的会展经济带，通过不断发展，现已形成了成都的西部国际博览会、重庆的高交会、西安的东西部洽谈会等品牌展会。从会展收入看，广东、北京和上海占据了垄断地位，占全国会展收入的近90%。同时，逐步形成新兴的会展业市场和一些具有一定实力的会展集团公司。

三、会展业的地位和作用

（一）会展业的地位

任何一个产业的形成都是生产力发展到一定历史阶段的产物，没有生产力和科学技术的发展，就不可能有新产业的出现。会展业作为一种新兴产业类型，是市场经济发展到具备了一定的经济、政治、文化、制度等方面的条件，是要素流动发展的必然结果。

会展业主要通过举办各种形式的会议和展览，包括大型国际博览会、展览会、交易会、运动会、招商会、经济研讨会等，吸引大量商务客和游客，促进产品市场的开拓、技术和信息交流、对外贸易和观光，并以此带动旅游、住宿、商业、餐饮、购物等多项相关产业的发展。会展业作为具有较高经济效益的朝阳产业，其影响面之广，关联度之高，是不容忽视的。

2002年5月，会展业以会议及展览服务业的名称被纳入我国《国民经济行业分类》。2004年8月，国家发改委正式把会展业列为“产业”，表明会展业在我国国民经济中的重要地位已得到国家的认可。

（二）会展业的作用

在会展经济高速发展的今天，会展业的作用日益凸现，概括起来，主要体现在以下几个方面：

1. 会展业是城市发展和现代服务业的强劲引擎

首先，会展业是城市服务业的源头和引擎。举办会展，能够为城市带来大量的有较强消费能力的商务人员。为现代服务业如航空业、铁路业、运输业、酒店业、餐饮业、物流业及商业、旅游业等各类其他服务业提供了服务的主体。会展业还会促进做短暂停留的机构及人员在举办城市设立分公司、办事处，在所在区域开拓市场，为当地引入先进技术、理念和人才。其次，会展业影响着城市及区域经济的定位和经济模式。以珠三角会展经济带为例，早在1957年，国务院决定举办“广交会”以作为中国与国外进行商贸交流的窗口。到目前，广州有几万名世界各地尤其是非洲、中东等地的客商长期驻留，将中国的产品批发到世界各地，广州也发展成一个中国商品的对外贸易中心和集散地，这其中，已举办100

多届的广交会对广州经济特色的形成和影响功不可没；深圳在1999年开始举办中国国际高新技术成果交易会，与深圳市政府确定的发展高新技术产业互相影响；东莞市以制造业闻名，举办的各类工业展览会反过来促进其制造业名城的定位和发展。由此可见，会展业在帮助及促进一个城市、一个区域经济的模式的形成、城市经济定位方面所起到的作用。第三，会展业对城市宣传有着不可比拟与替代的作用。一个城市一个地区在全国全世界的宣传，最好的方式莫过于让从全国各地、世界各地的人们一次或数次来到这个地方，亲眼看、亲身感受；其次的方式便是不断地有人、有资讯提到这个地方，而会展业恰好可以做到这两点。大型的展览会对城市知名度的传播如同奥运会等顶级赛事一样，起着"引起关注，提振信心，促进城市发展"的作用。

2.会展业具有强大的产业带动效应

会展业不仅能带来场租费、搭建费等直接收入，而且还能拉动或间接带动数十个行业的发展，直接创造商业购物、餐饮、住宿、娱乐、交通、通讯、广告、旅游、印刷、房地产等相关收入；不仅能集聚人气，而且能促进各大产业的发展，对一个城市或地区经济发展和社会进步产生重大影响和催化作用。据有关统计表明，一个好的会展对经济拉动效应能达到1∶9，甚至更高。以深圳市会展业为例，自从1999年10月第一届深圳中国国际高新技术成果交易会的成功举办和高交会展览中心的建成使用，带动了深圳市会议展览业的第二次发展高潮，每年都有大规模的展览在深圳崛起和形成，深圳在高交会的带动下，每年都有70个左右的大中小型展览会，参展参会人数达到了至少200万人次以上，仅每年的高交会就达到了60万人次，2004年11月成功举行的首届深圳国际文化产业博览会参展参观者就达到了47万多人次。人的流动，无疑是财的流动，举办一个展览会也无疑给会展服务相关行业起到了带动作用，以下行业将是直接受益的行业：如展览馆场地服务、展览装饰设计、展品运输、展位灯光音响服务、数字投影设备服务、会议速记、会议论坛、新闻发布、产品推荐、礼仪模特服务、会议展览翻译、广告印刷、邮电通信、银行快递服务、鲜花服务、会议糕点、酒店住宿、餐饮业、歌舞娱乐场所、桑拿浴场、脚底按摩、美容美发、形象设计、休闲购物如酒吧间、咖啡屋、电子市场、商场购物、会展人才培训就业、订票服务、商务考察旅游等行业，这为以上相关行业带来了无限的商机，也为以上行业带来了劳动就业率，为稳定社会发展和带动城市经济以及增加城市税收带来了积极作用。

3.会展业具有优化城市产业结构的功能

从产业经济学的角度看，会展业将产生城市产业结构优化效应。所谓产业结构优化是指推动产业结构合理化和高度化发展的过程，它主要遵循产业结构演化规律，通过创新，加速产业结构的高度化演进。当城市的主导产业被确定后，将会通过扩散效应对整个城市产业结构的优化发展起到积极作用。会展业汇聚巨大的信息流、技术流、商品流和人才流，意味着各行业在开放潮中，在产品、技术、生产、营销等诸方面获取比较优势，优化配置资源，增强综合竞争力。使产业结构的发展顺着劳动密集型产业、资本密集型产业、技术(知识)密集型产业分别占优势地位的方向演进，使城市的产业结构向着更加合理化和高度化的方向发展，最终推动经济的发展。

4.展览本身创造出巨大的经济效益

展览的经济效益，包括实际的经济效益和潜在的经济效益。实际经济效益由贸易成交促成，潜在的经济效益主要体现在展览对宏观经济的作用、展览对企业经营决策的作用、展览的商品流通渠道作用等方面。应该说，成交是参展企业的最重要目标，参展商希望在每一个展览会上都能签署可观的购销合同以及投资、转让、合资意向书。在展览会上，参展企业有备而来是为卖，参观者有备而来是为买。在经过全面、彻底地介绍或了解产品后，双方就价格条件、包装条件、运输条件、交货条件、支付条件等进行讨价还价，最终达成一致，签订合同。据统计，2001 年秋季在深圳举办的第三届“中国国际高新技术成果交易会”，吸引了国内外 85 个代表团、3320 家参展商、15404 种参展项目、1660 家投资商，参观洽谈人士超过 30 万，成交金额达 104.18 亿美元。德国既是经济大国同时也是展览大国，其贸易量的 80％是通过展览会达成的。这一统计数字说明了展览会在成交方面的作用。展览会巨大的宣传优势对于推出新产品、寻找新客户、销售和成交作用很大。由于现代市场营销活动是在以广泛的地域范围和复杂的人际关系为背景的社会化大生产条件下进行的，所以仅有优质的产品、合理的价格和适当的渠道，并不一定就能立即吸引大量的顾客。因为在商品经济的大千世界中某一企业的产品及其有关情况并不一定会引起他们的注意。这就需要企业采取各种有效的方法，把企业的有关信息传递给自己的目标市场，以引起消费者的注意，激发他们的需求欲望，吸引他们购买企业的产品，这一系列做法及其策划就是企业的促销策略。消费者一般是在进行比较后才会购买他们所了解的产品，他们对某企业的有关信息知道得越多，选择该企业产品的可能性也就越大。

一般而言，会展业的发展需要具备若干前提条件：一是制造业发达，具有明显的产业优势；二是经贸活动频繁，市场繁荣；三是城市功能设施齐全，交通便利；四是展馆及配套服务设施完善。值得注意的是，近些年来，各地纷纷对会展业青睐有加，片面、过分地推崇会展业，会给人一种错觉，以为会展业是万能的，只要极力推动，自然就会产生经济效应。事实上，会展业须以产业为基础，只是产业链中的一个环节而已，它的基本因素仍是服务业，两者并非“鸡与鸡蛋”的关系。恰当地评估会展业在产业发展中的作用，有利于会展业的发展。现在，许多城市都在探索会展业的问题，连一些中小、偏远城市，也计划通过会展业带动城市的发展，而完全忽视了本地的产业规模、状况、前景。但事实的情况是，在城市产业单调、规模不大的情况下，会展业并不能发挥多大的作用。

第二节　会展法的概念及其调整对象

一、法的一般原理

（一）法的概念及其特征

1.法的概念

法是一种规范，是一种由国家制定或认可的，规定人们法律上的权利和义务，并由国家强制力保证实施的规范。

2.法的特征

法作为一种社会规范，具有一般社会规范所具有的规范性、概括性、预测性等特性。作为一种特殊的社会规范，法还同时具有以下几个方面的基本特征：

（1）法是调整人们行为的特殊社会规范。规范总的来说有两大类：技术规范和社会规范。技术规范是调整人与自然的关系、规定人们如何使用自然力、劳动工具和劳动对象的行为规则，反映着自然科学的成就，也就是人们通常所说的技术标准、操作规程。社会规范是调整人与人之间社会关系的行为规则。法律规范、道德规范、社会团体规范等都属社会规范。法律规范规定人们可以做（授权）什么、应该做（义务）什么、禁止做（禁止）什么，从而成为评价人们行为合法不合法的标准。是指引人们行为并预测未来行为及其后果的尺度，也是警戒和制裁违法行为的根据。法律规范作为特殊的社会规范，它的特殊性在于它是统治阶级用来调整人与人关系的调整器，它是调整统治阶级与被统治阶级之间、国家与公民之间、公民相互之间关系的特殊的行为规范，是阶级社会特有的社会现象，是统治阶级维护社会秩序的手段。

（2）法是由国家制定或认可的并具有普遍约束力的行为规范。制定和认可是国家创制规范的两种基本形式。认可就是承认已有的规范具有法律效力，制定虽是创制新的规范，但也不是凭空想出来的，往往是经验的总结，是带有一定预见性的经验总结。法由国家制定或认可，表明法是以国家意志的形式表现出来的，具有国家意志的属性，这是法有别于其他规范的重要特性之一。法的普遍约束力就是指上升为国家意志的法，在该国权力管辖范围内具有普遍的有效性，要求一律遵行。

（3）法通过规定人们的权利和义务调整社会关系。法总是明确规定人们在一定社会关系中的权利和义务，以此来调整人们的关系。这里显示了法律调整的特殊方式。法律调整的方式一般采用权利、义务规范，如允许人们做出某种行为，就是赋予人们法律上的权利；禁止或规定必须做的行为，就是人们应当承担的法律上的义务。

(4)法由国家强制力保证实施。这是法律规范区别于其他社会规范、技术规范的重大特点。人们遵守法律规范，当然不单纯是出于对国家制裁的惧怕，由于种种原因，在社会主义国家人们对法律规范的遵守大都出于自觉。但国家强制力的保证仍是法律规范区别于其他非法律规范的重要标志。一种规范如果没有国家强制力的保证，如果违反了这种规范可以不受国家法律的制裁，那么这种规范就不是法律规范。法律规范由国家强制力保证实施，即谁违犯了它，就要受到国家的制裁。

(二)法的作用和职能

1.法的作用和职能的概念

“作用”和“职能”两个术语所表达的意思十分相近，都说明被研究对象的活动、运作和它对外界的影响。法的作用侧重讲的是法对人的行为或社会生活的影响；而法的职能侧重讲的是法发挥这种影响的活动方向。

2.法的具体作用和职能

法的作用是指法通过对人们思想的影响，实现对人们行为的评价、指引、预测，实现对合法行为的保护和对非法行为的谴责、制裁、警戒和预防的规范作用。法是规定法律上的权利与义务的，所谓法律权利就是法律允许做、能够做的行为，它是一种有选择的指引，为社会成员发挥主动性、创造性提供了条件。所谓法律义务是法律要求做、必须做的行为，这是一种命令式的指引，是无条件的必须遵行的指示。

法的职能一方面是指法通过规范人们的行为，确认、建立并发展一定的社会关系。另一方面是指运用法律手段保护这种社会关系的能力。前者就是法的调整性职能，即运用法律手段确认、建立、发展一定的社会关系，使一定的社会关系具有法律关系的性质，从而确立一定的法律秩序；后者就是法的保护性职能，即运用法律手段保护这种已经建立的法律关系、法律秩序，使其不受侵犯或恢复、弥补被侵害的法定权利的职能。如果说法的调整性职能是反映社会生活的正常状态、建立合法关系与合法秩序的职能的话，那么法的保护性职能就是反映社会生活的异常状态，旨在限制、取缔非法关系，以恢复被破坏的法律秩序的职能。

(三)法的渊源

法的渊源，是指法的表现形式，即法是由何种国家机关，依照什么方式或程序创制出来的，并表现为何种形式的法律文件。法的渊源的种类，主要是依据创制法的国家机关不同、创制方式的不同划分的。历史上不同类型的法，以及同一类型的法在不同的国家，法的渊源都有所不同。奴隶制时代，法的渊源主要是习惯法，成文法是在较晚的历史时期才出现的。封建制时代，法的渊源有习惯法、法律、帝王诏令、判例等。在东方国家，家族法占有特殊地位。在欧洲，教会法则是各国法重要的渊源。在欧洲大陆国家，资产阶级的法以成文法为主要渊源，英美国家则是判例法占重要地位。目前，我国法的渊源主要有以下几种：

1.宪法

它由国家最高权力机关——全国人民代表大会制定。它规定国家的基本制度和根本任务，是国家的根本大法，具有最高的法律效力。

2.法律

它是由全国人民代表大会及其常务委员会经一定立法程序制定的规范性文件。其法律效力和地位仅次于宪法，是制定其他规范性文件的依据。

3.行政法规

它是由国家最高行政机关——国务院制定、发布的规范性文件。它通常冠以条例、办法、规定等名称。其地位次于宪法和法律，是一种重要的法的形式。

4.地方性法规

省、自治区、直辖市的人民代表大会及其常务委员会在与宪法、法律和行政法规不相抵触的前提下，可以根据本地区情况制定、发布规范性文件即地方性法规。省、自治区人民政府所在地的市和经国务院批准的较大的市以及经济特区市的人民代表大会及其常务委员会在宪法、法律和行政法规允许范围内制定的适用于本地方的规范性文件，也属于地方性法规。

5.民族自治地方自治条例和单行条例

民族自治地方(自治区、自治州、自治县)的人民代表大会有权依照当地民族的政治、经济和文化特点，制定自治条例和单行条例。

6.特别行政区法

国家在必要时设立特别行政区，全国人民代表大会制定的特别行政区基本法以及特别行政区依法制定并报全国人民代表大会常务委员会备案的、在该特别行政区内有效的规范性法律文件，属于特别行政区法。

7.规章

国务院各部委，省、自治区、直辖市人民政府，省、自治区人民政府所在地的市和国务院批准的较大的市以及某些经济特区市的人民政府在其职权范围内依法制定、发布的规范性文件为规章。规章的效力低于宪法、法律和行政法规。

8.国际条约

国际条约不属于国内法的范畴，但我国签订和加入的国际条约对于国内的国家机关、社会团体、企事业单位和自然人具有约束力。因此，就其具有与国内法同样的拘束力而言，这些条约也是我国法的渊源。

二、会展法的概念及其调整对象

(一)会展法的概念

会展法是一个新兴的法律分支，是随着我国会议展览业的发展而出现的。一般来说，会展法是指与会展业相关的经营活动所涉及到的法律法规的总称。

目前，我国还没有制定或出台一部全国性的会展法，相关会展的法律法规也不健全，主要是一些部门规章和地方性法规。

(二)会展法的调整对象

任何法律部门都有自己的调整对象，即该法所调整的独特的社会关系，会展法也不例外。简单说来，会展法的调整对象就是会展活动过程中所涉及的各种社会关系。

具体来看，包括以下几种社会关系：

1. 政府有关管理部门和会展组织者之间的关系

会展组织者是指负责会展的组织、策划、招展和招商等事宜的有关单位。会展组织者可以是企业、行业协会、政府部门和新闻媒体等。根据各单位在举办展会中的不同作用，会展的组织者一般有以下几种：主办单位、承办单位、协办单位、支持单位等。

主办单位在法律上拥有展会的所有权，在实际操作中，主办单位有三种形式：一是拥有展会并对展会承担主要法律责任，并负责展会的实际策划、组织、操作与管理；二是拥有展会并对展会承担主要法律责任，但不参与展会的实际策划、组织、操作与管理；三是名义主办单位，即既不参与展会的实际策划、组织、操作与管理，也不对展会承担法律责任。后两种形式的出现，主要是因为展会要利用这些"主办单位"强大的行业号召力为展会服务，而不是在乎它们的实际操作能力有多大。目前在我国会展主办单位一般是政府、协会、事业单位法人等，也包括部分企业性质的展览公司。承办单位一般是企业法人，直接负责展会的策划、组织、操作与管理，并对展会承担主要财务责任。承办单位对举办展会的各个方面都会产生重大影响，是会展组织者中较为核心的单位。除了上述职能外，大部分承办单位还要负责展会的招展、招商和宣传推广工作。协办单位是协助主办或承办单位负责展会的策划、组织、操作与管理，部分地承担展会的招展、招商和宣传推广工作的办展单位，对展会一般不承担财务责任。支持单位是对展会主办或承办单位的展会策划、组织、操作与管理，或者是招展、招商和宣传推广等工作起支持作用的办展单位。基本上不参与展会的招展工作，也不对展会承担任何财务责任。

对于一个展会而言，展会的主办单位和承办单位是会展事件的发起者，是整个会展事务的执行者，还是展后事务的处理者，在会展活动中处于主导地位，也是举办一个展会所必不可少的办展机构。由于其在会展中所起的作用，因此国家对会展组织者特别是主办单位有较为严格的要求，它们必须符合相关法律要求和行政许可的规定。一直以来，我国会展行业实施严格的资质审批制度，无论是出国办展，还是在国内办“国际展”，或者是在国内举办商品展销会，组展单位都要按照规定办理资质审批手续。例如关于涉外会展主办单位的条件，根据对外贸易经济合作部《关于出国（境）举办招商和办展等经贸活动的管理办法》的规定：“外经贸部及其授权的单位，主办全国性的赴国（境）外的招商活动。各省、自治区、直辖市、计划单列市人民政府的对外经济贸易主管部门，主办本地区的赴国（境）外的招商活动。除上述单位外，不得组织赴国（境）外的招商活动。该办法还根据办展的范围和规模，具体规定了主办单位：各级主管经济贸易的政府部门以及各相关行业协会。主办单位的职责是：根据外经贸发展战略需要，结合本地区、本单位业务实际，制定并负责向外经贸部申报出国（境）招商活动和办展活动计划，选定招商项目、展览商品和参加活动的企业、审核招商或办展承办方案、监督检查招商或办展活动的效果。由此可见，会展领域中会展主办单位的入行门槛还是相当高的。关于承办单位的资格和条件，国家工商行政管理局颁布的《商品展销会管理办法》第六条规定：“举办单位应当具备下列条件：①具有法人资格，能够独立承担民事责任；②具有与展销规模相适应的资金、场地和设施；③具有相应的管理机构、人员、措施和制度。承办单位的主要职责是：根据主办单位的要求，具体办理布置展场、运送展品、安全保卫、广告宣传、现场活动、安排人员食宿交通、办理出国手续、收取费用等工作。承办单位的主要职责是：根据主办单位的要求，具体办理布置展场、运送展品、安全保卫、广告宣传、现场活动、安排人员食宿交通、办理出国手续、收取费用等工作。

2.政府有关管理部门和参展商之间的关系

参展商是受会展组织者邀请，通过订立参展协议书，于特定时间，在展出场所展示产品或者服务的主体。《商品展销会管理办法》第七条规定：“参展经营者必须具有合法的经营资格，其经营活动应当符合国家法律、法规、规章的规定。”可见，对于参展商的主体资格要求，比会展组织者要低得多。其只要具备合法的经营资格即可。这就意味着，公司、企业、合伙组织、个体经营者等所有市场竞争主体，只要在工商管理机关进行了营业资格的登记，都可以作为参展商参与会展。

3.政府有关管理部门和会展场馆经营者之间的关系

会展场馆经营者是为会展提供展出空间的主体，一般为场馆，比如北京的中国国际展览中心、上海的新国际博览中心、广州国际会议展览中心等。由于场馆占地面积大，前期投入多，回报周期长，所以一般都是由国家投资建设的。因此，场馆建筑往往规模宏大，有的还成为城市的标志性建筑。然而，展馆是因为展览会的需要而兴建的，展览馆的数量只有与展览业的发展水平相适应，才可能取得良好的经营业绩。当前，展览场馆建设出现一股热潮，但布局、结构并不十分合理，存在低水平重复建设的现象。一些地方展览场馆的建设并没有认真考虑市场需求，没有认真考虑是否符合会展业发展的规律，更多的是体现了地方政府的意志，而不是一种满足产业自身发展需求的市场行为。这也反映出当前对会展业发展存在认识上的误区，以为只要有了高规格、大规模的展览场馆，就能兴办高质量的展览，就能发展当地的会展经济和带动其他方面的发展。其实，场馆本身只是一种条件，并不能自动创造市场。实践表明，展馆建设布局不合理，建设过多、过快，这不仅造成了资金、土地等资源的浪费，而且必然导致展馆经营市场的恶性竞争。因此，国家有关部门通过相关政策法规进行宏观调控势在必行。另外，目前我国的场馆经营者往往同时也是会展公司，他们大多是由原有的国有企业经过改制或改型，其规模一般都比较大，并且往往拥有会展主办资格和承办资格。这种得天独厚的先天优势，使得拥有场馆经营者身份的会展公司，在市场竞争中占据优势地位。国家也必须对其经营者予以规制，以形成会展业公平竞争的市场环境。

4.会展组织者与参展商之间的关系

众所周知，展览业中，组织者的主要收入来源于参展企业。会展组织者为参展商提供包括寻找场地，划分展台、招徕观众等服务，参展商因此给付会展组织者参展费、展台租赁费等报酬。由于会展汇聚巨大的信息流、技术流、商品流和人才流，参展商希望通过会展这个平台集中展示，批量促销、推出新产品、寻找新客户。会展组织者与参展商在这种相互需求关系的作用下，二者通过订立会展协议书、参展协议书，约定会展活动中双方权利义务等事项，形成合同法律关系。在我国会展法律法规还很不完善的情况下，会展活动中会展组织者与参展商之间所订立的合同，对于调整双方之间的利益关系，明确各方的权利义务关系，防止纠纷的产生、妥善处理会展中的问题，起着至关重要的作用。《中华人民共和国合同法》(以下简称《合同法》)还没有将会展合同单列，会展合同在我国还属于无名合同。对于无名合同而言，除了应类比适用《合同法》的相关规定外，还要适用民法的诚实信用、公平原则，参照合同目的及当事人的意思等进行处理。我国目前没有统一的会展法，因此相关领域内的法律如《合同法》、《中华人民共和国消费者权益保护法》、《中华人民共和国知识产权法》、《中华人民共和国商标法》等,还将起重要的调整作用。

但从我国目前的情况看,会展市场上会展组织者和参展商都不大重视会展合同,即便是订立合同,也是极其简单的一纸空文,合同往往仅仅约定展品的种类、展览的起止日期、展位价格等基本要素。很多会展的组织者和参展商之间的约定,就是一张"参展通知书"而已。这对切实规范会展组织者与参展商之间的权利义务关系是远远不够的。特别是在目前国际金融危机冲击会展业的情况下,会展组织者与参展商之间的合同显得更加重要。据有关资料显示,从2008年的调研中,已经发现了参展商参展预算收紧的迹象,2009年这种状态有可能继续存在。参展商参展预算的紧缩,将直接影响到组展商的收益,并进而影响到展览会的组织水平。因为在收入下降的背景下,组织者为了度过难关,同样会在买家邀请、现场效果等方面削减开支从而可能造成恶性的影响,并最终导致整个展览业的组织水平下滑以及参展商和观众满意度的降低。

5.会展组织者和会展代理服务商之间的关系

会展的成功举办需要多方配合和协调。广义上的会展服务,既包括发生在展览现场的租赁、广告、保安、清洁、展品运输、仓储、展位搭建等专业服务,也包括餐饮、旅游、住宿、交通、运输等相关行业的配套服务。为了会展的顺利进行,会展组织者往往会尽其所能取得参展商的满意和信任,会把一些展会服务项目承包给其他的机构,以便全方位地为参展商服务,因此而产生了会展代理服务商。现在最主要的会展服务商包括:展位承建商、展品运输代理商、展会旅游代理商等。他们在展览会中与参展商和专业观众发生最直接的交易关系,是参展商和观众对于一个展览会配套服务是否全面、专业的最直接的评判来源,因此他们的好坏直接影响到参展商和观众对于展览会的评价。会展组织者和会展代理服务商之间的关系不能缺少法律的约束,以明确约定双方的权利义务。

6.参展商之间的法律关系

会展活动是一个汇集人流、物流、信息流的公共平台,品牌推广、产品交易、信息交流、合作招商,是参展商参展的四个目标。从目前会展领域实际情况看,参展商之间的不正当竞争关系是客观存在的,甚至是比较普遍的现象。他们之间的法律问题主要集中在知识产权和名誉权等方面,并由此而引起组展商和场馆商的连带责任问题。因此,相关法律法规对于规范参展商的参展行为、加强对参展商参展行为的监督、保护采购商和消费者的权益起着非常重要的作用。

7.会展组织者与展会观众之间的法律关系

展会观众是通过购买门票或提前注册入场参观、与参展商进行洽谈和交易的自然人、企业以及其他相关的市场主体。展会观众是展会的最终的用户和消费者，是展会的最终服务对象，也是吸引参展商参展，从而维持和发展展会项目的最根本保证。在我国现行的规章制度中，没有针对观众的特殊要求。会展业根据观众身份的不同，将参加会展的观众分为普通观众和专业观众。普通观众就是一般的公众，那些综合性的博览会，参观者大部分是普通观众，普通观众可以成为门票收入的重要来源。专业观众包括贸易商、采购商、批发商、科研教育人士、政府官员等。他们素质高，很多都能参与企业的决策。这也是当代展览的专业化倾向加重，更多地面向专业观众的根本原因。从法律角度分析，展会向社会公开发售看展门票或由参观者提前注册，这种门票销售或注册的过程，其实质是会展组织者与购票或注册者之间在订立一种特殊形式的经济合同，在这一环节的契约关系中，当事人双方的法律地位是平等的。购票与注册者以出资或注册的形式获取看展的权利，会展组织者通过提供场地和相关会展服务获取利润，成为会展经营者一方。会展组织者有义务提供相应的展示内容和服务，应该保证会展场所的安全，并且对于参展商的展品负有知识产权监督审查的义务。如果展会期间出现众多展团空台而去、检票口的敞门入场等情况，都会构成对购票者或注册者权利的损害，购票者或注册者应该有权通过投诉、乃至诉讼，要求维护权益、补偿损失。

8. 参展商与展会观众之间的关系

展览从性质上分，有贸易性质的展览和消费性质的展览两种。贸易性质的展览是为产业即制造业、商业等行业举办的展览，展览的主要目的是交流信息、洽谈贸易；消费性质的展览基本上都展出消费品，目的主要是直接销售。展览的性质由展览组织者决定，可以通过参观者的成分反映出来：对工商业开放的展览是贸易性质的展览，对公众开放的展览一般是消费性质的展览。具有贸易和消费两种性质的展览被称作是综合性展览。经济越不发达的国家，展览的综合性倾向越重；反之，经济越发达的国家，展览的贸易和消费性质分得越清。无论哪种性质的展览，参展商提供的展品都要符合消费者权益保护法、产品质量法等法律的规定，参展商与贸易或消费对方当事人之间还必须遵守合同法的相关规定。

第三节 会展法律关系

一、会展法律关系的概念

法律关系是根据法律规范产生、以主体之间的权利义务关系的形式表现出来的特殊社会关系。人们在社会生活中形成各种社会关系，但并非所有的社会关系都是法律关系，只有当某一社会关系为一定法律规范所调整，并在这一关系参加者之间形成了一定的权利和义务的时候，才能构成法律关系。

从法律关系的概念可以看出：

(1)法律关系是一种特殊的社会关系；

(2)法律关系是根据法律规范建立的关系；

(3)法律关系是主体之间的法律上的权利义务关系。

会展法律关系就是指由与会展相关的法律规范所调整的，在会议与展览活动中各方当事人之间具有权利、义务内容的社会关系。

二、会展法律关系的构成

法律关系的构成，是指构成法律关系的基本要素。它包括主体、客体和内容三个部分，缺少其中任何一个要素，就不能构成法律关系。

(一)会展法律关系的主体

会展法律关系主体，指的是会展法律关系的参加者或当事人，即在会展法律关系中享有权利、承担义务的人或组织。

我国会展法律关系的主体包括：

(1)国家有关管理部门；

(2)会展组织者；

(3)会展场地经营商；

(4)参展商；

(5)会展服务代理商；

(6)会展参观者。

会展是一种综合程度相当高，关联性非常强的经济活动。涉及会展的还有贸促会、商会等相关协会，海关，税务，检验检疫等行政性质的主体，以及保险、广告、新闻、运输、酒店、保障等相关商业主体。这些部门都是会展活动的边缘主体。

作为会展法律关系的主体具有以下几个特点：

(1)能够以自己的名义参加会展法律关系；

(2)主体是会展权利和会展义务的担当者；

(3)能够独立承担法律责任。

(二)会展法律关系的客体

会展法律关系的客体，是指会展法律关系中权利和义务所指向的对象。一般可分为物和行为。物是指在法律关系中作为财产权利对象的一切有形的物质财富。主要指会议或展览场地、展览品、销售物等。行为主要指会展法律关系主体的行为，包括服务行为和管理行为。

（三）会展法律关系的内容

会展法律关系的内容，是指会展法律关系主体所享有的会展权利和承担的会展义务。一般情况下，权利与义务是同时存在的。会展法律关系主体享有会展法律所规定的权利，同时，也必须承担会展法律所规定的义务。而且，一方主体的权利，就是另一方的义务，反之亦然。只有双方主体都依照法律的规定，既享受会展权利，同时又履行会展义务，会展法律关系才能够正确地实现。

会展权利。指的是会展法律关系主体依法具有作为或不作为或要求他人作为或不作为的资格。会展法律关系主体的权利主要体现在以下三个方面：

(1)会展法律关系主体，按照法律的规定，有权从事一定的会展活动，实现自己的会展利益；

(2)会展法律关系主体，按照法律的规定，有权要求对方主体作出一定的行为，实现自己的会展利益；

(3)会展法律关系主体，按照法律的规定，当其会展利益因他人的行为不能实现时，有权依法请求国家机关加以保护。

会展义务。这是会展法律关系主体依法应履行的义务和承担的责任。会展法律关系的义务主体必须按照法律的规定，作出或不作出一定的行为以完成自己的职责或满足权利主体的要求。会展法律关系主体的义务主要体现在以下三个方面：

(1)会展法律关系主体，按照法律的规定，必须进行一定的会展活动，从而履行自己应尽的会展责任；

(2)会展法律关系主体，按照法律的规定，必须不进行一定的会展活动，从而履行自己应尽的会展责任；

(3)会展法律关系主体，按照法律的规定，当其不履行或不恰当履行应尽的会展责任时，将受到国家法律的制裁。

三、会展法律关系的发生、变更和消灭

会展法律关系的发生是指会展法律关系的形成，即在会展法律关系主体之间形成会展权利和会展义务关系。会展法律关系的变更是指会展法律关系的主体、内容、客体中任何一个要素的变化。会展法律关系的消灭是指会展法律关系主体之间会展权利和会展义务的终止。

会展法律关系不是固定不变的，它是处在不断发生、变更和终止过程中的。它的发生、变更和终止都具有一定的根据，这就是会展法律事实。所谓会展法律事实是指由会展法律规范所规定的，能够引起会展法律关系发生、变更和终止的情况。会展法律事实可以划分为会展法律行为和会展法律事件。会展法律行为

是指以会展法律关系主体的意志为转移，能够引起一定的会展法律后果的人们有意识的活动。会展法律行为按其性质又有合法行为和违法行为之分。法律事件是指会展法律规范所规定的，能够引起会展法律关系发生、变更和消灭的，不以人们的意志为转移的客观情况。法律事件可以因自然现象而引起，如地震、台风、洪水等；也可因社会现象而引起，如爆发战争、政府重大政策的改变等。前者称之为绝对事件，后者称之为相对事件。

四、会展法律关系的保护

(一)会展法律关系保护的概念

会展法律关系的保护，是指严格监督会展法律关系主体正确地行使会展权利和切实地履行会展义务。也就是说，加强会展领域法制，维护会展法律规定的国家有关管理部门、会展经营单位及会展相关部门和会展参与者的法律地位不受侵犯，保护他们的合法利益，促使他们自觉地承担义务。

(二)会展法律关系保护的机构

会展法律关系保护的机构主要包括：行政机构、仲裁机构、审判机构、检察机构等。

(三)会展法律关系保护的法律手段

会展法律关系保护的法律手段主要有：民事法律手段、行政法律手段、刑事法律手段。

(四)法律责任的概念和分类

1.法律责任的概念

法律责任是法律主体违反法律义务而应承担的法律上的后果。法律义务既包括法律直接规定的义务(法定义务)，也包括根据当事人的约定而产生的义务(约定义务)。违法行为，是指具有法定责任能力的公民或者法人，违反法律规定所实施的行为。根据违法行为性质的不同，通常可将违法行为划分为三种：

(1)民事违法行为。属于一般违法行为，其典型形态是违约行为和侵权行为。生产经营者侵害消费者权益的行为大都属于这种违法行为。

(2)行政违法行为。也属于一般违法行为，是指违反行政管理部门的法规后依法应当承担责任的行为。生产经营者侵害消费者合法权益的行为，在构成民事违法的同时，往往同时构成行政违法行为。

(3)刑事违法行为。这是严重的违法行为，也称犯罪行为。是触犯刑法依法应受刑事处罚的行为。犯罪与一般违法行为的区别，不仅在于犯罪对社会危害的程度比其他违法行为要严重得多，并且这种危害的程度已经引起了质的变化。

2.法律责任的分类

不同的违法行为应当承担相应的法律责任。

(1)民事责任。公民、法人享有广泛的民事权利,如财产所有权、知识产权、人身权等,都受国家法律保护。民事责任是指行为人违反自己的民事义务或者侵犯他人的民事权利所应承担的法律责任。它是民事主体因违反合同或者不依法履行其他义务,侵害国家、集体财产,侵害他人财产、人身权利,而应承担的民事法律后果。

民事责任的一般构成要件,或者承担民事责任的前提,通常为四个方面:

①具备民事损害事实,损害事实的发生,是承担民事责任的首要条件,损害包括财产损害和精神损害,财产损害包括直接损失和间接损失。

②有民事违法行为,其存在是指行为人的行为具有违法性。判断行为的违法性要从法律的规定及当事人的约定中行为人所应承担的义务来考虑。

③损害事实与违法行为之间存在因果关系,这种因果关系是追究行为人民事责任的必要条件。在任何情况下,行为人只能对自己行为所造成的损害后果负责,如果损害事实与他的行为无关,则不能由行为人承担责任。

④行为人的主观有过错。在一般情况下,实行过错责任原则,行为人只有在有主观故意和过失的情况下,才能对自己行为所造成的损害负责。但在特殊情况下,行为人即使没有主观过错,在法律有特别规定时,也应承担民事责任。如《合同法》规定,违约责任的承担实行严格责任原则,不以主观过错为要件。

民事责任主要表现为财产责任,并带有明显的补偿性质。民事责任的范围应当与民事违法行为所造成的权利损害相对应,以使受害人的权利得到恢复或者补偿。《中华人民共和国民法通则》规定,承担民事责任的方式主要有:停止侵害;排除妨碍;消除危险;返还财产;恢复原状;修理、重作;更换;赔偿损失;支付违约金;消除影响;恢复名誉;赔礼道歉等。

(2)行政责任。一般可以划分为职务过错责任和行政过错责任两种:职务过错责任是指行政机关工作人员在执行公务中滥用职权或者违法失职行为所应承担的法律责任;行政过错责任是指行政管理相对人(被管理者)因违反行政法规而应承担的法律责任。

行政违法者承担行政责任的方式主要有:警告、罚款、没收违法所得、责令停产停业、暂扣或吊销营业执照、行政拘留等。

(3)刑事责任。它具有三大特征:社会危害性、触犯刑律性、应受刑罚惩治性。刑事违法是违法行为中最为严重的,因此刑事处罚也最严厉。《中华人民共和国刑法》规定,刑事违法者承担刑事责任的方式有主刑和附加刑两种:主刑分五种包括管制、拘役、有期徒刑、无期徒刑和死刑;附加刑包括罚金、剥夺政治权利、没收财产等。在我国，认定和追究刑事责任的主体只能是国家审判机关即各级人民法院，承担刑事法律责任的主体只能是刑事违法者本人。

以上三种法律责任共同的法律特征就是其强制性。民事责任主要体现补救性质，以恢复原状和等价赔偿为原则，赔偿数额与损失相当。行政责任和刑事责任具有惩罚性，以罪罚相当为原则。

第四节　我国会展法规体系

一、我国会展业立法现状

从市场经济的内涵看，市场经济就是法制经济，只有法律规范才能促进市场经济更健康的发展。会展业发达国家或地区的行业法律法规和制度建设都比较健全与完善，为本地会展业持续健康发展营造了良好的法制环境。如香港会展业在法律法规和制度建设方面，对市场准入机制、行业规范、知识产权保障体系、诚信自律机制等都进行了明确规定，有效地确保了会展业的规范运作，使会展业发展有法可依，有章可循。

我国会展业立法起步比较晚，现在尚处在初级阶段。20 世纪 80 年代末，由于会展仅仅被作为中介服务机构而没有被当作行业发展，因此国家未进行针对性的立法。进入 90 年代，规范会展行业发展的一些针对性的法规才相继出台。迄今为止，国务院及各部委颁布了一系列相应的法规及政策，与此同时地方政府也纷纷出台了一些规范性办法。

我国会展业立法状况可以概括为以下两个方面：

(1)从立法机构和立法效力来看，由全国人大颁布实施的会展基本法尚未出台，针对会展业的立法主要集中表现为国务院制定和颁布的行政法规、国务院所属部委等颁布的部门规章、地方性法规和规章。并且大多是以办法和通知的形式出现，法律效力不高。

(2)从立法内容来看，主要集中在会展项目审批管理、会展举办者主体资格管理、展品出关以及运输管理、展品入关税务管理、会展知识产权保护规定等。另外，目前我国会议产业基本上属于市场自发调控的范畴，会展不在行政许可范围内，也没有出台相关规定。

总的来说，当前，我国会展业发展所遵循的法律法规缺乏系统性、缺乏宏观调控规章、不少具体规范零散的见于国务院及下属各部委和各地方政府的文件或地方性法规中，使会展业的很多事务处理起来缺少标准和框架。显然这远远不能满足全面规范我国会展市场的需要。

二、我国会展法规体系

会展法规的体系是指按照一定的原则和标准将所有的会展业法律规范进行分类组合而形成的具有一定结构和内在联系的有机整体。目前，构成我国会展法律体系的基本框架包括以下内容：

(一)通用性法律规范

由国家制定的各种通用性法律规范，从立法意图上不是专门针对会展领域社会关系制定的，但它们所提供的法律原则和规定，可以适用于会展业。

其中主要有：《中华人民共和国公司法》、《中华人民共和国合同法》、《中华人民共和国消费者权益保护法》、《中华人民共和国反不正当竞争法》、《中华人民共和国海关法》、《中华人民共和国出入境管理法》、《中华人民共和国著作权法》、《中华人民共和国商标法》、《中华人民共和国专利法》、《中华人民共和国广告法》、《中华人民共和国民法通则》、《中华人民共和国民事诉讼法》、《中华人民共和国行政诉讼法》等。这些法律规范构成了如下表所示的适用会展业的各种法律制度。

(二)会展业专门法规

为使我国会展业朝着健康有序的方向发展，逐步走上法制化的轨道，国务院及其有关部门陆续制定了一系列相应的法规。其中主要有：

1988 年对外贸易经济合作部《关于举办来华经济技术展览会审批规定》

1993 年机械部《关于国内展览的管理办法》

1993 年文化部《文化艺术品出国和来华展览管理细则》

1995 年国务院《关于对出国(境)招商活动加强管理的通知》

1995 年电子工业部《国内展览管理暂行办法》

1995 年对外贸易经济合作部《关于对出国(境)招商活动加强管理的通知》

1997 年国务院《关于对在我国境内举办对外经济技术展览会加强管理的通知》

1997 年海关总署《中华人民共和国海关对进出口展览品监管办法》

1997 年建设部《建设部展览管理规定》

1998 年国家工商行政管理局《商品展销会管理办法》

1998 年对外经济贸易合作部《关于举办来华经济技术展览会审批规定》

1999 年国家环保局《环境保护展览会管理办法》

2001 年国务院《关于出国举办经济贸易展览会审批管理工作有关问题的函》

	法律制度种类	法律法规名称	颁布机构	颁布时间
普通法	企业法律制度	《中华人民共和国公司法》	全国人大或人大常委会	2005.10
		《中华人民共和国合伙企业法》		2006.8
		《中华人民共和国个人独资企业法》		1999.8
		《中华人民共和国中外合资经营企业法》		2001.8
		《中华人民共和国中外合作经营企业法》		2000.10
		《中华人民共和国外资企业法》		2000.10
	合同法律制度	《中华人民共和国合同法》		1999.10
	广告法律制度	《中华人民共和国广告法》		1994.10
	知识产权法律制度	《中华人民共和国著作权法》		2001.10
		《中华人民共和国专利法》		2008.12
		《中华人民共和国商标法》		2001.10
	出入境管理法律制度	《中华人民共和国中国公民出境入境管理法》		1985.11
		《中华人民共和国外国人入境出境管理法》		1985.11
		《中华人民共和国出境入境边防检查条例》		1995.7
	市场秩序管理法律制度	《中华人民共和国反不正当竞争法》		1993.9
		《中华人民共和国产品质量法》		2000.7
	进出口管理法律制度	《中华人民共和国海关法》		2000.7
		《中华人民共和国进出口商品检验法》		2002.4
		《中华人民共和国国境卫生检疫法》		2007.12
	交通运输管理法律制度	《中华人民共和国民用航空法》		1995.10
		《中华人民共和国铁路法》		1990.9
		《中华人民共和国国际海运条例》	国务院	2001.12
		《中华人民共和国国际海运条例细则》	交通部	2002.12
		《中华人民共和国国内水路货物运输规则》	交通部	2000.8
	消费者权益保护法律制度	《中华人民共和国消费者权益保护法》	人大常委会	1993.10
	消防法律制度	《中华人民共和国消防法》	人大常委会	2008.10

2001 年对外经济贸易合作部《关于审核境内举办对外经济技术展览会主办单位资格的通知》

2001 年信息产业部《展览管理暂行规定》

2002 年国家中医药管理局《中医药国际科技学术会议与展览管理细则》

2003 年中国商业联合会《中国商业联合会会展活动管理暂行办法》

2003 年贸促会、外交部、商务部、公安部、海关总署《关于进一步加强出国举办经济贸易展览会管理工作有关问题的通知》

2004 年海关总署、商贸部《关于在我国境内举办对外技术展览会有关管理

事宜的通知》

2005年国家知识产权局《国家知识产权局展会管理办法》

2006年商务部、国家工商总局、国家版权局、国家知识产权局《展会知识产权保护办法》

2006年贸促会、商务部修订《出国举办经济贸易展览会审批管理办法》等

另外，为加强对会展活动的管理，规范地方会展活动，促进会展业规范有序发展，地方性会展法规陆续出台，会展业的政策法规体系进一步完善。在政府对会展行业的管理和引导方面，大连、宁波、厦门、桂林等地都做得很不错。2008年，广州、西安、石家庄、南宁等省会城市以及余姚、宁波、义乌等中小城市都结合各自的实际情况，出台了相关的政策措施。这些政策法规涉及展会项目补贴、展会评估、知识产权保护、税收政策改革等方面。这些地方性会展政策法规的实施进一步完善了整个会展业的政策法规体系。

附：中国进出口商品交易会(简称广交会)组织者简介

中国进出口商品交易会的组织者为中国对外贸易中心，它是商务部的直属事业单位，最初名称是中国出口商品陈列馆机关，自成立之日起，就是中国进出口商品交易会的常设机构，负责承办中国进出口商品交易会。1957年～1979年间是外经贸部直属事业单位。1979年4月，经国务院批准，中国出口商品陈列馆机关改为企业，更名为广州外贸中心。1980年1月1日广州外贸中心正式成立。1986年秋，广州外贸中心更名为中国(广州)对外贸易中心。1988年8月29日，中国(广州)对外贸易中心更名为中国对外贸易中心(集团)。1999年该企业以良好的出口业绩被列为外经贸部全国出口考核表彰的25家企业之一。2001年4月，经中编办批准，中国对外贸易中心(集团)改制为事业单位，更名为中国对外贸易中心，并于2001年7月31日完成事业单位法人登记。

2004年3月15日，中国对外贸易中心与广州市人民政府签定备忘录，外贸中心正式取得广州国际会议展览中心的经营管理权，全面负责每年春秋两届中国进出口商品交易会的组织管理和承办工作，其具体职责是：①制定广交会的中、长期发展规划，拟定广交会的改革方案并组织实施；②负责拟订每届广交会的具体组织实施方案，制定广交会的组展、招展原则和标准；会同各地外经贸主管部门和各进出口商会确定各交易团、各专业展馆的面积、位置和摊位等事宜；③综合协调和组织广交会的会务工作，负责大会临时机构的组建工作；④负责广交会的海外招商和对外宣传工作；⑤负责广交会的客商邀请、境外代表的接待工作及各项技术保障和安全保卫工作；⑥负责广交会信息系统的建设和管理；⑦负责广交会展馆的维护、改造、扩建和相关物业管理；⑧组织国内企业赴境外举办

或参加展览会、洽谈会和招商会，在非广交会期间，主办和承办境内各种博览会、展览会、洽谈会；⑨管理中心及下属企业的国有资产，负责中心及其下属企业国有资产的保值和增值。

中国对外贸易中心下设企业集团——中国对外贸易中心（集团），集团包括4家直属公司：中国对外贸易广州展览公司、新大地宾馆、广东省（中山）乡泉别墅、香港悦泰有限公司。还包括6家控股公司：广州交易会广告有限公司、广州交易会经济发展有限公司、广州交易会进出口有限公司、广州交易会国际旅行社有限公司、广州中贸物业管理有限公司、广州交易会三千尺贸易有限公司。中国对外贸易中心（集团）主要经营各种形式的展览（包括来华展览、出国/境展览和国内展览）、广告、旅游、进出口贸易、宾馆、餐饮等业务。

复习思考题

1. 简述会展业的概念及其地位。
2. 法的具体作用和职能有哪些？
3. 简述法律责任的概念及其分类。
4. 会展法的调整对象有哪些？
5. 什么是法律关系？会展法律关系的构成是怎样的？
6. 简述我国会展业立法现状及其法规体系。

第二章

会展业主体规制法律制度

学习目的

会展活动涉及政府相关管理部门、会展组织者、参展商、场地提供者和观众等众多法律主体,他们是会展法律关系中一定权利的享有者和一定义务的承担者。通过本章学习,了解我国会展业管理机构的设置,熟悉会展组织者类别及其资质审批法律规定,掌握我国会展企业法律制度。

主要内容

- 我国会展业管理机构

  全国性会展管理机构及其职能

  地方性会展管理机构及其职能

- 会展组织者资质审批法律制度

  会展组织者的概念及其类别

  会展组织者资质审批法律制度

- 会展企业法律制度

  会展企业的概念与特征

  会展企业的分类

  个人独资企业法对会展企业的适用

  合伙企业法对会展企业的适用

  公司法对会展企业的适用

  外商投资企业法对会展企业的适用

第一节　我国会展业管理机构

一、全国性会展管理机构及其职能

海外的经验表明，一个国家或地区会展业的健康发展，单凭市场的力量是远远不够的。为避免因市场作用滞后性而造成的资源浪费，在会展业发展的每一阶段，政府在其中都扮演着不同的角色。几乎所有发达国家都设有单一的全国性的展览管理机构，例如德国、法国、意大利、西班牙、日本、新加坡等国。从机构设置来看，有的使用会议局的名称，有的同旅游局并在一起，如法国巴黎的展览管理机构名称就是“会议与旅游局”。有的设在旅游局之内，作为旅游局的一个职能部门，如香港会议局设置在香港地区旅游发展局之下，专门负责促进香港地区的会展活动。这些展览管理机构的名称虽然有差异，但都有一些共同的特点，即唯一性、全国性、权威性和服务性。一般都不介入行业的直接管理，而是利用法律、行政、财政、税收，甚至是直接投资等手段进行干预和间接管理，促进会展业的健康发展，使其产生良好的经济和社会效益。

它们的主要职能一般有以下四个方面：

(1)制定全国性的会展管理法律法规和相关政策。

(2)设立、使用会展发展基金。

(3)组织展览代表政府出席国际会展界的各种活动。

(4)规划、投资和管理会展基础设施。

围绕这些主要职能，政府管理机构制定一整套扶持、服务、规范、协调和发展计划，保护名牌展、增强市场的透明度，使用会展基金大力扶植出国展览，建设大型会展中心，调控会展市场等。

我国目前还没有设置单一的全国性的展览管理机构。但随着改革开放的不断深入及会展业的快速发展，我国政府确定了会展活动在经贸发展中的地位和作用，对会展业的重视程度也在不断提高。国家对会展活动的管理正逐步走向系统化和科学化。

中华人民共和国商务部对外贸易司是代表国家行使会展管理的机构，其重要职能之一就是指导交易会、洽谈会等贸易促进活动和外贸促进体系建设。因此，它承担的会展管理职责是指导境内、出国对外经贸交易会、洽谈会等贸易促进活动，拟订相关管理办法，指导外贸促进体系建设；管理赴境外非商业性办展活动并监督实施。另外，对外贸易司主办了国内三大展览会：中国出口商品交易会、中国商品交易市场和中国国际投资贸易洽谈会。

中国国际贸易促进委员会(同时使用中国国际商会的名称)由中国经济贸易界有代表性的人士、企业和团体组成,是全国民间对外经济贸易组织。1994年,全国人民代表大会先后颁布了《中华人民共和国对外贸易法》和《中华人民共和国仲裁法》,在《中华人民共和国对外贸易法》中,明确了中国贸促会作为贸易促进组织所应具备的职能和承担的任务;在《中华人民共和国仲裁法》中,明确了中国的涉外仲裁机构由中国国际商会设立,从而确立了中国国际商会涉外仲裁机构的法律地位。

中国国际贸易促进委员会的主要职能是:

(1)代表国家参加国际展览会的活动,主办、参加世界博览会,赴国外主办中国贸易展览会和参加国际贸易博览会;

(2)负责全国赴国外举办经济贸易展览会或参加国际博览会的归口协调及相关的管理、监督工作;

(3)安排和接待国外来华举办的经济贸易或技术展览会,主办国际专业性或综合性展览会,组织并主办国际博览会;

(4)协调国内有关方面接待外国来华经济贸易与技术展览会。

二、地方性会展管理机构及其职能

由于会展业具有强大的产业联动、经济辐射、城市营销的功能,而且还具有现代城市发展所追求的绿色、无烟、朝阳的经济形态,因此,国际上各类城市都对会展趋之若鹜,使会展业成为“城市经营者”们的首选政绩。

我国各省市政府及人民也日益重视会展业的发展,很多省市都设置了专门的会展管理机构,没有设置专门机构的也责成有关部门负责会展管理工作,并将会展业作为城市的主导产业来发展。目前,中国会展业在区域分布上,基本形成了以北京、上海、广州、大连、成都、西安、昆明等会展中心城市为核心的环渤海会展经济带、长三角会展经济带、珠三角会展经济带、东北会展经济带及中西部会展城市经济带等五大会展经济产业带框架。

有关资料显示:目前,我国沈阳、大连、青岛、南京、宁波、厦门、西安、长春、深圳、昆明、南宁和吉林等城市的政府部门设置了会展管理专门机构;上海、天津、重庆、济南、杭州、广州、成都、石家庄、福州和贵阳等城市责成对外贸易发展处、贸易发展局等部门负责会展管理工作;哈尔滨、武汉、合肥、郑州和长沙等城市由贸促会负责会展管理工作;北京则由会展行业协会行使管理职能。为加强对会展活动的管理,规范会展活动,促进会展业规范有序发展,各地还纷纷出台了地方性会展业管理办法。

概括起来,这些地方性会展管理机构的主要职能是:

(1) 贯彻相关法律、法规和规章；

(2) 制定和实施地方会展业发展规划；

(3) 承办地方政府组织的大型会展活动；

(4) 制定会展业行业标准，负责会展活动的监督检查与考评；

(5) 组织协调相关部门做好会展活动的保障服务；

(6) 法律、法规和规章规定的其他职责。

第二节　会展组织者资质审批法律制度

一、会展组织者的概念及其类别

(一)会展组织者的概念

所谓会展组织者是指负责展会的组织、策划、招展和招商等事宜的有关单位。根据各单位在举办展览会中的不同作用，一个展会的组织者一般有以下几种：主办单位、承办单位、协办单位、支持单位等。

(1)主办单位：拥有展会并对展会承担主要法律责任的办展单位。主办单位在法律上拥有展会的所有权。

(2)承办单位：直接负责展会的策划、组织、操作与管理，并对展会承担主要财务责任的办展单位。

(3)协办单位：协助主办或承办单位负责展会的策划、组织、操作与管理，部分地承担展会的招展、招商和宣传推广工作的办展单位。

(4)支持单位：对展会主办或承办单位的展会策划、组织、操作与管理，或者是招展、招商和宣传推广等工作起支持作用的办展单位。

从法律意义上来看，在我国，主办机构是办展的主体和主要民事责任单位，但我国的展览活动大部分另有承办单位。从承办单位来看，企业承办的比重正呈越来越大的趋势。不过，目前，我国的政府主导型展会项目数世界第一，许多大型活动特别是中央和省级以上政府机构或全国性商协会主办的展览，其主办方往往由数个不同机构共同组成，承办者往往是主办单位的下级政府机构。虽然目前我国对展览主办企业并没有特别规定任何入行“门槛”，近年来各地新注册的与展览相关的企业数以千计、万计，其中大部分都有主办展览的资格，但是，目前真正能独立主办或与其他机构联名主办的民营企业还是凤毛麟角。

这种情况的出现主要是因为，在我国展览活动多年来一直是政府促进贸易、投资、技术、文化交流等事业发展的重要促进手段与载体。加上我国经济体制带有很强的政府主导性特征，因此，我国的展览活动大量由政府或半官方机构主导，成为了有别于全世界其他展览大国的一个显著特色。

（二）会展组织者的类别

就目前我国展览主办机构而言，尽管政府主导特点明显，但中国展览市场的巨大潜力仍吸引了越来越多的利益主体，展会越来越多，办展的机构也越来越多，呈现出多元化特征。根据会展业的划分，我们现有的办展主体大致可以分为5个类别：

(1)政府办展强势依旧。政府办展，是近年来我国大型交易展示会通常采用的模式。据专家估算，当前国内政府部门或政府直属机构投资举办的会展项目数量约占到总量的50%左右。显而易见，各级政府及其直属部门、机构是目前办会办展的投资主体。这种模式的好处在于，能够通过强有力的行政手段，迅速、有效地组织实施会展。政府主导型展会的特征体现在：地方政府投入巨额财政资金，直接策划主办旨在宣传本地形象、扩大本地影响、带动本地产业发展的各种综合性会展活动；大多由政府成立临时机构或组建事业单位来举办，不论盈亏，亏了由财政兜底；展位不够了用行政命令或免展位费，客商不足靠部分海外“老关系”和本地老百姓捧场等。

目前情况看，从中央这个层面来讲，除了公益性、宣传、教育性的展览会，展览数量增加得并不多。中央各大部委举办的展览会数量并没有增加，但也没有减少。值得注意的是，这些展览会在有限的数量当中分别加大了市场化、专业化的力度；从地方政府层面来看，各地政府办展的积极性依然很高。沿海城市过去的办展热，现在已经逐渐向中、西部地区转移。建设会展型城市的口号到处都可以听到。但是政府办展要想持续发展，光靠行政优势是不行的，事实上，随着我国市场经济体制的逐步确立，这种模式开始遭遇难题。因此，必须在整个办展的方向上走出一条自己的道路。如上海市政府就审议通过了《上海市展览业管理办法》(以下简称《管理办法》)。该《管理办法》明确限制政府部门和机构办展，并通过建立协调机制，解决展览“撞车”问题。《管理办法》规定，要限制政府部门和机构办展。鉴于举办展览主要是营利性行为，政府部门应当转变政府职能，逐渐从该市场行为中退出，让市场主体成为展览业竞争、发展的主体。

客观地讲，在会展经济方兴未艾的今天，政府积极引导、适度参与会展经济无可厚非。但必须认清的是：与全程市场化运作的会展经济相比，政府直接运作毕竟是一种资源配置效率较低的运作方式，曾经有一些国有企业报怨：“各级政府、协会一年不知道要办多少展览，每次都通知我们要参展、交钱，根本不顾及参展能否真正为企业带来收益。”因此，如果从建立、健全社会主义市场经济秩序的角度来考虑，长时间地由政府包办会展、以行政手段配置会展资源，我国的会展经济就很难建立起规范运作的市场秩序，会展经济的质态也很难有实质性的提高。

(2)行业协会办展方兴未艾。作为行业组织和民间机构的行业协会，近年来对办展给予了高度关注。他们有广泛的会员作为参展商的支撑，近几年办展的积极性也越来越高。纵观现在各行业协会办的展览，完全不同于过去政府办的成果展，大都是发挥行业协会的优势，并且完全按市场规律运作的方式办展。如果考察在我国举办的比较成功的一些国际性展览，不难发现一个共同的特点，那就是主办者都是中国的行业协会，而非行业协会主办的同类展览一般都不如协会主办的展览有规模、有影响力。这与国外有很大的不同。在国外，一个有实力、有信誉的展览公司在其他条件具备时，就可能培育出一个高水平的名牌展览，而在中国离开了行业组织就很难实现。

行业协会办专业展主要有以下几方面的特点和优势：一是行业协会掌握行业的国内外信息，办展具有针对性，能满足行业、参展商和用户的需要；二是行业协会拥有众多的会员单位，与国内外和行业内外具有广泛的联系和影响力，有庞大的网络系统；三是行业协会在办展的同时，往往还要举办一些对行业发展有针对性的学术交流活动和新产品、新技术介绍活动，以及行业的重要的会议等，这是其他单位办展所不具备的；四是行业协会容易得到政府部门和国际行业组织的支持和帮助，也会得到行业和企业的信赖。

(3)国有展览公司面临挑战。由于机制不够灵活，软硬件跟不上等原因，目前国有展览公司的活力远远不如民营展览公司。另外，由于国有企业大多历史较长，离退休人员多，企业负担重，也给企业背上了沉重的包袱。这一点远不如民营企业轻装上阵来得灵活。因此，国有展览公司面临的挑战越来越多。

但在中国现有的国情下，国有展览公司仍有存在的实际需要和优势。一是各地方政府为推动当地经济的发展，都借助展览手段，搭建招商引资、带旺商贸、交流合作的平台。政府主办这一类的展览需要一个相应的国有展览公司来运作。二是具有半政府职能的机构，或是行业协会所办的展会也需要公司来运作，如贸促会组织出国展和来华展，就需要有一个展览公司来运作。国有展览公司在某些方面比民营公司还有一定的优势，其中最大的优势就是信誉度高。另外，由于国有展览公司人员素质较好，政策水平较高，与政府打交道的能力相对较强，也博得了政府的信任，成为政府主办展会的首选合作伙伴。近几年国有展览公司出现了很多新的变化，国有展览中心都在寻求自己的核心竞争力，寻求自给自足的品牌。

(4)民营展览公司快速发展。作为中国会展业的新生力量，民营展览公司曾经走过了一段高速发展的道路，灵活的机制、敏锐的反应是他们的竞争优势，近几年来面对激烈的竞争，民营企业也因地制宜地采取了不同的策略。有的聚焦在一点，专心致志地做一个或几个品牌展；有的对外合作，最大限度地化解将来的风险，有的通过资本化的方式，把整个项目或公司转让出去。所以，民营公司在资本运作上创新是最重要的。据不完全统计，广州市有展览经营权的企业不下500家，以展览公司名义注册的超过200家，其中90%以上是民营企业，占了广州会展业的大半江山。在广州的品牌展中，除“广交会”、“广州国际家具博览会”等少数展览由国企举办外，“广告展”、“照明展”、“美容美发展”等都是由民营公司举办的。但是，业内人士认为，民营企业办展存在很多问题，由于国内会展业起步晚、发展迅速，使得从业人员专业素质较低，缺乏项目策划管理、展会营销等高素质人才，这也制约着企业专业化、品牌化的发展。此外，大多数民营企业急功近利，缺乏中长期战略目标，看哪个展会办得不错就纷纷跟进，却对行业、供求双方趋势没有深入了解，使得重复办展、模仿办展层出不穷，也最终影响企业本身的生存。在外部环境上，目前展览大多由行业协会主办，协会所具有的资源垄断优势是民营公司无法竞争的。

(5)境外展览公司抢滩中国市场。境外展览中心在国内扩展的势头有进一步增强的趋势。除了在国内设立分公司、子公司之外，最显著的特点就是通过资本运作，收购或者并购国内的展览企业或者展览项目。如德国的汉诺威、科隆、依格多，意大利米兰国际展览中心等早已在北京、上海设立了分公司。成立于1922年的科隆国际展览公司，在世界上约90个国家设立了分公司或代表处，为参展商、观众和媒体提供服务。科隆展览中国有限公司成立于2002年，它一方面积极推动中国企业参加科隆集团在全球主办的展会；另一方面，它致力于在中国举办专业展会。如今，科隆展览与合作伙伴在中国创办了中国国际五金展——《科隆国际五金展》(CIHS) / 中国国际甜食及休闲食品展览会（Sweets China）/ 中国国际甜食及休闲食品生产技术展览会（Sweet & SnackTec China）/ 中国上海国际食品加工及包装机械展览会（IFTC）/ 中国广州国际木工机械、家居配料展览会（Interzum Guangzhou）/ 中国广州国际厨房家具和电器展览会（CKFA）/ 中国顺德国际家用电器博览会（Shunde Expo）/ 亚洲风能大会暨国际风能设备展览会（WPA）等展览项目。海外跨国展览机构纷纷抢滩中国市场，中国展览业将面临外国同行更为直接和激烈的冲击。尚显稚弱的中国展览业将面临更激烈的竞争，会展经济将会以更快的速度与国际接轨。

二、会展组织者资质审批法律制度

一直以来，我国会展行业实施严格的资质审批制度，无论是出国办展，还是在国内办“国际展”，或者是在国内举办商品展销会，组展单位都要按照规定办理资质审批手续。2003年2月，国务院颁布的《关于取消第二批行政审批项目和改变一批行政审批项目管理方式的决定》中确定，“境内举办对外经济技术展览会主办资格审批权”取消。这样一来，目前出国办展和国内举办商品展销会等仍然应当按照有关规定办理资质申报和审批手续。并且举办各种展览会仍然应当按照规定办理项目审批或备案手续。目前我国既没有专门的会展法，也没有专业会展组织者法人的认定标准，关于会展主办单位资格、条件的限制性规范，散见于部委规章、地方性法规、甚至是某部委的一些函件中。

(一)国内办展组展单位资质审批法律规定

1. 国内商品展销会

所谓商品展销会，是指由一个或者若干个单位举办，具有相应资格的若干经营者参加，在固定场所和一定期限内，用展销的形式，以现货或者订货的方式销售商品的集中交易活动。商品展览展销会组展单位主要指主办单位和承办单位。为了加强对商品展销会的监督管理，维护市场秩序，规范市场行为，保护生产者、经营者、消费者的合法权益，国家工商行政管理局颁布了《商品展销会管理办法》。

其中，对商品展览展销会组展单位的条件、职责及其登记进行了明确规定。

(1)商品展销会举办单位条件

根据《商品展销会管理办法》的规定，举办单位应当具备以下条件：

①主办单位应具备法人资格(主办单位是指展览展销活动的发起、组织单位，可以是企业法人，也可以是事业单位和社会团体)，能够独立承担民事责任；

②承办单位应具备企业法人资格；

③承办单位必须具有展览展销活动的经营范围；

④承办单位的注册资金应当与所承办的展览展销活动的规模相适应，承办全国性的展览展销活动，企业注册资金必须达到200万元人民币以上；

⑤举办商品展览展销会必须具有相应的场地；

⑥举办商品展览展销会必须具有相应的管理机构、人员、措施和制度。

(2)商品展销会举办单位的职责

①举办单位负责商品展览展销会的内部组织管理工作，应当按照规定对参展商的参展资格进行审查，并将审查情况报告该商品展览展销会的登记机关备案。

②举办单位应当与参展商签定书面合同，约定双方的权利义务。参展商的经营行为损害消费者合法权益的，消费者可以向商品展览展销会具体承办单位要求赔偿，其他举办单位承担连带责任。

③依照国家有关规定需要经政府或者有关部门出具批准方可举办的商品展览展销会，必须出具相应的批准文件。

④展览展销会名称使用“中国、全国”等字词的须经国务院有关行政主管部门批准。

⑤两个以上单位联合主办的商品展览展销会必须签订联合主办协议书。

⑥两个以上单位共同承办的商品展览展销会必须签订共同承办协议书。

(3)商品展销会的登记

根据《商品展销会管理办法》的规定，各级工商行政管理机关是对商品展销会进行登记和监督管理的机关。举办商品展销会，应当经工商行政管理机关核发《商品展销会登记证》后，方可举办。《商品展销会登记证》属于行政审批项目登记表，载明商品展销会名称、举办单位名称、商品展销会负责人、参展商品类别、商品展销会地点及起止日期等内容。未经登记，不得举办商品展销会。

申请办理商品展销会登记手续时，应当提交下列文件：

①证明举办单位具备法人资格的有效证件；

②举办商品展销会的申请书，内容包括：商品展销会名称，起止日期、地点，参展商品类别，举办单位银行账号，举办单位会务负责人员名单，商品展销会筹备办公室地址、联系电话等；

③商品展销会场地使用证明；

④商品展销会组织实施方案；

⑤其他需要提交的文件；

⑥依照国家有关规定需要经政府或者有关部门批准方可举办的商品展销会，应当提交相应的批准文件；

⑦两个以上单位联合举办商品展销会的，还应当提交联合举办的协议书。

工商行政管理机关应当自接到申请之日起 15 日内，作出准予登记或者不准予登记的决定。准予登记的，发给《商品展销会登记证》；不准予登记的，书面通知申请人并说明理由。

2.国际科学技术会议与展览

国际科技会议是指与会代表来自三个或三个以上的国家或地区(不含港、澳、台地区)，以科技学术研讨为主要目的的研讨会、报告会、交流会、论坛等。

国际科技展览是指以科研、技术及高技术产品的展示交流为目的，境外参展商比例在 20%以上的展览会、博览会(一般指规模较大，代表性和综合性较强的展览)、技术展示交流会等。

为加强对国际科学技术会议与展览的管理，鼓励国内科技界、学术界、产业界及相关机构积极举办各类国际科学技术会议与展览，促进国际科学技术交流与合作，2001 年 8 月 23 日，科学技术部、外交部、海关总署、国家工商行政管理总局联合印发了《国际科学技术会议与展览管理暂行办法》。在我国境内举办国际科学技术会议与展览应当遵守本办法。

(1)国际科学技术会议与展览主办单位的资格认定

国际科学技术会议与展览的资格认定工作由科学技术部负责。国务院各部委、直属机构及事业单位,各省、自治区、直辖市、计划单列市人民政府及科技主管部门、新疆生产建设兵团及兵团科技主管部门可以其名义主办与其业务有关的国际科技展览。其他单位申请举办展览面积在1000平方米以上的国际科技展览需具备科学技术部批准的主办资格。

申请主办资格的单位应具备以下条件:①独立承担民事责任能力;②主办或参与举办过3个以上国际展览(企业除外);③设有专业展览部门,配备了展览专业(包括策划、组织、管理及外语等)人员;④制定了完善的规章制度。

申请主办资格的单位在经国务院各部委、直属机构及事业单位,中国科协、中央企业、行业协会,各省、自治区、直辖市、计划单列市科技主管部门等主管部门审查同意后,由上述单位报送科学技术部审批。申请材料应包括:①申请文件;②主管部门审查同意的文件(企业需提交加盖企业印章的营业执照复印件);③本单位举办展览的规章制度;④本单位以往举办展览的资料;⑤其他有关材料。

科学技术部对获得主办资格的单位每两年审核一次。对获得资格后两年内未举办或参与举办任何展览的单位,科学技术部将取消其主办资格;对违反本办法规定举办国际科技会展,以及在会展举办过程中有损害参加者权益等违反法律法规行为的单位,科学技术部可暂停或取消其主办资格。

(2)国际科学技术会议与展览的审批

国际科技会展实行分级审批制度,具体规定如下:

①国外代表人数在150人以上的国际科技会议,需由主办单位提出申请,经科学技术部审核后报国务院审批;

②国外代表人数在150人以下的国际科技会议由国务院各部委、直属机构及事业单位,各省、自治区、直辖市、计划单列市、新疆生产建设兵团科技主管部门,中国科协、中央直属企业、行业协会等单位自行审批,但需报科学技术部备案;

③举办国际科技展览,展览面积在1000平方米以上的由科学技术部审批,需抄报海关总署和主管地海关,其中有关政府机构以外的单位举办展览还需具备主办资格;

④国务院各部委、直属机构及事业单位、中国科协可自行审批本部门单位举办与主管业务有关的展览面积在1000平方米以下的国际科技展览,审批结果需抄报海关总署和主管地海关,并报科学技术部备案;

⑤各省、自治区、直辖市、计划单列市科技主管部门可自行审批在本地区举办的展览面积在 1000 平方米以下的国际科技展览，审批结果需抄报主管地海关，并报科学技术部备案；

⑥具有主办资格的单位可自行举办展览面积在 1000 平方米以下的国际科技展览，但应报当地科技主管部门备案，主管地海关凭主办单位的申请按有关规定办理；

⑦双边交流性质的科技会议，由国务院各部委、直属机构及事业单位，各省、自治区、直辖市、计划单列市、新疆生产建设兵团科技主管部门，中国科协、中央直属企业、行业协会等单位自行审批；

⑧海峡两岸科技会展由科学技术部统一审批。台湾地区代表或厂商(不含台商在华投资企业)参加国际科技会展名单需报科学技术部台办审批。

各级审批部门应当在收到申请后的 15 个工作日内给予批复，并且严格控制同类会展的数量，推动会展质量的提高。对举办主题相同或内容相近的会展申请，审批部门应加强协调，并按以下原则审批：①同类会展，原则上在同一省、自治区，直辖市、计划单列市及省会城市，每年不超过 2 个；②优先批准规模大、影响大、定期举办的会展；③优先批准具有行业优势和举办经验的单位举办的会展。

3. 对台湾省经济技术展览会

为了促进海峡两岸经贸关系的发展，使在祖国大陆举办的对台湾经济技术展览会规范有序地进行，对外贸易经济合作部制订了《在祖国大陆举办对台湾经济技术展览会暂行管理办法》，在祖国大陆举办的对台湾经济技术展览会必须遵守该办法的规定。

(1)审批项目

在祖国大陆举办的对台湾经济技术展览会，包括下列项目：

①海峡两岸的经济技术展览会。

②对台湾出口商品交易会。

③台湾商品展览会。

④台湾厂商参展的国际性展览会、博览会。

⑤台湾厂商参展的全国性展览会。

另外，祖国大陆台资企业参加在大陆举办的对台湾经济技术展览会应以大陆台资企业名义参展。以台湾厂商名义参展，展出从台湾进口商品的，同样适用本办法。

(2)审查内容

审批举办对台湾经济技术展览会时的审查内容主要有：

①政治内容

举办对台湾经济技术展览会，不得出现"台湾独立"、"两个中国"、"一中一台"等政治问题。台湾厂商参展的宣传品、杂志、电子出版物等资料中不得有代表"中华民国"的字样、图片、音乐等。

②展览会名称、展览内容、展出面积、时间、地点、筹备方案和计划等。

祖国大陆与台湾联合举办的经济技术展览会，应冠以"海峡两岸"的名称；各省(市、区)与台湾省联合举办的经济技术展览会，则应分别冠以该省(市、区)与台湾省之名(如："闽台××展览会"、"沪台××展览会"等)。

展品应符合国家知识产权保护法和国家产业政策，具有先进水平，有利于扩大海峡两岸经贸交流与合作。

(3)举办单位的资格与条件

对台湾经济技术展览会的举办单位(包括主办单位和承办单位)的责任、资格和展览行为按照对外贸易经济合作部《在境内举办对外经济技术展览会管理暂行办法》的规定执行。

台湾省民间机构在祖国大陆举办对台湾经济技术展览会，须联合或委托大陆具有主办资格的单位举办，在大陆的招商由大陆主办单位负责。

台湾省的主办单位，应是具有相当规模和办展实力、信誉良好的展览机构、大型公司、经济团体或组织(包括经济贸易促进机构、同业公会、行业协会等)。

(4)审批机构与审批程序

举办海峡两岸的经济技术展览会，由外经贸部会同国务院台湾事务办公室审批。举办其他对台湾经济技术展览会，由外经贸部负责审批，报国务院台湾事务办公室备案。

申请报批的单位应当按要求提交有关文件和资料。如：邀请台湾厂商参展的国际性及全国性展览会、博览会，应提交有关主管单位的批件、参展台湾厂商的名单(中文)、展品内容、展出面积等详细清单，并提前一个月申请报批；举办海峡两岸的经济技术展览会、对台湾商品交易会、台湾商品展览会，应提交展览会的筹备组织计划和方案、可行性研究报告、参展企业及其展品的有关情况等，并提前六个月申请报批。

(二)出国办展组展单位资质审批法律规定

所谓出国办展是指符合法律规定的境内法人(即组展单位)向国外经济贸易展览会主办者或展览场地经营者租赁展览场地，并按已签租赁协议有组织地招收其他境内企业和组织(即参展企业)派出人员在该展览场地上展出商品和服务的经营活动。

为了加强对出国办展的管理，规范出国办展市场秩序，维护参展单位的合法权益，促进出国办展健康有序地进行，2006 年 5 月 14 日，中国贸促会、商务部发布了重新修订的《出国举办经济贸易展览会审批管理办法》。新修订的《办法》结合出国办展活动的实际，依照行政许可法的规定，对出国办展项目审批的条件、依据、受理和审查程序、期限以及批准项目的通报、公示、监督管理等作出了具体规定，明确了审批机关的义务和权限，并引入了综合执法体制，将出国办展纳入行政许可、工商、海关、外事等综合管理体制的框架。

1. 出国办展组展单位的条件

《办法》修正本取消了关于组展单位资格的有关规定，这意味着，组展单位已经扩展到所有具备条件的境内法人。《办法》同时特别指出，境内企业和其他组织独自赴国外参加经贸展览会（即企业和其他组织自行出国参展）以及赴我国香港、澳门、台湾地区举办、参加经贸展览会不是中国贸促会审批管理工作的管辖范围。

《办法》对组展单位应当具备的条件作出明确规定。

组展单位应当具备以下条件：①依法登记注册的企业、事业单位、社会团体、基金会、民办非企业单位法人，注册 3 年以上，具有与组办出国办展活动相适应的经营（业务）范围；②具有相应的经营能力，净资产不低于 300 万元人民币，资产负债率不高于 50%；③具有向参展企业发出因公临时出国任务通知书的条件；④法律、法规规定的其他条件。

组展单位应以书面形式向中国国际贸易促进委员会提出项目申请。项目申请包括以下材料：①项目申请报告；②按规定填写的《出国举办经济贸易展览会申请表》原件及电子文本；③我国驻赴展国使领馆商务机构同意函复印件。

首次提出项目申请的组展单位，除应提供上述规定的项目申请材料外，还应提供以下材料：①项目可行性报告及与国外展览会主办者或展览场地经营者联系的往来函件的复印件；②法人登记证书复印件（验证原件）；③会计师事务所出具的验资报告、财务年度报告、资产负债表复印件；④税务机关出具的完税证明原件；⑤事业单位批准成立机关或社会团体、基金会、民办非企业单位业务主管单位出具的同意事业单位或社会团体、基金会、民间非企业单位出国办展的批准件原件；⑥有因公出国任务审批权的部门和单位出具的同意向参展企业发出因公临时出国任务通知书的证明函原件。

中国贸促会须在规定的期限内对组展单位的申请作出是否批准的决定，不予批准的应通知组展单位，说明理由并告知组展单位依法享有的申请行政复议和提起行政诉讼的权利。

《办法》还明确规定，境内个人不得从事出国办展活动；企业和其他组织未经批准不得从事出国办展活动；境外个人、企业和其他组织不得在中国从事出国办展活动。

2.出国办展组展单位的职责

根据《出国举办经济贸易展览会审批管理办法》的规定，出国办展组展单位必须履行以下职责：

(1)组展单位应向相关企业提供准确、全面的展览会信息，与参展企业签订正式参展合同，严格遵守我国法律、法规，信守承诺，合理收费。

(2)组展单位应鼓励参展企业选择高新技术、高附加值和适销对路的商品参加展出，严禁假冒伪劣、侵犯知识产权的商品参展。并且必须提交保护知识产权工作方案，并在出国办展全过程中认真执行，如执行不力在外造成严重影响，将承担法律责任。

(3)组展单位应制定严格的展览团管理方案，组织出国前外事纪律、保密制度、知识产权保护、涉外礼仪等方面的学习，组织参展企业做好布展工作并积极开展市场调研和贸易洽谈。展出期间，参展人员不得擅离展位。

(4)组展单位必须协调展览团接受我驻展出国使领馆的领导，遵守展出国法律、法规，及时向使领馆汇报办展情况。

(5)组展单位须在展览会结束后1个月内向贸促会提交出国办展总结和按规定填写的《出国举办经济贸易展览会情况调查表》原件及电子文本。

第三节　会展企业法律制度

一、会展企业的概念与特征

会展企业是依法设立，以自己的名义从事会议展览经营活动，实行自主经营、独立核算的一种营利性的经济组织。

会展企业具有以下法律特征：

(1)会展企业是从事会议展览经营活动的经济组织。

(2)会展企业是一种经济组织。可以依法取得法人资格，在参与外部的流转和协作关系时是一个独立享有权利、承担义务和责任的主体。也可以是非法人形式的经济组织。

(3)会展企业原则上进行独立核算，单独计算成本和费用，以收抵支，计算盈亏，对其业务通过财务会计进行反映和控制。

二、会展企业的分类

会展企业类型可以进行多种划分。

(1)从会展企业经营范围来看,包括会展策划组织企业、会展场馆物业企业、相关服务企业等。如在公司营业执照的经营范围中明确列出“举办展览会、展销会”的公司即为展览公司。在公司营业执照的经营范围中未列出“举办展览会、展销会”,而列出提供与展览会相关的服务,诸如展览的装修、搭建、运输、信息、统计、广告、印刷、宣传、媒体等服务的公司即为展览服务公司。展览公司以外从事组织展览会活动的各种单位、机构等都称之为组展机构。举办展览会活动的固定场所即为展览场馆。它包括会展中心、展览中心、博览中心、展览馆等,也包括在科技馆、体育馆、博物馆、图书馆、会议中心、酒店等场所范围内专门开辟且固定用于展览活动的场所。

(2)从会展产业链的角度,可以把会展产品的生产者分为会展经营企业,会展辅助企业和会展外延企业等。

(3)根据会展企业法律组织形式进行的分类,可以分为个人独资企业、合伙企业、公司企业、三资企业等。

(4)根据会展企业产权归属和所有制形式进行的分类,可以分为全民所有制企业、集体所有制企业、私营企业、三资企业等。

本教材将从会展企业法律组织形式的角度,介绍我国企业法对会展企业的适用。

三、个人独资企业法对会展企业的适用

(一)个人独资企业的概念与特征

1.个人独资企业的概念

个人独资企业是指依照《中华人民共和国个人独资企业法》在中国境内设立,由一个自然人投资,财产为投资人个人所有,投资人以其个人财产对企业债务承担无限责任的经营实体。

2.个人独资企业的特征

个人独资企业具有以下特征:

(1)在投资主体方面,是一个自然人投资的企业。根据《中华人民共和国个人独资企业法》的规定,设立个人独资企业只能是一个自然人,国家机关、国家授权投资的机构或者国家授权的部门、企业、事业单位等都不能作为个人独资企业的设立人。

(2)在产权方面,个人独资企业的财产为投资者个人所有,这种产权关系是个人独资企业区别于其他企业形态的重要特征之一。

(3)在责任承担方面,投资人以其个人财产对企业的债务承担无限责任。由于个人独资企业的投资人是一个自然人,对企业出资的多少、是否追加资金或减

少资金、采取什么样的经营方式等事项均由投资人一人作主。当企业的资产不足以清偿到期债务时，投资人应以自己的全部财产用于清偿，这实际上是将企业的责任与投资人的责任连为一体。

(4)个人独资企业的内部机构设置简单，经营管理方式灵活。个人独资企业的投资人既可以是企业的所有者，又可以是企业的经营者，因此，法律对其内部机构和经营管理方式不像其他企业那样加以严格的规定。

(5)个人独资企业是非法人企业。个人独资企业由一个自然人出资，投资人对企业的债务承担无限责任。企业的责任即是投资人个人的责任，企业的财产即是投资人个人的财产。因此，个人独资企业不具有法人资格。个人独资企业虽然不具有法人资格，但却是独立的民事主体，可以自己的名义从事民事活动。

(二)《中华人民共和国个人独资企业法》的相关内容

《中华人民共和国个人独资企业法》是对个人独资企业进行管理的法律规范，是全国人大常委会通过的正式法律。2000 年 1 月 1 日起施行，共 6 章、48 条。

1.个人独资企业设立条件

(1)投资人为一个自然人。从事临时经营、季节性经营、流动性经营和没有固定门面的摆摊经营，不得登记为个人独资企业；其他法律法规禁止从事营利性活动的人，也不得作为投资人申请设立个人独资企业。

(2)有合法的企业名称。个人独资企业的名称应当符合名称登记管理的有关规定，并与其责任形式及从事的营业相符合。个人独资企业的名称中不得使用“有限”、“有限责任公司”或者“公司”字样。

(3)有投资人申报的出资。可以是货币出资，也可以采取实物、土地使用权、知识产权或者其他财产权利出资，并作价算出出资额。投资人的出资额应当与企业的生产经营规模相适应。投资人既可以个人财产出资，也可以家庭共有财产出资。

(4)有固定的生产经营场所和必要的生产经营条件。

(5)有必要的从业人员 8 人以上。

2.个人独资企业设立程序

应当由投资人或者委托的代理人向个人独资企业所在地的登记机关申请，提交设立申请书、投资人身份证明、生产经营场所使用证明等文件；委托代理人申请设立登记时，应当出具投资人的委托书和代理人的合法证明。

登记机关应当在收到设立申请文件之日起 15 日内，对符合《中华人民共和国个人独资企业法》规定条件的，予以登记，发给营业执照；对不符合规定条件的，不予登记，并应当给予书面答复，说明理由。个人独资企业营业执照的签发日期,为个人独资企业的成立日期。

3.个人独资企业的事务管理

(1)个人独资企业投资人可以自行管理企业事务,也可以委托他人管理。聘用他人管理的应当与其签定书面合同,明确委托的具体内容和授予的权利范围。法律规定投资人对被聘用人员职权的限制,不得对抗善意第三人。

受托人或者被聘用的人员应当履行诚信、勤勉义务,按照与投资人签订的合同负责个人独资企业的事务管理。投资人委托或者聘用的管理个人独资企业事务的人员不得有下列行为:利用职务上的便利,索取或者收受贿赂;利用职务或者工作上的便利侵占企业财产;挪用企业的资金归个人使用或者借贷给他人;擅自将企业资金以个人名义或者以他人名义开立账户储存;擅自以企业财产提供担保;未经投资人同意,从事与本企业相竞争的业务;未经投资人同意,同本企业订立合同或者进行交易;未经投资人同意,擅自将企业商标或者其他知识产权转让给他人使用;泄露本企业的商业秘密;法律、行政法规禁止的其他行为。

(2)个人独资企业应该依法纳税。应当设置会计账簿。

(3)个人独资企业招用职工的,应当依法与职工签定劳动合同,保障职工的劳动安全,按时、足额发放职工工资,并应当为职工缴纳社会保险费。

4.个人独资企业的民事责任

个人独资企业是一个独立的民事主体,可以自己的名义开展民事活动,但不具备独立法人资格,不能独立承担民事责任。也就是说当个人独资企业的财产不足以清偿债务时,投资人应当以其个人的其他财产予以清偿。依申请填报的出资方式承担责任。

个人独资企业有下列情况的,可以解散:投资人决定解散;投资人死亡或者被宣告死亡,无继承人或者继承人决定放弃继承;被依法吊销营业执照;法律、行政法规规定的其他情形。

个人独资企业解散的,由投资人自行清算或者由债权人申请人民法院进行清算。清偿顺序如下:所欠职工工资和社会保险费;所欠税款;其他债务。

外商独资企业不适用本法。

四、合伙企业法对会展企业的适用

(一)合伙企业的概念与特征

1.合伙企业的概念

合伙企业,是指自然人、法人和其他组织依法在中国境内设立的普通合伙企业和有限合伙企业。普通合伙企业由普通合伙人组成,合伙人对合伙企业债务承担无限连带责任。有限合伙企业由普通合伙人和有限合伙人组成,普通合伙人对合伙企业债务承担无限连带责任，有限合伙人以其认缴的出资额为限对合伙企业债务承担责任。国有独资公司、国有企业、上市公司以及公益性的事业单位、社会团体不得成为普通合伙人。

2.合伙企业的特征

合伙企业具有以下特征：

(1)有两个以上合伙人。合伙人可以是自然人，也可以是法人或者其他组织。《中华人民共和国合伙企业法》第二条明确规定自然人、法人和其他组织可以依法设立合伙企业，成为有限或者无限合伙人。由于合伙企业是一种比较方便的投资形式，法人参与合伙可以使公司等企业法人利用合伙企业形式灵活、合作简便、成本较低等优势，实现特定目的，也有利于大型企业在开发新产品、新技术中与创新型中小企业进行合作。

(2)有协商一致的合伙协议。合伙协议是合伙企业成立的法律基础，是企业成立前合伙人之间就合伙有关事项协商一致订立的、用以调整合伙人之间关系，规范企业及合伙人行为规则的基本文件。由于合伙企业是人合性企业，人的结合重于资的组合，许多重要问题的确立和决定都要采取协议的方式，因而无论国内还是国外的立法都对合伙协议十分重视，协议有规定的依协议，协议无规定的依法律。

(3)合伙企业必须有人对合伙企业的债务承担无限连带责任或无限责任。普通合伙企业的合伙人对合伙企业债务承担无限连带责任。有限合伙企业中至少有一个普通合伙人，由普通合伙人对合伙企业债务承担无限责任或无限连带责任，有限合伙人以其认缴的出资额为限对合伙企业债务承担责任。

(4)合伙企业经营中，承担无限责任的普通合伙人要负责企业经营，执行企业事务，对外代表合伙企业。有限合伙人不执行合伙事务，不得对外代表有限合伙企业。

(5)合伙企业的利益分配和损失承担，可以通过合伙协议约定或者由合伙人协商决定或者按照合伙人实缴出资比例来进行；无法确定出资比例的，也可以由合伙人平均分配、分担。

(6)合伙企业具有组织性。合伙有合同性合伙与企业性合伙两种形式，合同性合伙体现的是一般合同关系，其法律关系主要由合同类法律来调整；企业性合伙是形成企业实体的合伙，它应具有健全的组织，常年的经营，完整的内外部关系。纳入合伙企业法调整范围的是企业性合伙，因而必须具有一定的组织性。

(二)合伙企业的分类

我国合伙企业分为无限合伙企业(普通合伙)和有限合伙企业两类。无限合伙企业分为一般的普通合伙和特殊的普通合伙企业。有限合伙即传统法学上所谓的“两合公司”，合伙人由承担有限责任和承担无限责任的人组成。

1.普通合伙

普通合伙企业由普通合伙人组成，普通合伙企业的最大特征是全体合伙人对企业债务承担无限连带责任，即普通合伙企业是各合伙人订立合伙协议，共同出资、合伙经营、共享收益、共担风险，并对合伙企业债务承担无限连带责任的营利性组织。国有独资公司、国有企业、上市公司以及公益性的事业单位、社会团体不得成为普通合伙人。

2.有限合伙企业

引入有限合伙企业是新修订的《中华人民共和国合伙企业法》的一大亮点。有限合伙企业由普通合伙人和有限合伙人组成，普通合伙人对合伙企业债务承担无限连带责任，有限合伙人以其认缴的出资额为限对合伙企业债务承担责任。这种合伙在至少有一名合伙人承担无限责任的基础上，允许其他合伙人承担有限责任，它将具有投资管理经验或技术研发能力的机构和个人，与具有资金实力的投资者进行有效结合，既激励管理者全力创业和创新，降低决策与管理成本；提高投资效益，又使资金投入者在承担与公司制企业同样责任的前提下，获取更高收益。有限合伙主要适用于风险投资，它使承担无限连带责任的合伙人在企业中行使事务执行权，负责企业的经营管理；并规定有限合伙人依据合伙协议享受投资收益，对企业债务只承担有限责任，但不能对外代表合伙，也不直接参与经营。

(三)《中华人民共和国合伙企业法》的相关内容

《中华人民共和国合伙企业法》是专门调整合伙经营的法。1997 年第八届全国人民代表大会常务委员会第二十四次会议通过。2006 年第十届全国人民代表大会常务委员会第二十三次会议修订，自 2007 年 6 月 1 日起施行。共 6 章，109 条。

1.合伙企业法的调整范围

新修订的合伙企业法扩展了我国合伙人的主体范围，将我国合伙企业分为普通合伙企业和有限合伙企业。合伙企业法适用于一般的普通合伙企业、有限合伙企业和有限责任的合伙。不仅适用于按照规定应由工商行政部门依法登记管理的合伙企业，也适用于归属于其他行政管理部门登记管理合伙制的律师事务所、会计师事务所、医生诊所等组织；不仅适用于自然人为合伙人的企业，也适用于法人和其他组织为合伙人的合伙企业。但不包括企业法人之间的合伙型联营，也不适用于企业间的契约型合伙。

2.普通合伙企业的设立条件

设立普通合伙企业，应当具备下列条件：

(1)有两个以上合伙人。合伙人为自然人的,应当具有完全民事行为能力。法律行政规定不得从事营利性活动的人除外,如:法官、检察官、警官、国家公务员等不能成为合伙人;合伙人为法人或其他组织的,也应当具有民事权利和行为能力。合伙企业法对合伙企业的人数没有上限的规定,可以由合伙人依据实际情形自行决定。

(2)有书面合伙协议。合伙协议书应当载明下列事项:合伙企业的名称和主要经营场所的地点;合伙目的和合伙经营范围;合伙人的姓名或者名称、住所;合伙人的出资方式、数额和缴付期限;利润分配、亏损分担方式;合伙事务的执行;入伙与退伙;争议解决办法;合伙企业的解散与清算;违约责任。合伙协议经全体合伙人签名、盖章后生效。合伙人依照合伙协议享有权利,承担责任。经全体合伙人协商一致,可以修改或者补充合伙协议。但是,合伙协议另有约定的除外。合伙协议未约定或者约定不明确的事项,由合伙人协商决定;协商不成的,依照本法和其他有关法律、行政法规的规定处理。

(3)有合伙人认缴或者实际缴付的出资。所谓各合伙人实际缴付的出资,是指在设立合伙企业,协商各合伙人出资时,合伙人承诺并实际投入企业资本的总和,它既是企业设立和经营的财产保障,也是企业登记机关据以登记的企业注册资本额。合伙人可以用货币、实物、知识产权、土地使用权或者其他财产权利出资,也可以用劳务出资。合伙人以实物、知识产权、土地使用权或者其他财产权利出资,需要评估作价的,可以由全体合伙人协商确定,也可以由全体合伙人委托法定评估机构评估。

(4)有合伙企业的名称和生产经营场所。合伙企业必须要有经依法核准登记的名称及固定的合法营业场所。合伙企业的名称是合伙企业人格特定化的标志,籍自身的名称区别于其他的民事主体。合伙企业的名称具有唯一性和排他性。合伙企业的名称中应当标明“普通合伙”的字样。

(5)法律、行政法规规定的其他条件。

设立合伙企业,应由全体合伙人指定的代表或者共同委托的代理人向企业登记机关申请设立登记。登记机关为工商行政管理部门。根据《中华人民共和国合伙企业法》第九条规定:申请设立合伙企业,应向企业登记机关提交下列文件:①全体合伙人签署的设立登记申请书;②全体合伙人的身份证明;③全体合伙人指定的代表或者共同委托的代理人的委托书;④合伙协议;⑤出资权属证明;⑥经营场所证明;⑦其他证明材料,如依法应提交的有关行政审批文件。

企业登记机关应当自受理申请之日起 20 日内,作出是否登记的决定。予以登记的,发给营业执照;不予登记的,应当给予书面答复,并说明理由。普通合伙企业的营业执照签发日期,为普通合伙企业成立日期。

3.普通合伙企业的财产与事务管理

(1)合伙企业财产由所有合伙人所有并共同管理和使用。合伙人的出资、以合伙企业名义取得的收益和依法取得的其他财产,均为合伙企业的财产。合伙企业存续期间,合伙人向合伙人以外的人转让其在合伙企业中的全部或者部分财产份额时,须经其他合伙人的一致同意。合伙人之间转让在合伙企业中的全部或者部分财产份额时,应当通知其他合伙人。合伙人依法转让其财产份额的,在同等条件下,其他合伙人有优先受让的权利。合伙人在合伙企业清算前,不得请求分割合伙企业的财产。

(2)各合伙人对合伙企业享有同等的管理权,可以共同管理,也可以委托一名或数名合伙人管理,对外代表合伙企业,但对其权力的限制不能对抗善意第三人。如果委托一名或者数名合伙人执行合伙企业事务的,其他人不再执行合伙企业事务;不参加执行事务的合伙人有权监督执行事务的合伙人,检查其执行合伙企业事务的情况;执行合伙企业事务的合伙人应当依照约定向其他合伙人报告事务执行情况及合伙企业经营状况、财务状况。其执行合伙事务所产生的收益归合伙企业,所产生的费用和亏损由合伙企业承担。合伙人为了解合伙企业的经营状况和财务状况,有权查阅合伙企业会计账簿等财务资料。

(3)合伙企业的利润分配、亏损分担,按照合伙协议的约定办理;合伙协议未约定或者约定不明确的,由合伙人协商决定;协商不成的,由合伙人按照实缴出资比例分配、分担;无法确定出资比例的,由合伙人平均分配、分担。而且,合伙协议不得约定将全部利润分配给部分合伙人或者由部分合伙人承担全部亏损。

(4)新入伙者应该经全体合伙人同意,并告之合伙企业的经营状况和财务状况,新入伙者对入伙前的债务承担连带责任。退伙人对其退伙前已经发生的合伙企业债务承担连带责任;合伙企业解散后,原合伙人对合伙企业存续期间的债务承担连带责任;退伙应该具备下列情形:合伙协议约定的退伙事由出现;经全体合伙人同意;发生合伙人难于继续参加合伙企业的事由出现;其他合伙人严重违反合伙协议约定的义务。

4.有限合伙企业的设立条件

设立有限合伙企业,应当具备下列条件:

(1)有限合伙企业由2个以上50个以下合伙人设立。但是,法律另有规定的除外。并且有限合伙企业至少应当有一个普通合伙人。有限合伙企业仅剩有限合伙人的,应当解散;有限合伙企业仅剩普通合伙人的,转为普通合伙企业。

(2)有合伙企业的名称和生产经营场所。有限合伙企业名称中应当标明“有限合伙”字样。我国相关法律规定,在合伙企业名称中不得使用“有限”或“有限责任”“公司”的字样。因为,合伙企业不同于公司,合伙企业承担的是无限连带责任。如果有限合伙企业在其名称中既注明“有限”或“有限责任”字样，又使用公司名称，那么其名称就可能成为“××有限公司”或者“××有限责任公司”，这既模糊了合伙企业的性质，又给与其交易的第三人造成误解。所以，合伙企业法严厉禁止合伙企业名称中使用“有限”或者“有限责任”字样。只能使用“有限合伙”字样。

(3)有书面合伙协议。合伙协议除符合普通合伙企业协议的规定外，还应当载明下列事项：普通合伙人和有限合伙人的姓名或者名称、住所；执行事务合伙人应具备的条件和选择程序；执行事务合伙人权限与违约处理办法；执行事务合伙人的除名条件和更换程序；有限合伙人入伙、退伙的条件、程序以及相关责任；有限合伙人和普通合伙人相互转变程序。

(4)有合伙人认缴或者实际缴付的出资。有限合伙人可以用货币、实物、知识产权、土地使用权或者其他财产权利作价出资。但有限合伙人不得以劳务出资。

(5)法律、行政法规规定的其他条件。

企业登记机关应当自受理申请之日起 20 日内，作出是否登记的决定。予以登记的，发给营业执照；不予登记的，应当给予书面答复，并说明理由。有限合伙企业的营业执照签发日期，为有限合伙企业成立日期。

5.有限合伙企业的合伙事务管理

(1)有限合伙企业由普通合伙人执行合伙事务。有限合伙人不执行合伙事务，不得对外代表有限合伙企业。

(2)除非有限合伙企业合伙协议另有约定，否则：①有限合伙企业不得将全部利润分配给部分合伙人；②有限合伙人可以同本有限合伙企业进行交易；③有限合伙人可以自营或者同他人合作经营与本有限合伙企业相竞争的业务；④有限合伙人可以将其在有限合伙企业中的财产份额出质。有限合伙企业这些规定与《中华人民共和国公司法》(以下简称《公司法》)的相关规定相反。可以说是对《公司法》中关于有限责任公司制度的一种补充和变通，目的是满足一部分想不按《公司法》规定处理事务的人的需要，满足不同人的不同需要，更好地促进经济的发展；让经济生活中一些已经存在的经济现象从无法可依变得有法可依，更好地规范经济秩序，促进经济的良性发展。

(3)新入伙的有限合伙人对入伙前有限合伙企业的债务，以其认缴的出资额为限承担责任。有限合伙人退伙后，对基于其退伙前的原因发生的有限合伙企业债务，以其退伙时从有限合伙企业中取回的财产承担责任。有限合伙人转变为普通合伙人的，对其作为有限合伙人期间有限合伙企业发生的债务承担无限连带责任。普通合伙人转变为有限合伙人的，对其作为普通合伙人期间合伙企业发生的债务承担无限连带责任。

6.合伙企业的解散与清算

(1)合伙企业的解散

合伙企业有下列情形之一的,应当解散:合伙期限届满,合伙人决定不再经营;合伙协议约定的解散事由出现;全体合伙人决定解散;合伙人已不具备法定人数满30天;合伙协议约定的合伙目的已经实现或者无法实现;依法被吊销营业执照、责令关闭或者被撤销;法律、行政法规规定的其他原因。

(2)合伙企业的清算

按《中华人民共和国合伙企业法》规定,合伙企业解散后应当进行清算,并通知和公告债权人,清算人由全体合伙人担任;未能由全体合伙人担任清算人的,经全体合伙人过半数同意,可以自合伙企业解散后15日内指定一名或者数名合伙人,或者委托第三人,担任清算人。15日内未确定清算人的,合伙人或者其他利害关系人可以申请人民法院指定清算人。

清算人在清算期间执行下列事务:清理合伙企业财产,分别编制资产负债表和财产清单;处理与清算有关的合伙企业未了结的事务;清缴所欠税款;清理债权、债务;处理合伙企业清偿债务后的剩余财产;代表合伙企业参与民事诉讼活动。

清算人自被确定之日起10日内将合伙企业解散事项通知债权人,并于60日内在报纸上公告。债权人应当自接到通知书之日起30日内,未接到通知书的自公告之日起45日内,向清算人申报债权。债权人申报债权,应当说明债权的有关事项,并提供证明材料。清算人应当对债权进行登记。清算期间,合伙企业存续,但不得开展与清算无关的经营活动。

合伙企业财产在支付清算费用后和合伙企业的职工工资、社会保险费用和法定补偿金以及缴纳合伙企业所欠税款、清偿合伙企业的债务后的剩余财产根据《中华人民共和国合伙企业法》第三十三条第一款规定处理:合伙企业的利润分配、亏损分担,按照合伙协议的约定办理;合伙协议未约定或者约定不明确的,由合伙人协商决定;协商不成的,由合伙人按照实缴出资比例分配、分担;无法确定出资比例的,由合伙人平均分配、分担。

合伙企业解散后,原合伙人对合伙企业存续期间的债务仍应承担连带责任。

清算结束,应当编制清算报告,经全体合伙人签名、盖章后,在15日内向企业登记机关报送清算报告,办理合伙企业注销登记。

合伙企业不能清偿到期债务的,债权人可以依法向人民法院提出破产清算申请,也可以要求普通合伙人清偿。

合伙企业依法被宣告破产的,普通合伙人对合伙企业债务仍应承担无限连带责任。

7. 合伙企业的法律地位

合伙企业在我国不是法人，而是自然人、法人之外的一种特殊的独立法律主体。合伙企业虽然没有法人资格，却有相对独立的人格，即合伙企业具有法律主体资格。合伙企业一经依法成立，不但有自己的商号、银行账户和固定的经营场所，能以自己的名义独立履行纳税义务，并能以自己的名义参加法律诉讼，而且还拥有相对独立的财产。合伙企业存续期间，合伙人的出资和所有以合伙企业名义取得的收益均为合伙企业的财产，合伙企业进行清算前，合伙人不得请求分割合伙企业的财产。普通合伙人对企业债务承担无限连带责任，有限合伙人承担有限责任。因此，合伙企业是一种没有法人资格却具有独立的法律主体资格的非法人经济组织。

五、公司法对会展企业的适用

公司法是规定公司法律地位、调整公司组织关系、规范公司在设立、变更与终止过程中的组织行为的法律规范的总称。公司法的概念有广义与狭义之分。广义的公司法，除包括专门的公司法外，还包括其他有关公司的法律、法规、行政规章、司法解释以及其他各法之中的调整公司组织关系、规范公司组织行为的法律规范。狭义的公司法，仅指专门调整公司问题的法律，即由全国人大颁布的《公司法》。

我国的《公司法》由第八届全国人大常委会第五次会议于1993年12月29日通过，自1994年7月1日起施行。此后，《公司法》于1999年、2004年进行了两次小的修订。2005年10月27日，《公司法》在进行了大规模的修订后，于第十届全国人大常委会第十八次会议重新颁布。新法于2006年1月1日起施行。成为公司运行的新准则。新法共13章，219条。公司法调整的对象是在中国境内设立的有限责任公司和股份有限公司。

（一）有限责任公司

1. 有限责任公司的概念与特征

有限责任公司又称有限公司，是根据《公司法》及有关法律规定的条件设立，股东以其出资额为限对公司承担责任，按股份比例享受收益，公司以其全部资产对公司的债务承担责任的企业法人。

有限责任公司的主要特征有：

(1)股东仅以其出资额为限承担有限责任。也就是说：第一，股东的个人财产与公司债务无关。第二，股东只对公司负责，不对公司的债权人负责，在任何情况下债权人不能要求股东个人清偿公司债务。

(2)公司以资产为限承担债务责任。公司资产包括多个方面:一是股东的出资;二是公司设立后经过生产经营活动形成的各种财产、债权和其他权利,包括有形资产和无形资产。公司清算时,仅以其全部资产为限对债务承担责任,债权人不能在公司资产之外主张债权。

(3)公司股东人数应符合法定要求。《公司法》第二十四条规定:有限责任公司由 50 个以下股东出资设立。

(4)股权转让应符合法定程序及公司章程规定。

(5)公司不能公开募集股份,不能发行股票。公司生产经营过程中所需资金只能由其他合法方式融资取得。

2.有限责任公司的设立条件

设立有限责任公司,应当具备下列条件:

(1)股东符合法定人数。《公司法》规定,有限责任公司由 50 个以下股东共同出资设立。股东的身份既可是自然人,也可是法人。

(2)股东出资达到法定资本最低限额。《公司法》规定,有限责任公司注册资本的最低限额为人民币 3 万元。法律、行政法规对有限责任公司注册资本的最低限额有较高规定的,从其规定。股东可以用货币出资,也可以用实物、知识产权、土地使用权等可以用货币估价并可以依法转让的非货币财产作价出资;但是,法律、行政法规规定不得作为出资的财产除外。对作为出资的非货币财产应当评估作价,核实财产,不得高估或者低估作价。法律、行政法规对评估作价有规定的,从其规定。全体股东的货币出资金额不得低于有限责任公司注册资本的 30%。

(3)股东共同制定公司章程。有限责任公司的公司章程是记载公司组织规范及行动准则的书面文件,须由全体出资者在自愿协商的基础上制定,经全体出资者同意,股东应在公司章程上签名、盖章。有限责任公司章程应当载明下列事项:公司名称和住所;公司经营范围;公司注册资本;股东的姓名或者名称;股东的出资方式、出资额和出资时间;公司的机构及其产生办法、职权、议事规则;公司法定代表人;股东会会议认为需要规定的其他事项。

(4)有公司名称,建立符合有限责任公司要求的组织机构。公司的名称通常由下列四个部分组成:公司所在地行政区划的名称;字号或商号;行业或者经营特点;组织形式。有限责任公司的组织机构由股东会、董事会(或执行董事)、监事会(或监事)组成。

(5)有公司住所。公司以其主要办事机构所在地为住所。公司的分支机构、办事处、生产经营场所可能有多个,但公司的住所只能有一个。公司住所具有重要的法律意义,是公司开展经营活动的长期固定地点,是确定许多与公司相关的法律关系的基础。

3.有限责任公司的组织机构

有限责任公司的组织机构由股东会、董事会(或执行董事)、监事会(或监事)组成。

(1)有限责任公司股东会

有限责任公司股东会是由全体股东所组成的,形成公司意思的必要的非常设机构,是公司的权力机构,最高决策机构。股东会对外不代表公司,对内不执行业务,但公司的其他机构必须执行股东会的决议,对股东会负责。

根据新《公司法》第三十八条规定,股东会行使下列职权:决定公司的经营方针和投资计划;选举和更换非由职工代表担任的董事、监事,决定有关董事、监事的报酬事项;审议批准董事会的报告;审议批准监事会或者监事的报告;审议批准公司的年度财务预算方案、决算方案;审议批准公司的利润分配方案和弥补亏损方案;对公司增加或者减少注册资本作出决议;对发行公司债券作出决议;对公司合并、分立、解散、清算或者变更公司形式作出决议;修改公司章程。

股东会作为公司的权力机构,应依照公司法的规定行使相应的职权,股东会会议是股东会进行议事并行使股东权力的一种具体方式,股东会的各项职权一般是通过召开股东会会议并形成具体的决议,才能得以实现。根据我国新《公司法》规定,股东会会议可分为首次会议、定期会议和临时会议。首次会议是有限责任公司成立后的第一次会议,由出资最多的股东召集和主持。定期会议应按照公司章程的规定按时召开,由于实践中该期限多为一年,因此又称为年度会议。临时会议是根据公司情况,依照法定程序不时召开的股东会会议。根据新《公司法》规定,代表1/10以上表决权的股东,1/3以上的董事,监事会或者不设监事会的公司的监事提议召开临时会议的,应当召开临时会议。

股东会会议形成决议,需获得法定数额的表决权通过,我国新《公司法》第四十三条规定:股东会会议由股东按照出资比例行使表决权;但是,公司章程另有规定的除外。股东会行使职权,主要以决议形式定之。股东会决议分为两类:普通决议是对公司一般事项所作的决议,只须经1/2以上表决权的股东通过。特别决议是对重要的事项所作的决议,新《公司法》第四十四条第二款规定:股东会会议作出修改公司章程、增加或者减少注册资本的决议,以及公司合并、分立、解散或者变更公司形式的决议,必须经代表2/3以上表决权的股东通过。

(2)有限责任公司董事会

董事会和执行董事是有限责任公司的执行机构,前者是依法由股东会选举产生,代表公司并行使经营决策权的公司常设机关。股东人数较少和规模较小的公司可不设董事会,仅设一名执行董事。有限责任公司设董事会,其成员为3

人至13人。董事任期由公司章程规定,但每届任期不得超过3年。董事任期届满,连选可以连任。

根据《公司法》规定,董事会对股东会负责,行使下列职权:召集股东会会议,并向股东会报告工作;执行股东会的决议;决定公司的经营计划和投资方案;制定公司的年度财务预算方案、决算方案;制定公司的利润分配方案和弥补亏损方案;制定公司增加或者减少注册资本以及发行公司债券的方案;制定公司合并、分立、解散或者变更公司形式的方案;决定公司内部管理机构的设置;决定聘任或者解聘公司经理及其报酬事项,并根据经理的提名决定聘任或者解聘公司副经理、财务负责人及其报酬事项;制定公司的基本管理制度;公司章程规定的其他职权。

董事会作为机构是通过召开会议形成决议的方式行使职权。董事会会议由董事长召集和主持,董事长不能履行职务或者不履行职务的,由副董事长召集和主持;副董事长不能履行职务或者不履行职务的,由半数以上董事共同推举一名董事召集和主持。董事会决议的表决,实行一人一票。董事会应当对所议事项的决定作成会议记录,出席会议的董事应当在会议记录上签名。这是因为出席会议的董事对所作决议应承担行政的、法律的责任,如果决议内容违反法律、法规或超出公司章程规定的范围,给公司造成损害的,应承担赔偿责任。但对该决议表示异议的并记载于董事会会议记录的董事,可以免除赔偿责任。

(3)有限责任公司监事会

监事会与监事是有限责任公司的监督机构,前者是指依法由股东和职工分别选举产生的监事组成的,对董事和高级管理人员的经营管理行为及公司财务进行专门监督的常设机构。有限责任公司设立监事会,其成员不得少于三人。股东人数较少或规模较小的,可以设一至二名监事,不设立监事会。董事、高级管理人员不得兼任监事。

根据《公司法》规定,监事会、不设监事会的公司的监事行使下列职权:检查公司财务;对董事、高级管理人员执行公司职务的行为进行监督,对违反法律、行政法规、公司章程或者股东会决议的董事、高级管理人员提出罢免的建议;当董事、高级管理人员的行为损害公司的利益时,要求董事、高级管理人员予以纠正;提议召开临时股东会会议,在董事会不履行本法规定的召集和主持股东会会议职责时召集和主持股东会会议;向股东会会议提出提案;依照本法第一百五十二条的规定,对董事、高级管理人员提起诉讼;公司章程规定的其他职权。

监事会应当包括股东代表和适当比例的公司职工代表,其中职工代表的比例不得低于1/3,具体比例由公司章程规定。监事会中的职工代表由公司职工通过职工代表大会、职工大会或者其他形式民主选举产生。

监事会设主席一人，由全体监事过半数选举产生。监事会主席召集和主持监事会会议；监事会主席不能履行职务或者不履行职务的，由半数以上监事共同推举一名监事召集和主持监事会会议。

(二)股份有限公司

1. 股份有限公司的概念与特征

股份有限公司是其全部资本分为等额股份，股东以认购的股份为限对公司承担责任，公司以全部资产对公司债务承担责任的公司。

股份有限公司具有以下三个法律特征：

(1)公司的全部资产划分为均等的若干股份，每股的金额相等。资本的等额股份化是股份有限公司与有限责任公司的一个重要区别。

(2)股东仅就其认购的股份对公司承担有限责任。首先股东只对公司负责，不对公司债权人负责。其次，股东只承担有限责任。

(3)公开向社会发行股票集资，股东可以自由地转让自己的股份。认购公司的股票就成为公司的股东，股票是证明股东权利的凭证，也就是有价证券。股东可以在证券市场上自由地出让自己的股票，其他投资者可以购买。所以股份公司的股东流动性比较大，各国公司法一般都规定股份公司的下限，不设上限，以利于广泛地吸收资金。

2. 股份有限公司的设立条件与程序

(1)股份有限公司的设立条件是指公司被确认为法律上的独立人格时所必须具备的条件。我国新《公司法》规定：设立股份有限公司，应当具备下列条件：发起人符合法定人数；发起人认购和募集的股本达到法定资本最低限额；股份发行、筹办事项符合法律规定；发起人制订公司章程，采用募集方式设立的经创立大会通过；有公司名称，建立符合股份有限公司要求的组织机构；有公司住所。

(2)股份有限公司的设立程序

股份有限公司的设立程序因采取发起设立或募集设立而不同，二者的主要区别在于采取募集设立需经过向他人募股的程序，除此之外，两者的设立程序基本相同。具体的设立程序如下：

①签订发起人协议。

发起人协议是发起人之间经协商以书面形式表达的共同设立公司、各自承担一定设立义务的合同。发起人协议是一种典型的合伙契约。一般来说，发起人协议的主要内容有：发起人及法定代表人的姓名、住所、国籍、职务；所设立公司的名称、住所和经营范围等；设立方式；资本总额及发行的股份总数、注册资本、每一发起人认购股份的数额；发起人出资方式、期限和每股金额；发起人的权利义务和责任；发起人内部职责的分工；协议适用法律、纠纷解决办法；协议生效、终止的时间和所附的条件;其他需要载明的事项。

②订立公司章程

我国新《公司法》规定发起人须制定公司章程。股东有限公司在发起设立和募集设立时章程的制定是不同的。在股份有限公司发起设立时,公司章程是由全体发起人在协商一致的基础上共同制定的。只要章程符合法律的规定,该章程就将成为成立后公司的章程。在募集设立时,公司章程的制定分为两步:先由公司发起人在协商一致的基础上先行制定公司章程。此章程仅为发起人的合意,并非公司成立时所有股东的合意,因而该章程仅为公司成立时章程的基础。在募集的股款缴足后举行的公司创立大会上,公司章程经出席大会的发起人和认股人所持表决权的半数以上通过,即形成对全体股东有约束力的章程。此时,公司章程的制定才算完成。

③办理批准手续

我国新《公司法》规定:设立公司,应当依法向公司登记机关申请设立登记。符合本法规定的设立条件的,由公司登记机关分别登记为有限责任公司或者股份有限公司;不符合本法规定的设立条件的,不得登记为有限责任公司或者股份有限公司。

④股份的认购

以发起设立方式设立股份有限公司的,发起人应当书面认足公司章程规定其认购的股份;一次缴纳的,应即缴纳全部出资;分期缴纳的,应即缴纳首期出资。以非货币财产出资的,应当依法办理其财产权的转移手续。

以募集设立方式设立股份有限公司的,发起人认购的股份不得少于公司股份总数的35%;但是,法律、行政法规另有规定的,从其规定。

⑤建立公司机构并申请设立登记

在股份有限公司发起设立时,发起人首次缴纳出资后,就应当选举董事会和监事会。由董事会向公司登记机关报送公司章程、由依法设立的验资机构出具的验资证明及法律、行政法规规定的其他文件,申请设立登记。

股份有限公司采取募集设立时,当发行的股份的股款全部缴足,经依法设立的验资机构验资并出具证明后,发起人应在30日内主持召开公司创立大会。创立大会由发起人、认股人组成。

发起人应在创立大会召开15日前将会议日期通知各认股人或予以公告。当创立大会选举出董事会后,董事会应于创立大会结束后30日内,向公司登记机关报送文件,申请设立登记。

⑥公告

股份有限公司设立登记经核准的,由登记机关颁发营业执照,公司自营业执照的签发之日起成立。股份有限公司成立后,应当进行公告。

3.股份有限公司的组织机构

(1)股东大会

《公司法》规定:股份有限公司股东大会由全体股东组成。股东大会是公司的权力机构,依照本法行使职权。股东大会作为公司的组织机构之一,是公司的最高权力机关。这意味该公司的一切重大事项,如章程的修改、公司的解散与合并、董事的任免等,都必须由股东大会作出决议。

股东大会是合议制机构,其职权是以会议决议的方式行使的。根据《公司法》的规定,股东大会的职权有:决定公司的经营方针和投资计划;选举和更换非由职工代表担任的董事、监事,决定有关董事、监事的报酬事项;审议批准董事会的报告;审议批准监事会或者监事的报告;审议批准公司的年度财务预算方案、决算方案;审议批准公司的利润分配方案和弥补亏损方案;对公司增加或者减少注册资本作出决议;对发行公司债券作出决议;对公司合并、分立、解散、清算或者变更公司形式作出决议;修改公司章程。

股东大会的会议方式分为定期会议和临时会议两类。定期会议,也称普通会议、股东常会、股东年会,是依法律和公司章程的规定在一定时间内必须召开的股东大会。定期会议主要决定股东大会职权范围内的例行重大事项。股东大会临时会议,也称特别会议,是在定期会议之外,由于发生法定事由或根据法定人员、机构的提议而召开的股东会议。股东大会会议由董事会召集,董事长主持;董事长不能履行职务或者不履行职务的,由副董事长主持;副董事长不能履行职务或者不履行职务的,由半数以上董事共同推举一名董事主持。

股东投票实行一股一票原则,即股东出席股东大会,所持每一份股份都具有表决权。股东对股东大会决议事项进行表决,就具体记票方式而言有直接投票制和累积投票制。直接投票制是在行使股东大会表决权时,针对一项决议,股东只能将其持有股份决定的表决票数一次性直接投在这项决议上。直接投票制代表了《公司法》在公司决策的过程和结果上奉行的传统的多数决定原则,贯彻了由大股东控制公司的权利义务对等的理念。

(2)董事会

董事会是指依法由股东会选举产生,代表公司并行使经营决策权的公司常设机关。董事会对股东会负责,行使下列职权:召集股东会会议,并向股东会报告工作;执行股东会的决议;决定公司的经营计划和投资方案;制定公司的年度财务预算方案、决算方案;制定公司的利润分配方案和弥补亏损方案;制定公司增加或者减少注册资本以及发行公司债券的方案;制定公司合并、分立、解散或者变更公司形式的方案;决定公司内部管理机构的设置;决定聘任或者解聘公司经理及其报酬事项，并根据经理的提名决定聘任或者解聘公司副经理、财务负责人及其报酬事项；制定公司的基本管理制度；公司章程规定的其他职权。

董事会设董事长一人，并可以设副董事长，副董事长协助董事长工作。董事长和副董事长以全体董事的过半数选举产生。但需要注意的是，原公司法规定了董事长是公司的法定代表人，新公司法没有继承这一规定。因此，董事长并不必然为公司的法定代表人。新《公司法》规定：公司法定代表人依照公司章程的规定，由董事长、执行董事或者经理担任，并依法登记。董事长召集和主持董事会会议，检查董事会决议的实施情况。

董事会作为一个机构是通过召开会议并形成决议的方式行使职权的。董事会会议分为两类。普通会议是在公司章程规定的固定时间召开的例会。我国新《公司法》规定，股份有限公司每年度至少召开两次董事会会议。临时会议是指公司经营中遇到需要董事会及时决策的必要事项时，董事会可以召开临时会议。我国新《公司法》规定，代表 1/10 以上表决权的股东、1/3 以上董事或者监事会，可以提议召开董事会临时会议。董事长应当自接到提议后十日内，召集和主持董事会会议。董事会召开临时会议，可以另定召集董事会的通知方式和通知时限。

在召集董事会会议时，需要履行一定的通知程序。新《公司法》规定，董事会普通会议应于会议召开 10 日以前通知全体董事和监事。董事会召开临时会议，可另定召集董事会的通知方式和通知时限。达到法定比例的董事出席并经法定比例的董事表决通过而作出的决议方为有效的董事会决议。

(3)监事会

监事会是监察公司事务的公司机构。通常认为，监事会是依法产生，对董事和经理的经营管理行为及公司财务进行监督的常设机构。它代表全体股东对公司经营管理进行监督，行使监督职能，是公司的监督机构。

我国《公司法》规定：股份有限公司设监事会，其成员不得少于三人。监事的任期每届为三年。监事任期届满，连选可以连任。监事会应当包括股东代表和适当比例的公司职工代表，其中职工代表的比例不得低于 1/3，具体比例由公司章程规定。监事会中的职工代表由公司职工通过职工代表大会、职工大会或者其他形式民主选举产生。另外，为保证监督的实效，我国新《公司法》规定，董事、高级管理人员不得兼任监事。

股份有限公司监事会或监事行使下列职权：检查公司财务；对董事、高级管理人员执行公司职务的行为进行监督，对违反法律、行政法规、公司章程或者股东会决议的董事、高级管理人员提出罢免的建议；当董事、高级管理人员的行为损害公司的利益时，要求董事、高级管理人员予以纠正；提议召开临时股东会会议，在董事会不履行本法规定的召集和主持股东会会议职责时召集和主持股东会会议；向股东会会议提出提案；依法对董事、高级管理人员提起诉讼；公司章程规定的其他职权。

六、外商投资企业法对会展企业的适用

（一）外商投资企业概述

1.外商投资企业的概念

外商投资企业是指在我国境内依照我国法律设立的，由外国投资者单独直接投资或者由外国投资者与中国投资者共同投资的企业。依照我国现行外商投资企业法，外商投资企业分为以下三种法律类型：中外合资经营企业、中外合作经营企业、外商独资企业。实践中俗称其为三资企业。

2.外商投资企业的法律特征

外商投资企业具有以下法律特征：

（1）由外国投资者参与设立或由外国投资者单独设立，这里的外国投资者是指外国企业、其他经济组织或个人。外商投资企业可以是中国投资者与外国投资者共同投资设立，也可以是外国投资者单独投资设立，外国投资者单独设立包括外国的一方投资者设立或多方投资者共同设立。

（2）依照中国法律和行政法规，经中国政府批准、在中国境内设立，所以外商投资企业虽有外资参与，但属于中国企业或法人。

（3）由外国投资者以私人直接投资方式设立。国际投资包括许多不同的具体方式，如国际贷款、租赁、证券投资、合作开发、补偿贸易、来料加工等。只有私人直接投资设立的企业才属于外商投资企业。利用外国政府或各国政府共同设立的国际经济组织的资金兴办的企业，不属于外商投资企业。利用国外的借款、租赁等间接投资方式兴办的企业也不属于外商投资企业。

3.外商投资企业法律法规

我国目前关于外商投资企业的立法主要包括：《中华人民共和国中外合资经营企业法》（全国人大于 1979 年 7 月 1 日通过，1990 年 4 月 4 日第一次修正，2001 年 3 月 15 日第二次修正，以下简称《合资企业法》），《中华人民共和国中外合资经营企业法实施条例》（国务院 1983 年 9 月 20 日发布，2001 年 7 月 22 日修订），《中华人民共和国中外合作经营企业法》（全国人大于 1988 年 4 月 13 日通过，2000 年 10 月 31 日修订，以下简称《中外合作企业法》），《中华人民共和国中外合作经营企业法实施细则》（对外贸易经济合作部 1995 年 9 月 4 日颁布），《中华人民共和国外资企业法》（全国人大于 1986 年 4 月 12 日通过，2000 年 10 月 31 日修订，以下简称《外资企业法》），《中华人民共和国外资企业法实施细则》

(对外经济贸易部于1990年12月12日公布实施)。

(二)中外合资经营企业

1.中外合资经营企业的概念

中外合资经营企业(以下简称合资企业)是中国合营者与外国合营者依照《合资企业法》等相关法律的规定,在中国境内设立的共同投资,共同经营,按出资比例分享利润、承担风险与亏损的企业。

2.中外合资企业的法律性质

《合资企业法》规定:"合营企业的形式为有限责任公司",《中华人民共和国合资企业法实施条例》对股东有限责任作了进一步规定,即"合营各方对合营企业的责任以各自认缴的出资额为限",也就是规定了其作为有限公司的性质。《中华人民共和国合资企业法实施条例》还规定:"中外合资经营企业是中国的法人,受中国法律的管辖和保护。"在合营企业中设有股东大会,最高权力机构是合营企业的董事会,合营企业的领导制度是董事会领导下的总经理负责制。这样就明确了中外合资经营企业的性质是依照中国法律、在中国境内设立的有限责任公司。

3.中外合资经营企业的注册资本与出资方式

合营企业的组织形式是有限责任公司。各方以其认缴的出资额对合营企业债务承担责任,合营企业以其全部财产对外承担责任。而合营各方所认缴的出资额的总和即为合营企业的资本,合营企业在工商行政管理机关登记注册的资本即为合营企业的注册资本。

(1)在合营企业的注册资本中,外国合营者的出资比例一般不应低于25%。

(2)合营企业在合营期内,不得减少其注册资本。

(3)合营企业的一方如同合营伙伴以外的第三者转让其全部或者部分出资的,应当经合营他方的同意。合营企业出资额的转让须经董事会会议通过后,报原审批机构批准。合营企业一方转让其全部或部分出资额时,合营他方有优先购买权。

(4)合营企业的注册资本应符合《公司法》规定的注册资本的最低限额;同时,应符合有关中外合资经营企业注册资本与投资总额比例的专项规定。

合营各方可以用货币出资,也可以用建筑物、厂房、机器设备或其他物料、工业产权、专有技术、场地使用权等作价出资。其中凡是以实物、工业产权、专有技术作价出资的,出资者应当出具所有权和处置权的有效证明。合营企业的任何一方不得用以合营企业名义取得贷款、租赁的设备或者其他财产以及合营者以外的他人财产作为自己的出资,也不得以合营企业的财产和权益或者合营他方的财产和权益为其出资担保。

4. 中外合资经营企业的期限、解散与清算

(1)中外合资经营企业的合营期限

中外合资企业的合营期限，是指合营各方根据中国的法律、行政法规的规定和合营各方对合营企业经营目标的期望，在合营合同中对合营企业存续期间的规定。要注意对于限制类的中外合资经营项目，必须约定经营期限。对于属于国家规定鼓励投资和允许投资项目的合营企业，除上述行业外，合营各方可以在合同中约定合营期限，也可以不约定合营期限。

合营企业的合营期限，一般项目原则上为10年至30年。投资大、建设周期长、资金利润低的项目，由外国合营者提供先进技术或者关键技术生产尖端产品的项目，或者在国际上有竞争能力的产品的项目，其合营期限可以延长到50年。经国务院特别批准的可在50年以上。

(2)中外合资经营企业的解散与清算

合营企业在下列情况下解散：合营期限已满；企业发生严重亏损，无力继续经营；合营一方不履行合营协议、合同、章程规定的义务，致使企业无法继续经营；因自然灾害、战争等不可抗力遭受严重损失，无法继续经营；合营企业未达到其经营目的，同时又无发展前途；合营企业合同、章程规定的其他解散原因。

合营企业宣告解散时，应当进行清算。合营企业应当依法成立清算委员会，由清算委员会负责清算事宜。清算委员会的任务是对合营企业的财产、债权、债务进行全面清查，编制资产负债表和财产目录，提出财产作价和计算依据，制定清算方案，提请董事会会议通过后执行。合营企业以其全部资产对其债务承担责任。除非合营企业协议、合同、章程另有规定，合营企业清偿债务后的剩余财产按照合营各方的出资比例进行分配。

(三)中外合作经营企业

1. 中外合作经营企业的概念

中外合作经营企业是指中国的企业或其他经济组织或个人，依照中国法律规定，在中国境内举办的，按合作企业合同的约定分配收益或产品、分担风险和亏损的企业。

2. 中外合作经营企业的法律性质

《中华人民共和国中外合作经营企业法》规定："合作企业符合中国法律关于法人条件的规定的，依法取得中国法人资格。"言下之意，如不具备法人条件的，也就不能取得中国法人资格。由此可见，中国的合作企业，可分为法人式和非法人式。而从实践情况看，已经成立的合作企业，大都具有法人资格，非法人式的合作企业为数很少。根据《合作经营企业法》的具体规定，法人式合作经营企业只能采取有限公司的形式，合作经营企业以自己的独立财产对外承担责任，其合

作者则以合同约定的比例承担有限责任。

3.中外合作经营企业的设立、出资方式和收益分配及资本回收

(1)中外合作经营企业的设立

中外合作经营企业的设立必须符合以下法律规定：

①合作项目符合中国政府的产业政策。国家鼓励举办产品出口的或者技术先进的生产型合作企业。

②有合作合同。在合作经营企业合同中约定投资或者合作条件、收益或者产品的分配、风险和亏损的分担、经营管理的方式和合作企业终止时财产的归属等事项。

③设立程序符合法律规定。申请设立合作经营企业，应当将中外合作者签订的协议、合同、章程等文件报国务院对外经济贸易主管部门或者国务院授权的部门和地方政府审查批准。审查批准机关应当自接到申请之日起 45 天内决定批准或者不批准。设立合作企业的申请经批准后，应当自接到批准证书之日起 30 天内向工商行政管理机关申请登记，领取营业执照。合作经营企业的营业执照签发日期，为该企业的成立日期。合作经营企业应当自成立之日起 30 天内向税务机关办理税务登记。

(2)中外合作经营企业的出资方式

中外合作者的投资或者提供的合作条件可以是现金、实物、土地使用权、工业产权、非专利技术和其他财产权利。

(3)中外合作经营企业的收益分配及资本回收

中外合作者依照合作企业合同的约定，分配收益或者产品，承担风险和亏损。实践中，合作企业的利润分配方式是灵活多样的，大致有以下几种方式：①产品分成，即合作企业将企业生产的产品依照合同约定的比例或者数额，分配给合作各方。产品由合作各方自行销售；②保证合作一方的收益达到某一固定的值；③利润分成，即将企业利润按照一定的百分比分配给合作各方。

中外合作者在合作企业合同中约定合作期满时合作企业的全部固定资产归中国合作者所有的，可以在合作企业合同中约定外国合作者在合作期限内先行回收投资的办法。合作企业合同约定外国合作者在缴纳所得税前回收投资的，必须向财政税务机关提出申请，由财政税务机关依照国家有关税收的规定审查批准。

外国合作者在合作期限内先行回收投资的，中外合作者应当依照有关法律的规定和合作企业合同的约定对合作企业的债务承担责任。

4.中外合作经营企业的经营管理

依据《中外合作经营企业法》的规定，合作企业的经营管理可以采取以下三

种形式:董事会制、联合管理制、委托管理制。

(1)董事会制。具体法人资格的合作企业,一般实行董事会制。董事会是合作企业的最高权力机关,决定合作企业的重大问题。董事长、副董事长由合作企业各方协商产生。董事会下设经营管理机构,负责企业的日常管理工作。

(2)联合管理制。不具有法人资格的合作企业,一般实行联合管理制。联合管理机构由合作各方代表组成,是合作企业的权力机构,决定合作企业的重大问题。

(3)委托管理制。合作企业成立后,可以委托第三方经营管理,但必须经过董事会或联合管理机构一致同意,报审批机关批准,并向工商行政管理部门办理相关手续。

(四)外商独资企业

1.外资企业的概念

外资企业是依照《外资企业法》等相关法律的规定,在中国境内设立的外国投资企业。它是由外国个人、企业、公司或其他经济组织单独投资、单独经营、单独承担风险的企业。

2.外资企业的法律性质

对外资企业的法律性质,《中华人民共和国外资企业法》规定,"外资企业符合中国法律关于法人条件的规定的,依法取得中国法人资格",这表明,外资企业同样可分为法人式和非法人式。同时,《中华人民共和国外资企业法实施细则》又规定:"外资企业的组织形式为有限责任公司,经批准也可以为其他责任形式。外资企业为有限责任公司的,外国投资者对企业的责任以其认缴的出资额为限。外资企业为其他责任形式的,外国投资者对企业的责任适用中国法律、法规的规定。

由此可见,外资企业的组织形式更为灵活,具有法人资格的外资企业可以是有限责任公司,也可以是股份公司。而不具有法人资格的外资企业则可以采取合伙企业的形式,也可以采取独资企业的形式。然而,如前所述,中国目前只有关于个人合伙企业的规定,外资企业如为外国法人组织所设,同样缺少进一步的法律调整。至于独资企业,1999 年颁布的《中华人民共和国个人独资企业法》明确规定不适用于外商独资企业。

3.外商独资企业的经营管理

外资企业的自制会计凭证、会计账簿和会计报表,应当用中文书写,用外文书写的,应当加注中文。外资企业依照中国税法规定缴纳所得税后的利润,应当提取储备基金和职工奖励及福利基金。储备基金的提取比例不得低于税后利润的 10%,当累计提取金额达到注册资本的 50%时,可以不再提取。职工奖励及福利基金的提取比例由外资企业自行确定。外资企业以往年度的亏损未弥补时,不得分配利润,以往年度的未分配利润,可与本会计年度可供分配的利润一并分配。外资企业应当独立核算。外资企业的年度会计报表和清算会计报表,应当依照中国财政、税务机关的规定编制。以外币编报会计报表的,应当同时编报外币折合为人民币的会计报表。

(五)外商投资会议展览公司的特别规定

为鼓励外国公司、企业和其他经济组织(以下简称外国投资者)在中国境内设立外商投资会议展览公司,举办具有国际规模和影响的对外经济技术展览会和会议,2004 年 1 月 12 日中华人民共和国商务部第一次部务会议审议通过了《设立外商投资会议展览公司的暂行规定》,该规定对外商投资会议展览公司的设立作了特别规定。

1. 设立外商投资会议展览公司的条件

国家鼓励引进国际上先进的组织会议展览和专业交流方面的专有技术设立外商投资会议展览公司,促进我国会展业的发展,创造良好的社会和经济效益。外商投资会议展览公司在中国境内的正当经营活动和合法权益受中国法律的保护。在我国,申请设立外商投资会议展览公司的外国投资者必须具备的条件是:有主办国际博览会、专业展览会或国际会议的经历和业绩。

《设立外商投资会议展览公司的暂行规定》第五条规定:允许外国投资者根据本规定,在中国境内以外商独资的形式设立外商投资会议展览公司或与中国的公司、企业或其他经济组织(以下简称中国投资者)按照平等互利的原则在中国境内以合资、合作的形式设立外商投资会议展览公司。这表明,外商投资会议展览公司的组织形式可以是以下三种:外商独资的会议展览公司、中外合资的会议展览公司和中外合作的会议展览公司。

2. 设立外商投资会议展览公司的程序

中华人民共和国商务部(以下简称商务部)及其授权商务主管部门是外商投资会议展览公司的审批和管理机关。申请设立外商投资会议展览公司,申请者应向拟设立公司所在地省级商务主管部门报送以下文件:投资者签署的设立外商投资会议展览公司申请书;投资者签署的外商投资会议展览公司合同和章程(以独资形式设立外商投资会议展览公司的仅需报送章程);投资者的注册登记证明(复印件)、法定代表人证明(复印件)、董事会成员委派书和银行资信证明;工商行政管理机构出具的拟设立外商投资会议展览公司名称预先核准通知书(复印件);外国投资者已主办过国际博览会、国际专业展览会或国际会议的证明文件。

省级商务主管部门应当自收到本规定第七条规定的全部文件之日起 30 日

内决定批准或不批准。决定批准的，向申请者颁发《中华人民共和国外商投资企业批准证书》；决定不批准的，应当说明理由，并告知申请人享有依法申请行政复议或者提起行政诉讼的权利。

申请人应自收到颁发的《中华人民共和国外商投资企业批准证书》之后起一个月内，按照国家有关规定，向工商行政管理机关申请办理登记手续。

香港特别行政区、澳门特别行政区、台湾地区的公司、企业和其他经济组织在大陆设立会议展览公司，参照《设立外商投资会议展览公司的暂行规定》执行。

3. 外商投资会议展览公司的经营

经批准设立的外商投资会议展览公司可以按规定经营以下业务：在中国境内主办、承办各类经济技术展览会和会议；在境外举办会议。

外商投资会议展览公司申请在中国境内主办对外经济技术展览会，按照国家有关规定办理。外商投资会议展览公司在中国境内招展参加境外举行的国际经济贸易展览会或在境外举办国际经济贸易展览会的管理办法另行规定。外商投资会议展览公司中外投资者变更、股权变更或设立分支机构，应按本规定报省级商务主管部门批准后，到工商行政管理机构办理营业执照变更登记手续。外商投资会议展览公司进口展览品，按照海关对进口展览品有关监管办法办理进口手续并进行监管。

第四节　会展主体规制相关法规（节选）

一、商品展销会管理办法（节选）

第二条　本办法所称商品展销会，是指由一个或者若干个单位举办，具有相应资格的若干经营者参加，在固定场所和一定期限内，用展销的形式，以现货或者订货的方式销售商品的集中交易活动。

第三条　举办商品展销会的单位（以下简称举办单位）、参加商品展销会展销商品的生产者或者经营者（以下简称参展经营者），均应当遵守本办法。

第四条　各级工商行政管理机关对商品展销会进行登记和监督管理。

第五条　举办商品展销会，应当经工商行政管理机关核发《商品展销会登记证》后，方可进行。未经登记，不得举办商品展销会。

第六条　举办单位应当具备下列条件：

（一）具有法人资格、能够独立承担民事责任；

（二）具有与展销规模相适应的资金、场地和设施；

（三）具有相应的管理机构、人员、措施和制度。

第八条　举办单位应当向举办地工商行政管理机关申请办理登记。

若干个单位联合举办的，应当由其中一个具体承担商品展销会组织活动的单位向举办地工商行政管理机关申请办理登记。

县级人民政府举办的商品展销会，应当向举办地地级工商行政管理机关申请办理登记；地、省级人民政府举办的商品展销会，应当向举办地省级工商行政管理机关申请办理登记。上一级工商行政管理机关可以委托举办地工商行政管理机关对商品展销会进行监督管理。

第九条　异地举办商品展销会的，经申请举办单位所在地工商行政管理机关核转，依照本办法第八条规定向工商行政管理机关申请办理登记。

第十条　申请办理商品展销会登记手续时，应当提交下列文件：

(一)证明举办单位具备法人资格的有效证件；

(二)举办商品展销会的申请书，内容包括：商品展销会名称，起止日期、地点，参展商品类别，举办单位银行账号，举办单位会务负责人员名单，商品展销会筹备办公室地址、联系电话等。

(三)商品展销会场地使用证明；

(四)商品展销会组织实施方案；

(五)其他需要提交的文件。

依照国家有关规定需要经政府或者有关部门批准方可举办的商品展销会，应当提交相应的批准文件。

两个以上单位联合举办商品展销会的，还应当提交联合举办的协议书。

第十一条　工商行政管理机关应当自接到申请之日起 15 日内，作出准予登记或者不准予登记的决定。准予登记的，发给《商品展销会登记证》；不准予登记的，书面通知申请人并说明理由。

《商品展销会登记证》应当载明商品展销会名称、举办单位名称、商品展销会负责人、参展商品类别、商品展销会地点及起止日期等内容。

第十二条　举办单位领取《商品展销会登记证》后方可发布广告，进行招商。

第十三条　举办单位负责商品展销会的内部组织管理工作，对参展经营者的参展资格，按照本办法第七条的规定进行审查，并将审查情况报告该商品展销会的登记机关备案。

第十四条　举办单位应当与参展经营者签订书面合同，明确双方的权利和义务。

第十五条　参展经营者的经营行为损害消费者合法权益的，消费者可以依照《中华人民共和国消费者权益保护法》第三十八条的规定，向参展经营者或举办单位要求赔偿。

举办单位为两个以上的，消费者可以向具体承担商品展销会组织活动的举办单位要求赔偿，其他举办单位承担连带责任。

第十六条 未经国务院有关行政主管部门批准，商品展销会名称不得使用“中国”、“全国”等字词。

二、国际科学技术会议与展览管理暂行办法(节选)

第二条 在我国境内(不含港、澳、台地区)举办国际科学技术会议与展览(以下简称国际科技会展)应当遵守本办法。

本办法所指的国际科技会议是指与会代表来自三个或三个以上的国家或地区(不含港、澳、台地区)，以科技学术研讨为主要目的的研讨会、报告会、交流会、论坛等。

本办法所指的国际科技展览是指以科研、技术及高技术产品的展示交流为目的，境外参展商比例在20%以上的展览会、博览会(一般指规模较大，代表性和综合性较强的展览)、技术展示交流会等。

科学技术部负责国际科技会展的审批、协调和管理工作。

第六条 举办会展应提前6个月申请报批，规模较大的会展应提前12个月申请报批。

第九条 国际科技会展实行分级审批制度。

(一)国外代表人数在150人以上的国际科技会议，需由主办单位提出申请，经科学技术部审核后报国务院审批；

(二)国外代表人数在150人以下的国际科技会议由国务院各部委、直属机构及事业单位，各省、自治区、直辖市、计划单列市、新疆生产建设兵团科技主管部门，中国科协、中央直属企业、行业协会等单位自行审批，但需报科学技术部备案；

(三)举办国际科技展览，展览面积在1000平方米以上的由科学技术部审批，需抄报海关总署和主管地海关，其中有关政府机构以外的单位举办展览还需具备主办资格；

(四)国务院各部委、直属机构及事业单位、中国科协可自行审批本部门单位举办与主管业务有关的展览面积在1000平方米以下的国际科技展览，审批结果需抄报海关总署和主管地海关，并报科学技术部备案；

(五)各省、自治区、直辖市、计划单列市科技主管部门可自行审批在本地区举办的展览面积在1000平方米以下的国际科技展览，审批结果需抄报主管地海关，并报科学技术部备案；

(六)具有主办资格的单位可自行举办展览面积在1000平方米以下的国际

科技展览，但应报当地科技主管部门备案，主管地海关凭主办单位的申请按有关规定办理；

（七）双边交流性质的科技会议，由国务院各部委、直属机构及事业单位，各省、自治区、直辖市、计划单列市、新疆生产建设兵团科技主管部门，中国科协、中央直属企业、行业协会等单位自行审批；

（八）海峡两岸科技会展由科学技术部统一审批，中国台湾地区代表或厂商（不含台商在华投资企业）参加国际科技会展名单需报科学技术部台办审批。

第十条　具有以下情况的国际科技会展，由科学技术部征求外交部意见后审批或由科学技术部审核后呈国务院审批：

（一）涉及未建交国家或其他敏感议题；

（二）主题或内容涉及台湾问题；

（三）政府间国际组织在华举办的国际科技会展；

（四）其他重要会展。

报科学技术部审批的申办或举办国际科技会展的请示（函），须由国务院各部委、直属机构及事业单位，各省、自治区、直辖市、计划单列市人民政府或科技主管部门、新疆生产建设兵团或兵团科技主管部门，中国科协、中央企业、行业协会等单位初步审核后报科学技术部。学术团体的申请通过其在民政部门登记的业务主管部门上报。

第十一条　审批部门将在收到申请后的 15 个工作日内给予批复。

第十二条　各级审批部门应严格控制同类会展的数量，推动会展质量的提高。对举办主题相同或内容相近的会展申请，审批部门应加强协调，并按以下原则审批：

（一）同类会展，原则上在同一省、自治区、直辖市、计划单列市及省会城市，每年不超过两个；

（二）优先批准规模大、影响大、定期举办的会展；

（三）优先批准具有行业优势和举办经验的单位举办的会展。

第十三条　会展获得批准后，如申请文件中所列内容有重大变更，应向审批部门办理变更或重新批准手续。

第十四条　国际科技展览主办单位的资格（以下简称主办资格）认定工作由科学技术部负责。

第十五条　国务院各部委、直属机构及事业单位，各省、自治区、直辖市、计划单列市人民政府及科技主管部门、新疆生产建设兵团及兵团科技主管部门可以其名义主办与其业务有关的国际科技展览。其他单位申请举办展览面积在 1000 平方米以上的国际科技展览需具备科学技术部批准的主办资格。

第十六条　申请主办资格的单位应具备以下条件：

（一）独立承担民事责任能力；

（二）主办或参与举办过 3 个以上国际展览（企业除外）；

（三）设有专业展览部门，配备了展览专业（包括策划、组织、管理及外语等）人员；

（四）制定了完善的规章制度。

第十七条　申请主办资格的单位在经国务院各部委、直属机构及事业单位，中国科协、中央企业、行业协会，各省、自治区、直辖市、计划单列市科技主管部门等主管部门审查同意后，由上述单位报送科学技术部审批。申请材料应包括：

（一）申请文件；

（二）主管部门审查同意的文件（企业需提交加盖企业印章的营业执照复印件）；

（三）本单位举办展览的规章制度；

（四）本单位以往举办展览的资料；

（五）其他有关材料。

第十八条　科学技术部对获得主办资格的单位每两年审核一次。

（一）对获得资格后两年内未举办或参与举办任何展览的单位，科学技术部将取消其主办资格；

（二）对违反本办法规定举办国际科技会展，以及在会展举办过程中有损害参加者权益等违反法律法规行为的单位，科学技术部可暂停或取消其主办资格。

第二十一条　未经科学技术部批准，任何国际科技会展名称不得冠以“中国”、“中华”、“全国”等字样，也不得使用“中国国际××会议（展览）”及其他类似名称，但可使用中国地方性会展名称，如“中国（地区名）国际××会议（展览）”。规模较小的地区性展览一般不使用“博览会”的名义，不具备代表性的展览不得使用综合性展览名称。

第二十二条　规模或影响较大的会展以及展览面积在 1000 平方米以上展览的主办单位应在会展结束后两个月之内向审批部门报送总结报告。对未及时报送总结的单位，审批部门将不再受理其申请。

第二十三条　各级审批部门负责对会展进行管理和监督，检查会展质量，维护举办和参加会展单位的合法权益。为促进会展业的健康发展，应鼓励有关单位举办专业性会展和联合举办会展，加强行业自律和部门协调，支持举办有特色、有规模、有影响的国际科技会展。

第二十四条　科学技术部及各地科技主管部门将定期公布已获批准的国际科技会展信息及具有主办资格的单位名单，研究国际科技会展发展过程中出现的情况和问题，及时采取有效措施，加强协调管理。

第二十六条 对违反本办法规定举办国际科技会展的单位，以及在会展举办过程中有损害参加者权益等违反法律法规行为的，科学技术部及各级科技主管部门将视情通报批评，情节严重的将交有关部门依法查处。

第二十七条 对未经批准或不具备主办资格而擅自举办会展的，盗用其他单位名称举办会展的，或转让、倒卖会展批件的，由各级科技主管部门会同有关部门依法查处。对违反海关规定的，由海关依法处理。

三、《在祖国大陆举办对台湾经济技术展览会暂行管理办法》(节选)

第一条 为使对台湾经济技术展览会规范有序地进行，促进海峡两岸经贸关系的发展，根据《国务院办公厅关于对在我国境内举办对外经济技术展览会加强管理的通知》和对外贸易经济合作部《在境内举办对外经济技术展览会管理暂行办法》，特制定本办法。

第二条 本办法适用于在祖国大陆举办的对台湾经济技术展览会，包括：

(1)海峡两岸的经济技术展览会；

(2)对台湾出口商品交易会；

(3)台湾商品展览会；

(4)台湾厂商参展的国际性展览会、博览会；

(5)台湾厂商参展的全国性展览会。

第三条 对台湾经济技术展览会的举办单位(包括主办单位和承办单位)的责任、资格和展览行为按照对外贸易经济合作部《在境内举办对外经济技术展览会管理暂行办法》的规定执行。

第四条 台湾民间机构在祖国大陆举办对台湾经济技术展览会，须联合或委托大陆具有主办资格的单位举办，在大陆的招商由大陆主办单位负责。

台湾的主办单位，应是具有相当规模和办展实力、信誉良好的展览机构、大型公司、经济团体或组织(包括经济贸易促进机构、同业公会、行业协会等)。

第七条 审批举办对台湾经济技术展览会审查的主要内容：

(1)政治内容。

举办对中国台湾经济技术展览会，不得出现“台湾独立”、“两个中国”、“一中一台”等政治问题。台湾厂商参展的宣传品、杂志、电子出版物等资料中不得有代表“中华民国”的字样、图片、音乐等。

(2)展览会名称、展览内容、展出面积、时间、地点、筹备方案和计划等。

祖国大陆与台湾联合举办的经济技术展览会，应冠以“海峡两岸”的名称；各省(市、区)与台湾省联合举办的经济技术展览会，则应分别冠以该省(市、区)与台湾省之名(如:“闽台××展览会”、“沪台××展览会”等)。

展品应符合国家知识产权保护法和国家产业政策,具有先进水平,有利于扩大海峡两岸经贸交流与合作。

第八条　申请报批的单位应按要求向外经贸部提交有关文件和资料。

邀请中国台湾厂商参展的国际性及全国性展览会、博览会,应提交有关主管单位的批件、参展台湾厂商的名单(中文)、展品内容、展出面积等详细清单,并提前一个月申请报批;举办海峡两岸的经济技术展览会、对中国台湾商品交易会、台湾商品展览会,应提交展览会的筹备组织计划和方案、可行性研究报告、参展企业及其展品的有关情况等,并提前六个月申请报批。

第十条　祖国大陆台资企业参加在大陆举办的对台湾经济技术展览会应以大陆台资企业名义参展。以台商厂商名义参展,展出从中国台湾进口商品的,适用本办法。

四、《出国举办经济贸易展览会审批管理办法》(节选)

第二条　出国办展是指符合本办法规定的境内法人(以下称“组展单位”)向国外经济贸易展览会主办者或展览场地经营者租赁展览场地,并按已签租赁协议有组织地招收其他境内企业和组织(以下称“参展企业”)派出人员在该展览场地上展出商品和服务的经营活动。

境内企业和其他组织独自赴国外参加经济贸易展览会,赴我国香港(特别行政区)、澳门(特别行政区)、台湾地区举办、参加经济贸易展览会等活动,不适用本办法。

第三条　出国办展须经中国国际贸易促进委员会审批(会签商务部)。组展单位应当向中国国际贸易促进委员会(以下简称“贸促会”)提出出国办展项目(以下称“项目”)申请,项目经批准后方可组织实施。

第四条　贸促会负责协调、监督、检查组展单位实施经批准的项目,制止企业和其他组织未经批准开展出国办展活动,并提请有关行政管理部门依法查处。商务部负责对出国办展进行宏观管理和监督检查。

第五条　组展单位应当具备以下条件:

(一)依法登记注册的企业、事业单位、社会团体、基金会、民办非企业单位法人,注册3年以上,具有与组办出国办展活动相适应的经营(业务)范围;

(二)具有相应的经营能力,净资产不低于300万元人民币,资产负债率不高于50%;

(三)具有向参展企业发出因公临时出国任务通知书的条件;

(四)法律、法规规定的其他条件。

第六条　以地方人民政府名义出国办展，由有关省、自治区、直辖市、计划单列市、副省级市、经济特区人民政府商务主管部门提出项目申请。除非友好省州、友好城市庆祝活动所必需，同一地方商务主管部门申请的项目一年内不应超过2个。

第七条　以商务部名义出国办展，由受商务部委托的组展单位或商务部委派的机构提出项目申请。

第八条　项目审批的依据是：我国外交、外经贸工作需要，赴展国政治、经济情况，我国驻赴展国使领馆商务机构意见，赴某一国家、城市、展览会项目集中程度，展览会实际效果，组展单位上年度项目实施情况，对本办法的遵守情况以及组展单位的资质等。

关于组展单位的资质及评定办法，由贸促会会同商务部另行制定。

第九条　组展单位应以书面形式逐个提出项目申请。项目申请包括以下材料：

（一）项目申请报告；

（二）按规定填写的《出国举办经济贸易展览会申请表》原件及电子文本；

（三）我国驻赴展国使领馆商务机构同意函复印件。首次提出项目申请的组展单位，除应提供前款规定的项目申请材料外，还应提供以下材料：

(1)项目可行性报告及与国外展览会主办者或展览场地经营者联系的往来函件复印件；

(2)法人登记证书复印件（验证原件）；

(3)会计师事务所出具的验资报告、财务年度报告、资产负债表复印件；

(4)税务机关出具的完税证明原件；

(5)事业单位批准成立机关或社会团体、基金会、民办非企业单位业务主管单位出具的同意事业单位或社会团体、基金会、民间非企业单位出国办展的批准件原件；

(6)有因公出国任务审批权的部门和单位出具的同意向参展企业发出因公临时出国任务通知书的证明函原件。

第十条　组展单位可在每年2月、5月、8月、11月的最后一个工作日前向贸促会递交项目申请。每年3月、6月、9月、12月的第一个工作日为贸促会受理的起算日。项目开幕日期距受理起算日不足6个月的，不予受理。

对于连续举办五届以上的或因展览会筹备周期长需提前审批的项目，贸促会可提前予以批准并核发《出国举办经济贸易展览会批件》。

第十一条　贸促会自受理起算日起，原则上只对6至12个月以后开幕的项目集中审核，并在20个工作日内作出是否批准的决定。符合条件的，核发《出国举办经济贸易展览会批件》，抄送相关部门；不符合条件的，说明理由并告知申请人享有依法申请行政复议或者提起行政诉讼的权利。

第十二条　贸促会在核发《出国举办经济贸易展览会批件》前，将拟批准的项目送商务部会签。商务部在收到会签函后10个工作日内回复会签意见。

对于赴未建交国家的项目，贸促会同时送外交部会签。外交部在收到会签函后10个工作日内回复会签意见。

第十三条　对于经批准的项目，组展单位还须至迟在展览会开幕前2个月向贸促会提出出国办展人员复核申请，包括以下材料：

（一）人员复核申请报告；

（二）按规定填写的《出国举办经济贸易展览会人员复核申请表》原件及电子文本；

（三）国外展览会主办者或展览场地经营者出具的展览场地使用权确认函复印件；

（四）保护知识产权工作方案和国外突发事件应急处理预案。贸促会在收到申请后10个工作日内作出是否复核的决定。符合规定的，核发《出国举办经济贸易展览会人员复核批件》，抄送相关部门；不符合规定的，说明理由。

第十八条　组展单位应向相关企业提供准确、全面的展览会信息，与参展企业签订正式参展合同，严格遵守我国法律、法规，信守承诺，合理收费。

第十九条　展览团人员按照每个标准展位（9平方米）2人计算，在外天数按照实际展出天数前后最长各加4天计算，不得擅自增加人员和延长在外天数；与参展业务无关的人员不得参加展览团；如有省部级人员参加展览团，须按照有关规定履行报批程序。

第二十条　组展单位应鼓励参展企业选择高新技术、高附加值和适销对路的商品参加展出，严禁假冒伪劣、侵犯知识产权的商品参展。

第二十一条　组展单位应制定严格的展览团管理方案和保护知识产权工作方案，组织出国前外事纪律、保密制度、知识产权保护、涉外礼仪等方面的学习，组织参展企业做好布展工作并积极开展市场调研和贸易洽谈。展出期间，参展人员不得擅离展位。

第二十二条　组展单位必须协调展览团接受我驻展出国使领馆的领导，遵守展出国法律、法规，及时向使领馆汇报办展情况。

第二十三条　对参加同一展览会组展单位多、展出规模大的展览团，由贸促会会同商务部制定相应管理办法。

第二十四条　组展单位须在展览会结束后1个月内向贸促会提交出国办展总结和按规定填写的《出国举办经济贸易展览会情况调查表》原件及电子文本。

出国办展总结中须专题汇报组展单位实施保护知识产权工作方案的情况，如实提供展出过程中涉及知识产权争议的参展公司名称，描述有关争议情节。贸促会将经过司法程序判定为侵犯知识产权的参展公司名称及相关信息向社会公示，被公示的企业在三年内不得参加出国展览团。

第二十五条　贸促会汇总出国办展有关情况，定期向商务部、外交部等部门通报，并于每年3月底以前会同商务部向国务院报送上一年度出国办展审批管理工作总结。

第二十六条　境内个人不得从事出国办展活动，企业和其他组织未经批准不得从事出国办展活动。境外个人、企业和其他组织不得在中国从事出国办展活动。

境内企业和其他组织在代表国外展览会主办者或展览场地经营者与境内其他企业和组织联系过程中，应遵守国家有关法律、法规，不得扰乱市场秩序，包括强迫境内其他企业和组织接受展位搭建、人员食宿行安排等服务，接受超出场地和展位国际通行定价的销售价格等。

第二十八条　组展单位有如下行为之一的，贸促会予以警告，同时，提请有关行政管理部门依法查处：

(一)涂改、倒卖、出租、出借批件，或者以其他形式转让批件的；

(二)违反本办法第十八条、第十九条规定，或者未严格执行保护知识产权工作方案和国外突发事件应急处理预案，在外造成严重影响的；

(三)隐瞒有关情况、提供虚假材料或者拒绝提供反映其活动情况的真实材料的；

(四)其他违反本办法的行为。

第二十九条　组展单位有提供虚假材料，涂改、倒卖、出租、出借或以其他形式转让批件，或者严重违反本办法规定的行为，一经发现，贸促会可撤销批件。

第三十条　组展单位工作人员在出国办展中构成犯罪的，由有关部门依法追究刑事责任。

第三十一条　主管或经办出国办展审批和管理的工作人员未履行法律、法规、规章规定义务的，依法给予行政处分；构成犯罪的，由有关部门依法追究刑事责任。

第三十二条　贸促会代表国家的出国办展项目，由外交部、商务部、财政部会签后报国务院审批。

五、《设立外商投资会议展览公司暂行规定》(节选)

第二条　国家鼓励引进国际上先进的组织会议展览和专业交流方面的专有

技术设立外商投资会议展览公司，促进我国会展业的发展，创造良好的社会和经济效益。外商投资会议展览公司在中国境内的正当经营活动和合法权益受中国法律的保护。

第三条　中华人民共和国商务部（以下简称商务部）及其授权商务主管部门是外商投资会议展览公司的审批和管理机关。

第四条　经批准设立的外商投资会议展览公司可以按规定经营以下业务：

（一）在中国境内主办、承办各类经济技术展览会和会议；

（二）在境外举办会议。

在境内外举办展览、会议，国家另有规定的，从其规定。

第五条　允许外国投资者根据本规定，在中国境内以外商独资的形式设立外商投资会议展览公司或与中国的公司、企业或其他经济组织（以下简称中国投资者）按照平等互利的原则在中国境内以合资、合作的形式设立外商投资会议展览公司。

第六条　申请设立外商投资会议展览公司的外国投资者应有主办国际博览会、专业展览会或国际会议的经历和业绩。

第七条　申请设立外商投资会议展览公司，申请者应向拟设立公司所在地省级商务主管部门报送以下文件：

（一）投资者签署的设立外商投资会议展览公司申请书；

（二）投资者签署的外商投资会议展览公司合同和章程（以独资形式设立外商投资会议展览公司的仅需报送章程）；

（三）投资者的注册登记证明（复印件）、法定代表人证明（复印件）、董事会成员委派书和银行资信证明；

（四）工商行政管理机构出具的拟设立外商投资会议展览公司名称预先核准通知书（复印件）；

（五）外国投资者已主办过国际博览会、国际专业展览会或国际会议的证明文件。

第八条　省级商务主管部门应当自收到本规定第七条规定的全部文件之日起30日内决定批准或不批准。决定批准的，向申请者颁发《外商投资企业批准证书》；决定不批准的，应当说明理由，并告知申请人享有依法申请行政复议或者提起行政诉讼的权利。

第九条　申请人应自收到颁发的《外商投资企业批准证书》之后起一个月内，按照国家有关规定，向工商行政管理机关申请办理登记手续。

第十条　外商投资会议展览公司申请在中国境内主办对外经济技术展览会，按照国家有关规定办理。

外商投资会议展览公司在中国境内招展参加境外举行的国际经济贸易展览会或在境外举办国际经济贸易展览会的管理办法另行规定。

第十一条 外商投资会议展览公司中外投资者变更、股权变更或设立分支机构，应按本规定报省级商务主管部门批准后，到工商行政管理机构办理营业执照变更登记手续。

第十二条 外商投资会议展览公司进口展览品，按照海关对进口展览品有关监管办法办理进口手续并进行监管。

第十三条 香港特别行政区、澳门特别行政区、台湾地区的公司、企业和其他经济组织在大陆设立会议展览公司，参照本规定执行。

案例分析

【案情简介】2008 年 8 月 4 日，福州仓山工商局金山工商所接到群众举报，称在中国电力网上发布的名为“2008 福建国际风力发电设备及技术展览会”的邀请函，广告内容涉嫌弄虚作假，请求工商部门进行查处。经查，今年 6 月 5 日起，福州企融源丰会展服务有限公司便在中国电力网（www. chinapower. com. cn）商务频道展会信息栏目发布“2008 福建国际风力发电设备及技术展览会”邀请函，该公司并未向工商部门申请《商品展销会登记证》，邀请函中注明的展销会时间、地点、内容均未经审批，更为夸张的是，该公司自作主张，把大量政府部门、社团、媒体列入该展销会的主办、协办、支持单位。如主办单位中列入了“福州市人民政府”、“亚洲风能协会”等，甚至省政府、市贸发局等也分别被列为支持单位与协办单位。工商执法人员依法要求公司法人代表王某 5 个工作日内提供“邀请函”中相关单位支持、主办、协办、认可或合作的文件与材料，然而王某逾期仍无法提供有关证明。最后承认这些信息是自己为了扩大展览会的影响力而凭空杜撰的。

【法律评析】一直以来，我国会展行业实施严格的资质审批制度，无论是出国办展，还是在国内办“国际展”，或者是在国内举办商品展销会，组展单位都要按照规定办理资质审批手续。为了加强对商品展销会的监督管理，维护市场秩序，规范市场行为，保护生产者、经营者、消费者的合法权益，国家工商行政管理局颁布了《商品展销会管理办法》。根据《商品展销会管理办法》的规定，各级工商行政管理机关是对商品展销会进行登记和监督管理的机关。举办商品展销会，应当经工商行政管理机关核发《商品展销会登记证》后，方可举办。《商品展销会登记证》属于行政审批项目登记表，载明商品展销会名称、举办单位名称、商品展销会负责人、参展商品类别、商品展销会地点及起止日期等内容。未经登记，不得举办商品展销会。

福州企融源丰会展服务有限公司并未向工商部门申请《商品展销会登记证》，其在中国电力网（www. chinapower. com. cn）商务频道展会信息栏目发布"2008福建国际风力发电设备及技术展览会"邀请函中注明的展销会时间、地点、内容均未经审批，更为夸张的是，该公司自作主张，把大量政府部门、社团、媒体列入该展销会的主办、协办、支持单位。如主办单位中列入了"福州市人民政府"、"亚洲风能协会"等，甚至省政府、市贸发局等也分别被列为支持单位与协办单位。

福州企融源丰会展服务有限公司这种行为存在以下两个方面的问题：其一，未经行政审批弄虚作假在网上为自己的展销会进行大肆招商宣传。其二，为了扩大展览会的影响力"打肿脸充胖子"凭空杜撰主办、协办、支持单位。

2008年9月5日，福州仓山区工商局对福州企融源丰会展服务有限公司处以罚款2000元的行政处罚，并责令在中国电力网发布更正广告，立即改正违法行为。

【启示】会展作为新兴的行业，虽然自发展伊始就已经建立了审批制度，但是重复办展、"傍大款"、骗展等现象却依然频现于会展界。从会展业长远发展角度考虑，会展审批制度也应尽快纳入行政审批制度改革关注的范畴。尽快完善会展项目审批制度，从而指导、监督、协调会展业的健康发展。

复习思考题

1.简述我国会展业管理机构的设置情况。

2.会展组织者的类别有哪些？简述会展组织者资质审批法律制度。

3.个人独资企业具有哪些法律特征？

4.合伙企业有哪些类别？设立条件是什么？它们的法律责任是怎样规定的？

5.什么是有限责任公司？什么是股份有限公司？比较这二者的异同。

6.申请设立外商投资会议展览公司应当具备哪些条件？申请者应向拟设立公司所在地省级商务主管部门报送哪些文件？

第三章

会展合同法律制度

学习目的

会展是一种经济活动，在我国会展法律法规还很不完善的情况下，会展活动中各参与主体之间所订立的合同，对于调整会展各方之间的利益关系，明确各方的权利与义务关系，有效防止纠纷的产生以及妥善处理会展中的法律问题，起着至关重要的作用。会展合同法律制度是应用性很强的课程内容，通过本章的学习，在系统掌握我国合同法的基本概念、基本理论的基础上，了解与掌握有关会展合同法律制度的相关内容，培养运用所学理论知识分析和解决会展合同法律纠纷问题的能力。

主要内容

- 合同法的一般性规定
  合同法的基本原则
  合同的订立与效力
  合同的履行与担保
  合同的变更、转让、终止和解除
  违约责任与违约责任的免除
- 会展合同概述
  会展合同的概念及种类
  会展合同的特征
  几种常见的会展合同实例

第一节　合同法的一般性规定

合同法是规范市场交易的基本法律，是民商法的重要组成部分。合同法，在广义上是指调整民事合同关系的法律规范的总称。狭义的合同法，是指1999年3月15日第九届全国人民代表大会第二次会议通过的《中华人民共和国合同法》(以下简称《合同法》)。《合同法》分为三个部分，总则部分规定了《合同法》的基本原则和一般规定；分则部分分别规定了15种有名合同，如“买卖合同”、“运输合同”、“委托合同”“保管合同”等；附则部分规定了法律的实施和废止。

会展活动离不开会展合同，但目前我国的会展合同还属于无名合同，在《合同法》中没有单列。根据《合同法》第一百二十四条规定，在会展活动中发生的合同法律问题可以适用《合同法》总则的规定，并可以参照《合同法》分则或其他法律最相类似的规定。

一、合同法的基本原则

(一)合同的概念及法律特征

1.合同的概念

合同，又称契约。《合同法》第二条规定：“本法所称合同是平等主体的自然人、法人、其他组织之间设立、变更、终止民事权利义务关系的协议。”

2.合同的法律特征

合同行为从其性质上看是一种民事法律行为，因为合同行为能够导致民事法律关系的产生、变更、终止。概括起来，合同具有下列法律特征：

(1)合同是一种民事行为。合同以意思表示为出发点，并且按意思表示的内容赋予法律效果。所谓意思表示，是指将能够发生民事法律后果的意思表现为外部行为。

(2)合同是两个以上当事人在平等、自愿基础上意思表示一致的民事法律行为。首先，合同主体之间的法律地位是完全平等的；其次，合同的成立必须有两个以上的当事人，他们在平等、自愿的基础上相互为意思表示，并且意思表示相一致。根据合同法规定，除法律、行政法规明确规定应当办理批准、登记手续才生效的合同外，其他合同均从当事人达成一致意见而成立生效。

(3)合同是以设立、变更、终止民事权利义务关系为目的的法律行为。所谓设立民事权利义务关系，是指当事人依法订立合同后，便在他们之间发生债权债务关系的行为；所谓变更民事权利义务关系，是指当事人依法订立合同后，通过协商等方式，使他们之间既有的合同债权债务关系发生变化，形成新的债权债务关系的行为；终止民事权利义务关系，是指当事人依法订立合同后，使既有的合同债权债务关系归于消灭的法律行为。

(二)《合同法》基本原则

合同法的基本原则，是指合同的当事人在合同活动中应当遵循的基本准则，也是人民法院、仲裁机构在审理、仲裁合同纠纷时应当遵循的原则。《合同法》第三条至第八条对合同法的基本原则作了规定。

1.当事人法律地位平等原则

《合同法》第三条规定:“合同当事人的法律地位平等,一方不得将自己的意志强加给另一方”。平等原则的基本含义是:当事人无论是何人,无论其具有何等身份,在合同法律关系中相互之间的法律地位是平等的,即享有民事权利和承担民事义务的资格是平等的。在订立合同的过程中当事人的意思表示是完全平等的,一方不得将自己的意志强加给另一方。

2.自愿原则

《合同法》第四条规定:“当事人依法享有自愿订立合同的权利,任何单位和个人不得非法干涉。”自愿原则是《合同法》最重要的基本原则。它要求合同当事人在从事合同活动时,应充分表达真实意思,根据自己的意愿设立、变更、终止合同法律关系,任何单位和个人不得非法干预。但前提是不违反法律、行政法规的强制性规定。

3.公平原则

《合同法》第五条规定:“当事人应当遵循公平原则确定各方的权利和义务。”公平是法律最基本的价值取向,法律的基本目标就是在公平与正义的基础上建立社会秩序。公平原则主要是针对合同的内容,就合同的权利义务而言,它要求的是权利义务的对等体现,具体来说就是合同当事人根据公平、正义的观念确定各方的权利和义务,各方当事人都应当在不侵害他方合法权益的基础上实现自己的利益,不得滥用自己的权利。

4.诚实信用原则

《合同法》第六条规定:“当事人行使权利、履行义务应当遵循诚实信用原则。”诚实信用原则是民事法律的基本原则。它要求当事人在订立、履行合同的过程中,应当讲诚实、守信用,以善意的方式履行其义务,以善意的方式行使其权利,不得滥用权利,不得规避法律或合同约定的义务。

5.遵守法律和维护社会公德原则

《合同法》第七条规定:“当事人订立、履行合同,应当遵守法律、行政法规,尊重社会公德,不得扰乱社会经济秩序,损害社会公共利益。”这条原则要求当事人在合同订立、履行、变更、解除、解决争议等各个环节上都要遵守法律、行政法规的规定,不得违背法律、行政法规的强制性规定,合同所追求的目的和实施结果,都不得违背社会公德,都不得损害社会公共利益。

6.合同对当事人具有法律约束力原则

《合同法》第八条规定:“依法成立的合同,对当事人具有法律约束力。当事人应当按照约定履行自己的义务,不得擅自变更或者解除合同。”“依法成立的合同,受法律保护。”这项原则是指合同一旦依法成立,即对当事人产生法律上的约束力。合同当事人应当严格按照合同的约定履行义务,任何一方不能擅自变更合同内容或者解除合同。依法成立的合同,受国家法律保护,任何单位和个人不得非法干涉。

二、合同的订立

(一)合同订立的概念

合同的订立是指合同的当事人通过协商,使各方的意思表示趋于一致的过程,又可称为合同的签定。订立合同的行为是一种民事法律行为,它将导致法律上的后果。因此,必须严格按照《合同法》规定的各要件来进行。

(二)合同主体资格

1. 合同当事人的权利能力和行为能力

《合同法》第九条规定:“当事人订立合同,应当具有相应的民事权利能力和民事行为能力。当事人依法可以委托代理人订立合同。”根据合同法的规定,具备相应的民事权利能力和民事行为能力的自然人、法人和其他组织都可以成为合同的主体。

民事权利能力是指民事主体享有民事权利和承担民事义务的资格。《中华人民共和国民法通则》(以下简称《民法通则》)规定,自然人的民事权利能力与生俱来、终身享有、人人平等。而自然人是基于自然规律出生、生存的人。民事权利能力只存在有无的问题,而不存在民事权利能力的等级差别。

民事行为能力是指民事主体以自己的行为行使民事权利和承担民事义务的资格。自然人的民事行为能力则因其年龄和智力的不同而不同,分以下三种情况:已满十八周岁的人,称为完全民事行为能力人;不满十周岁以及不能辨认自己行为的精神病人,称为无民事行为能力人;已满十周岁、不满十八周岁以及不能完全辨认自己行为的精神病人,称为限制民事行为能力人。完全民事行为能力人具有完全民事行为能力,能够完全认识和判断自己民事行为的后果,因此应对自己行为的后果承担法律责任。无民事行为能力人,只对与其认识能力、行为能力相适应的民事行为承担责任,其他民事行为对其不产生法律上的后果。限制民事行为能力人只能进行与其行为能力相适应的民事活动。可见,只有完全民事行为能力人才能成为合法的合同主体。

法人是具有民事权利能力和民事行为能力,依法独立享有民事权利和承担民事义务的组织。法人是社会组织在法律上的人格化,是法律意义上的“人”,而不是实实在在的生命体,其依法产生、消亡。根据《民法通则》第三十七条规定,法人必须同时具备以下四个条件：

(1)依法成立。即法人必须是经国家认可的社会组织。在我国，成立法人主要有两种方式：一是根据法律法规或行政审批而成立。如机关法人一般都是由法律法规或行政审批而成立的。二是经过核准登记而成立。如工商企业、公司等经工商行政管理部门核准登记后，成为企业法人。

(2)有必要的财产和经费。法人必须拥有独立的财产，作为其独立参加民事活动的物质基础。独立的财产，是指法人对特定范围内的财产享有所有权或经营管理权，能够按照自己的意志独立支配，同时排斥外界对法人财产的行政干预。

(3)有自己的名称、组织机构和场所。法人的名称是其区别于其他社会组织的标志符号。名称应当能够表现出法人活动的对象及隶属关系。经过登记的名称，法人享有专用权。法人的组织机构即办理法人一切事务的组织，被称作法人的机关，由自然人组成。法人的场所是指从事生产经营或社会活动的固定地点。法人的主要办事机构所在地为法人的住所。

(4)能够独立承担民事责任。指法人对自己的民事行为所产生的法律后果承担全部法律责任。除法律有特别规定外，法人的组成人员及其他组织不对法人的债务承担责任，同样，法人也不对除自身债务外的其他债务承担民事责任。

根据《民法通则》的规定，我国的法人主要有四种：机关法人、事业法人、企业法人和社团法人。

其他组织是指那些不具备法人资格的单位，如企业法人的分支机构、从事经营活动的非法人事业团体、科技性团体、非法人的合伙和联营等。

法人和其他组织的民事权利能力和民事行为能力都是在其依法成立时产生，到依法终止时消灭的。并且，法人和其他组织的民事权利能力取决于它们各自核准登记的经营范围，因此，法人和其他组织只有在其核准登记的经营范围内签定的合同才是合法有效的。而法人和其他组织的行为能力是通过其法定代表人或主要负责人以及其他工作人员的行为来实现的。

2.代理

(1)代理

代理是指以他人的名义，在授权范围内进行对被代理人直接发生法律效力的法律行为。代理具有下列基本特征：①代理行为必须是具有法律意义的行为；②代理人在代理权限内独立为意思表示；③代理人以被代理人的名义为民事法律行为；④被代理人对代理人的代理行为承担民事责任。

根据《民法通则》的规定，我国的代理分为法定代理、委托代理和指定代理三类。法定代理是根据法律的规定而直接产生的代理关系。出于调整社会关系的需要，法律规定某些社会关系必须适用特定的代理。当社会成员之间存在相应的社会关系时，便依法产生了相应的代理关系。法定代理主要是为保护无民事行为能力人和限制民事行为能力人的合法权益而设定的。

根据《合同法》的规定，当事人可以委托代理人订立合同。但应当注意的是：①代理人代订合同时，一般都要向相对人出具其委托人签发的授权委托书；②合同应当是以被代理人的名义签定的。

代理人合法行使代理权的行为通常是有权代理，也正因为是有权代理才能产生代理的合法后果，即由被代理人承担代理行为的责任。无权代理一般应当由行为人自己承担责任。但如果构成了《合同法》中的表见代理，按照法律规定，也由被代理人承担责任。

(2)表见代理

所谓表见代理就是指行为人没有代理权、超越代理权或者终止代理权后仍以被代理人的名义订立合同，相对人有理由相信该行为人有代理权的，该代理行为有效。

表见代理的成立要件：①表见代理属于广义的无权代理，因此只能在代理人无权代理而从事代理行为的情况下发生；②相对人有合理的理由相信无权代理人有代理权；③相对人主观上是善意的、无过错的；④无权代理行为的发生与本人有关。表见代理一般需要表见事由，表见事由包括：工作证、空白合同书、介绍信及商业惯例。

表见代理实质上是无权代理。若无权代理行为均由被代理人追认决定其效力的话，会给善意第三人造成损害，因此，在表见代理的情形之下，规定由被代理人承担表见代理行为的法律后果，更有利于保护善意第三人的利益，维护交易安全，并以此加强代理制度的可信度。

(三)合同订立程序

《合同法》第十三条规定："当事人订立合同，采取要约、承诺方式。"无论当事人采用什么方式订立合同，从法律角度看，都要经过要约和承诺两个阶段。

1.要约

要约又称订约提议。作出提议的一方为要约人，收到提议的一方为受要约人。根据《合同法》第十四条规定，要约是希望和他人订立合同的意思表示。

有效的要约必须具备两个条件：①内容具体确定。所谓内容具体确定，是指要约的内容明确、全面，包含了要约人所希望订立合同的最基本条款；②经受要约人承诺，要约人即受该意思表示约束。这就是说，受要约人如果表示接受此要约，要约人与受要约人之间的合同订立过程即告结束，合同也就成立，发出要约的人就要受已经成立的合同的约束。

要约可以撤销，撤销要约的通知应当在受要约人发出承诺通知之前到达受要约人。根据《合同法》第十九条规定，有下列情形之一的，要约不得撤销：①要约人确定了承诺期限或以其他形式明示要约不可撤销；②受要约人有理由认为要约是不可能撤销的，并已经为履行合同做了准备工作。

2.承诺

承诺又称接受提议。根据《合同法》第二十一条规定，承诺是受要约人同意要约的意思表示。作出承诺的人称为受要约人。

有效的承诺必须符合下列条件：

(1)承诺必须由受要约人向要约人作出；

(2)承诺必须在要约的有效期限内作出；

(3)承诺的内容应当与要约的内容相一致；

(4)承诺应当以通知的方式作出，但根据交易习惯或者要约表明可以通过行为作出承诺的除外。

承诺通知自到达时生效。承诺不需要通知的，根据交易习惯或者要约要求作出承诺的行为时生效。承诺生效时合同成立。承诺也可以撤回，撤回承诺的通知应当在承诺通知到达要约人之前或者与承诺通知同时到达要约人。

(四)合同的形式

合同的形式是合同内容的载体，是合同当事人意思表示一致的外在表现形式。《合同法》第十条规定："合同当事人订立合同，有书面形式、口头形式和其他形式。"

1.书面形式

书面形式是指以文字方式表现当事人之间所订立合同内容的形式。根据《合同法》第十一条规定，书面形式有以下几种：合同书、信件和数据电文(包括电报、电传、传真、电子数据交换和电子邮件)等可以有形地表现合同内容的形式。

书面形式虽然比较复杂，但可以将当事人的权利义务明确化，有利于合同履行，并且不易发生纠纷。如果发生纠纷，也便于查明事实，分清责任。

2.口头形式

口头形式是指当事人双方以谈话或口头表述的方式订立的合同形式，包括当面交谈、电话联系等方式。口头形式订立合同具有迅速便捷的特征，可节约交易成本，然而一旦发生纠纷因取证困难而不易分清是非和责任。

3.其他形式

其他形式一般包括推定形式和默示形式。所谓推定形式，是指当事人并不直接用书面或口头方式进行意思表示，而是通过实施某种行为来进行意思表示。所谓默示形式，是指当事人采用沉默的方式进行意思表示，即以默认的方式对合同表示认可。

（五）合同的内容

1.合同的一般条款

合同作为民事法律行为，其内容就是合同条款。合同条款是当事人双方权利义务的具体化，是双方当事人履行合同、承担合同责任的法律依据。《合同法》第十二条规定："合同的内容由当事人约定。"为了使合同的内容完备，《合同法》规定了合同一般应包括如下条款：

（1）当事人的名称或者姓名和住所；

（2）标的；

（3）数量；

（4）质量；

（5）价款或者报酬；

（6）履行期限、地点和方式；

（7）违约责任；

（8）解决争议的办法。

根据此项规定，合同的条款并无强制性的内容，当事人可以按照意思自治的原则，根据合同性质、种类的不同，协商拟定。但一般而言，合同应包括以上八个方面的内容。

2.合同的格式条款

格式条款又称格式合同，是指当事人为了重复使用而预先拟定、并在订立合同时未与对方协商的条款。在会展行业，一个运作成熟的展览会，除了与参展商签定合同外，往往会发布一个章程，对本展览中所涉及的事项一一予以说明，参展商参加展会，必须同意该章程的规定。这类章程可视为格式条款。

格式条款的使用有利也有弊。从其优点来看：首先，格式条款的订立简便而快捷，可以简化缔约手续，减少缔约时间，降低交易成本；其次，格式条款因其标准而确实保护了缺乏相关知识的一般消费者的权益，并且因其形式而实现了一种强制的平等。但是，就实际情况看，格式条款的使用经常被一些经营者用作维护其不正当利益的工具。因此，《合同法》从维护公平、保护弱者出发，对格式条款从三个方面予以限制：

（1）提供格式条款一方应当遵循公平的原则确定合同条款，并有提示、说明的义务，即应当提请对方注意免除或者限制其责任的条款，并按照对方的要求予以说明。

（2）提供格式条款一方免除其责任、加重对方责任、排除对方主要权利的相应条款无效。

（3）对格式条款的理解发生争议的，应当按照通常理解予以理解。对格式条款有两种以上解释的，应当作出不利于提供格式条款一方的解释。

三、合同的效力

合同的效力，是指合同所产生的法律约束力。所谓法律约束力就是法律以其强制力迫使合同当事人必须按照其相互之间的约定完成一定义务的行为。值得注意的是合同成立和合同生效是两个不同的概念。合同成立是当事人意思表示一致，订立合同的过程，它标志着当事人达成一致。但一个合同的成立并不能当然导致合同生效。一个合同要具有法律效力应当具备合法条件，否则无效。

（一）合同生效的条件

根据有关法律规定，合同生效的条件主要有以下三个：

(1)订立合同的当事人应当具有相应的民事行为能力；

(2)意思表示一致和真实；

(3)合同内容不违反法律或社会公共利益。

依法成立的合同，符合以上条件，才具有法律上的约束力。

（二）无效合同的种类

无效合同，是指不发生法律效力的合同。它具有以下特点：

(1)违法性。无效合同违反了法律、行政法规的强制性规定和社会的公共利益。

(2)自始无效。无效合同从订立时就不具有法律约束力。

(3)绝对无效。无效合同，国家不予确认，不受国家法律保护。

同样值得注意的是，无效合同对当事人没有法律约束力，只是意味着当事人不能实现合同的目的，而并不是指无效合同不发生任何法律后果。

根据《合同法》第五十二条规定，有下列情形之一的，合同无效：

(1)一方以欺诈、胁迫的手段订立的合同，损害国家利益。

所谓欺诈，是指一方当事人故意向对方提供虚假情况，或者故意隐瞒真实情况，诱使对方做出错误意思表示的行为；所谓胁迫，是指以给公民及其亲友的生命健康、荣誉、名誉、财产等造成损害，或者以给法人的荣誉、名誉、财产等造成损害为要挟，迫使对方做出违背真实意思表示的行为。

(2)以合法形式掩盖非法目的的合同。

以合法形式掩盖非法目的订立的合同，是指合同的形式是合法的，但订立合同的目的却是非法的。

(3)恶意串通，损害国家、集体或第三人利益的合同。

所谓恶意，是指当事人在明知或者应当知道其所订立的合同将会给国家、集体或第三人利益造成损害的情况下，仍然故意为之。所谓串通，是指当事人双方行为均怀有损害国家、集体或第三人利益的恶意，串通一气，从中牟利的行为。

(4)损害社会公共利益的合同。

维护社会公共利益是法律的一项基本原则。国家法律保护社会公共利益，任何人不得损害。当事人订立的合同损害了社会公共利益，当属无效合同。

(5)违反法律、行政法规的强制性规定的合同。

当事人订立的合同不得违反法律、行政法规的强制性规定，否则合同无效。

(三)可变更及可撤销合同

可变更合同，是指合同虽已成立，但由于法定事由而享有撤销权的一方当事人请求人民法院或者仲裁机构变更其合同的效力。合同变更后，合同的内容发生了变化，合同当事人双方的权利义务关系随之得到调整。

可撤销合同，是指合同虽已成立，但由于法定而享有撤销权的一方当事人请求人民法院或者仲裁机构撤销其合同效力的合同。合同撤销后，已发生的合同法律关系自此归于消灭。

根据《合同法》第五十四条规定，下列合同，当事人一方有权请求人民法院或仲裁机构变更或者撤销：

(1)因重大误解订立的合同。所谓因重大误解而订立的合同，是指当事人对合同的性质、对方当事人以及标的等重大问题缺乏了解，或者了解不正确，发生错误认识而签订的合同。这类合同违反了当事人的真实意思，因此当事人提出异议时，应当予以变更或撤销。

(2)因显失公平而订立的合同。所谓因显失公平而订立的合同，是指合同的一方当事人利用优势或者利用对方没有经验，致使双方订立的合同所规定的权利与义务明显违反了公平、等价有偿原则的合同。这类合同由于显失公平，对于不利的一方当事人来说不是自愿的，所以一旦发生争议，应当予以变更或撤销。

(3)一方以欺诈、胁迫或者乘人之危，使对方在违背真实意思的情况下订立的合同。所谓乘人之危，是指一方当事人利用对方处于危难境地，为牟取不正当利益，迫使对方违背真实意思表示，在不利条件下与自己签订的合同。这类合同由于严重损害了对方的利益，违背了对方的真实意思，所以一旦当事人提出，应当予以变更或撤销。

(四)合同无效和被撤销的法律后果

合同被确认为无效或者被撤销后，将导致合同自订立时起就不具有法律约束力。合同尚未履行的，不得履行；正在履行的，终止履行；已经履行的，对合同引起的财产后果应做处理。

根据《合同法》第五十八条、第五十九条规定，无效合同、被撤销合同的法律后果可分为以下几种：

(1)返还财产;

(2)赔偿损失;

(3)追缴财产。

四、合同的履行与担保

(一)合同履行的概念

合同履行是指合同生效以后,合同双方当事人在实施合同的过程中,全面、正确地完成合同义务,实现合同目的的行为。

1.合同履行的一般原则

合同的履行原则是指合同当事人在履行合同过程中所应遵循的基本准则。合同履行应遵循下列原则:

(1)全面履行的原则。所谓全面履行,就是合同双方当事人应该按照合同约定的标的、数量、质量、品种、价款、履行地点、履行期限、履行方式等要求全面、正确地履行自己的义务。

(2)诚实信用履行原则。诚实信用原则就是要求双方当事人在履行合同义务时,秉承诚实、守信、善良,不滥用权利或者规避义务。根据合同的性质、目的和交易习惯履行通知、协助、保密等义务。

2.合同条款约定不明确或者没有约定时的履行规则

如果合同在质量、价款或者报酬、履行地点、期限、方式、费用等方面约定不明确或者对某个事项根本没有约定,根据《合同法》的规定,合同当事人可以订立补充协议;不能达成补充协议的,按照合同有关条款或者交易习惯来履行合同。

3.执行政府定价或者政府指导价的,在遇到政府价格调整时的履行规则

(1)在合同约定的交付期限内政府价格调整时,按照交付时的价格计价。

(2)逾期交付标的物的,遇价格上涨时,按照原价格执行;价格下降时,按照新价格执行。

(3)逾期提取标的物或者逾期付款的,遇价格上涨时,按照新价格执行;价格下降时,按照原价格执行。

(二)合同的担保

1.合同担保的概念

合同担保是指合同双方当事人为保障合同履行,依照法律规定或者当事人约定而采取的具有法律效力的保证措施。

担保具有以下法律特征:

(1)从属性。担保合同是从属于主合同的从合同,主合同无效,担保合同亦无效。

(2)补充性。担保对债权人权利的实现仅具有补充作用,在主债关系因适当履行而正常终止时,担保人并不实际履行担保义务。只有在主债务不能得到履行时,补充的义务才需要履行,使主债权得以实现,因此,担保具有补充性。

2.合同担保的形式

根据我国担保法规定,合同担保的形式主要有以下几种:

(1)保证:保证是指保证人和债权人约定,与债务人不履行债务时,由保证人按照约定履行主合同的义务或者承担责任的行为。

保证分为一般保证和连带保证,一般保证就是只有在债务人不能履行债务时,保证人才承担保证责任。连带责任保证就是只要债务人到期不履行合同,保证人就有义务承担保证责任。

(2)抵押:抵押是指债务人或者第三人不转移抵押财产的占有,将抵押财产作为债权的担保。当债务人不履行债务时,债权人有权依照担保法的规定以抵押财产折价或者以拍卖、变卖该财产的价款优先受偿。在抵押关系中,债务人或第三人为抵押人,债权人为抵押权人,提供担保的财产为抵押物。抵押物可以是抵押债务人的财产,也可以是第三人的财产。

(3)质押:质押是指债务人或者第三人将其动产移交债权人占有,或者将其财产权利交由债权人控制,将该动产或者财产权利作为债权的担保。债务人不履行债务时,债权人有权依照担保法的规定以该动产或者财产权利折价,或者以拍卖、变卖该动产或者财产权利的价款优先受偿。

(4)留置:留置是指在保管合同、运输合同、加工承揽合同中,债权人依照合同约定占有债务人的动产,债务人不按照合同约定的期限履行债务的,债权人有权依照担保法规定留置该财产,以该财产折价或者以拍卖、变卖该财产的价款优先受偿。

(5)定金:定金是指合同当事人一方为了担保合同的履行,预先支付另一方一定数额的金钱的行为。债务人履行债务后,定金应当抵作价款或者收回。给付定金的一方不履行合同约定的债务的,无权要回定金;收受定金的一方不履行合同约定的债务的,应当双倍返还定金。定金应当以书面形式约定,数额由当事人约定,但不得超过主合同标的额的20%,定金合同从实际交付定金之日起生效。

上述5种担保方式中,留置是法定担保方式,即债权人依照法律规定行使留置权,无需当事人之间约定。其他4种担保方式需由当事人之间约定,是协议的担保方式。

五、合同的变更、转让、终止和解除

(一)合同的变更

合同的变更,是指依法成立的合同在尚未履行或尚未完全履行之前,双方当事人依法对原合同的内容所进行的修改。

合同的变更是一种民事行为,具有以下特征:

(1)合同变更必须发生在合同成立之后到合同没有完全履行之前的这一特定时间;

(2)合同变更是对已经成立的合同部分内容的变动或者修改,而不是对合同全部内容的变动或修改;

(3)合同变更必须经过当事人协商一致,任何一方当事人都不得单独随意变更合同;

(4)合同变更是合法行为,必须经过法定程序和形式。

(二)合同的转让

合同的转让是指合同主体的变更,即合同的一方当事人将合同的权利义务全部或者部分转让给第三人,而合同的内容并不发生变化。

合同转让在旅行社业务中较为常见。合同的转让包括合同权利的转让、合同义务的转移和合同权利义务的概括转让。

(三)合同的终止

合同终止又称合同的消灭,也就是合同当事人权利义务关系的消灭。根据《合同法》第九十一条规定,有下列情形之一的,合同的权利义务终止:

(1)合同债务已经按照约定履行;

(2)合同解除;

(3)债务相互抵销;

(4)债务人依法将标的物提存;

(5)债权人免除债务。

(6)债权债务同归于一人。

(7)法律规定或者当事人约定终止的其他情形。

(四)合同的解除

合同的解除是指在合同订立后尚未全部履行前,因双方当事人的协商或者法定事由,而使基于合同发生的民事权利义务关系归于消灭的行为。合同解除后,终止履行。合同的解除方式分为协议解除和法定解除两种。

1.协议解除

协议解除是依照双方当事人协商一致将合同解除的方式,体现了合同自愿的原则。协议解除合同有两种情况：一是事后协商解除，即合同履行前或履行过程中，经当事人协商一致即可解除合同；二是约定解除，即订立合同的当事人可以约定一方解除合同的条件，一旦解除合同的条件成立时，解除权人就可以解除合同。

2. 法定解除

法定解除是合同解除的条件由法律直接规定。这是一种单方面法律行为。《合同法》第九十四条规定，有下列情形之一的，当事人一方可以依法解除合同：

(1)因不可抗力致使不能实现合同目的的，应当允许当事人解除合同；

(2)在履行期限届满之前，当事人一方明确表示或者以自己的行为表明不履行主要债务的；

(3)当事人一方延迟履行主要债务，经催告后在合理期限内仍未履行的；

(4)当事人一方延迟履行债务或者有其他违约行为致使不能实现合同目的的；

(5)法律规定的其他情形。

合同解除与合同无效、合同被撤销是不同的。无效合同以及被撤销的合同，该合同自始无效。而合同解除，是在合同生效后解除。要区分具体情况来处理，合同解除后，尚未履行的，终止履行；已经履行的，根据履行情况和合同性质，当事人可以要求恢复原状，采取其他补救措施，并有权要求赔偿损失。

六、违约责任

(一)违约责任的概念

违约责任是指合同当事人违反合同义务所应承担的民事法律责任。合同义务是违约责任产生的前提，它是不履行或不适当履行义务的结果。不履行包括当事人不能履行或者拒绝履行；不适当履行就是指不按照合同约定的条件履行。依法成立的合同，对当事人具有法律约束力，当事人必须按照合同的约定履行自己的义务。如果当事人不履行义务或者履行义务不符合约定，就要承担违约责任。

(二)违约责任的归责原则

归责原则，是指进行违约行为所致事实后果的判断时应当遵循的原则和基本标准。《合同法》第一百零七条规定："当事人一方不履行合同义务或者履行合同义务不符合约定的，应当承担继续履行、采取补救措施或者赔偿损失等违约责任。"

由此可见，《合同法》规定的违约责任不要求证明行为人在主观上是否存在过错，而只要行为人没有履行合同或者履行合同不符合约定，就应当承担违约责任。这表明，我国《合同法》对违约责任采取严格责任原则。

（三）违约责任的承担方式

违约责任的承担方式是指违约的当事人依照法律规定或者合同的约定，应当承受的制裁方式。根据《合同法》第一百零七条规定，违约责任的承担方式主要有以下几种：

1. 继续履行

继续履行是指当事人一方不履行或者履行合同义务不符合约定时，另一方当事人可以要求其在合同履行期限届满后，继续按照合同所约定的主要条件完成其合同义务的行为。如旅游者可以要求违约的旅行社补齐约定的旅游项目。

但有下列情形之一的除外：法律上或者事实上不能履行；标的不适于强制履行或者履行费用过高；债权人在合理期限内未要求履行。

2. 赔偿损失

赔偿损失是指违约方因不履行或者不完全履行合同义务给对方造成损失时，依法或者根据合同约定应赔偿对方当事人所损失的行为。赔偿损失责任的构成要件包括：必须要有损害事实，这是承担赔偿责任的首要构成要件；必须有违约行为；违约行为和损害事实之间存在因果关系。

3. 违约金

违约金，是指当事人在合同中约定的或者由法律规定的，一方违约时应向对方支付一定数额金钱的责任形式。它具有以补偿性为主、惩罚性为辅的性质。因违约给对方造成损失的，违约金可用来弥补损失，具有补偿性；因违约责任未给对方造成损失的，违约金具有违约惩罚性质。《合同法》第一百一十四条规定："约定的违约金低于造成的损失的，当事人可以请求人民法院或者仲裁机构予以增加；约定的违约金过分高于造成的损失的，当事人可以请求人民法院或者仲裁机构予以适当减少。"可见，违约金主要体现了补偿性，但在某种情况下也具有惩罚性。

当事人既约定违约金，又约定定金的，一方违约时，对方可以选择适用违约金或者定金条款，两者不能并用。

4. 采取补救措施

采取补救措施，是指违约方采取的除继续履行、支付赔偿金、支付违约金、支付定金方式以外的其他补救措施，其目的在于消除、减轻因违约给对方当事人造成的损失。

值得注意的是，当事人一方违约后，对方应当采取适当措施防止损失的扩大；没有采取适当措施致使损失扩大的，不得就扩大的损失请求赔偿。当事人因防止损失扩大而支出的合理费用，由违约方承担。这一规定体现了公平原则。

七、违约责任的免除

违约责任的免除，是指违约方虽存在违约行为，但可免除其承担违约责任的情形。违约责任的免除主要包括两种情况：一是债权人放弃追究债务人的违约责任；二是存在免责事由。

免责事由，具体包括约定的免责事由和法定的免责事由。所谓约定的免责事由，是指当事人双方在合同中预先约定的，旨在限制或免除其未来责任的条款。但免责条款必须合法，否则无效。《合同法》第四十条规定，提供格式条款的一方当事人免除自己的责任、加重对方责任、排除对方当事人主要权利的，该条款无效。法定的免责事由，主要是指不可抗力。

因不可抗力造成合同不能履行时，可以免除当事人部分或全部合同责任，所以不可抗力是法定的免责理由。不可抗力是指不能预见、不能避免和不能克服的客观情况。不可抗力包括以下事件：

(1)自然灾害，如水灾、火灾、地震、泥石流等自然灾害；

(2)因社会原因导致的不可抗力，如因政府行为导致合同不能履行的、社会异常事件(罢工、骚乱等偶发事件)。

在不可抗力发生后，当事人一方应当及时通知对方，以减轻因此可能给对方造成的损失，并且应当在合法合理的期限内提供有关不可抗力发生的证明。

同时规定，当事人延迟履行合同后发生不可抗力的，不能免除责任。

第二节　会展合同概述

一、会展合同的概念及种类

(一)会展合同的概念

会展活动涉及会展组织者、参展商、场地提供者和观众等众多法律主体，他们之间的法律关系是复杂的。会展合同，对于调整会展各方之间的利益关系，明确各方的权利义务关系，有效防止纠纷的产生以及妥善处理会展中的法律问题，起着至关重要的作用。依据合同主体的不同，会展合同有广义和狭义之分。狭义的会展合同就是指参展合同，它是指会展组织者与参展商之间订立的、约定会展活动中双方权利义务等事项的协议书，也可以叫会展协议书、参展协议书。广义的会展合同是会展活动中各参与主体之间所订立的合同的总称。包括会展参展合同、会展承办代理服务合同、会展场地租赁合同、会展入场合同、会展买卖合同等。

(二)会展合同的种类

1.会展参展合同

会展参展合同是会展组织者与参展商在平等自愿的基础上,就参展问题达成的协议。

2.会展承办代理服务合同

会展承办代理服务合同是指会展主办方与为会展提供相关服务的经营者之间,在平等自愿的基础上,就提供的服务项目达成的协议。

3.会展场地租赁合同

会展场地租赁合同是指展览场馆主体和会展组织者之间订立的,约定双方在场馆租赁和展览活动中的权利义务等事项的协议。

4.会展入场合同

会展入场合同是指自然人、企业和会展场馆之间根据约定或交易习惯形成的入场和提供入场服务的协议书,这种合同的体现形式往往是入场券或门票。

5.会展买卖合同

会展买卖合同是指在会展举办过程中,参展商与参观者之间签订单或买卖展品的协议。

二、会展合同的特征

(一)会展合同是无名合同

所谓无名合同,是指法律上尚未为其确定一定名称和特定调整规则的合同。会展合同在我国的《合同法》中还没有单列,在我国还属于无名合同。会展合同只要不违反法律的禁止性规定和公序良俗,根据"合同自由"原则,它就为法律所认可。

(二)会展合同是双务合同

所谓双务合同是当事人双方互负对等给付义务的合同,即一方当事人愿意负担履行义务,旨在使他方当事人因此负有对等履行的义务,或者说,一方当事人所享有的权利即为他方当事人所负担的义务。如在会展合同中约定会展组织者为参展商提供服务,包括寻找场地,划分展台,展品运输、保管,提供交易机会、招徕观众等等,参展商因此给付会展组织者参展费、展台租赁费等。

(三)会展合同是要式合同

所谓要式合同,是指必须具备特定形式和手续才能成立或生效的合同。对于一些重要的交易,法律法规常常要求当事人必须采取特定的方式订立合同。我国对举办会展活动的管理采取审批制,需要主办者提交相关的申请文件,批准后对该会展予以登记。可见,会展合同并非只要双方当事人达成了合意,即可成为有效的合同。

(四)会展合同是诺成合同

所谓诺成合同是指除法律或合同法另有规定外,合同双方意思表示达成协议时,无须交付实物,合同即告成立,对双方当事人就产生法律效力。如在参展合同中，会展组织者和参展商只要达成合意，参展商无须将参展的商品、信息等在会展举办前交付给会展组织者，会展合同即已生效，对双方有法定约束力，一旦一方违约，则要承担民事责任。因此,会展合同属诺成合同。

三、几种常见的会展合同实例

(一)会展参展合同

参展合同是指会展组织者与参展商之间,在平等自愿的基础上,就参展问题相互为意思表示,并达成协议的法律行为。

在我国目前的会展市场上，会展组织者和参展商都不太重视会展合同，即便是订立合同，也是极其简单地约定展品的种类、展览的起止日期、展位价格等基本要素，很多问题没有事先做出约定。有的时候，会展合同是以参展申请表的形式出现的。从法律角度看，这种申请表是会展组织者对参展商的邀约，参展商一旦同意参展，发出接受函，会展合同即告成立，对双方有法定的约束力。

以下是会展实践中两个比较常见的参展合同实例：

例一:2009××国际节能减排环保展览会暨××省“双三十”成果展览会参展申请表(代合同)

时间:2009 年 10 月 26 日—28 日

地点:××国际博览中心

<table>
<tr><td rowspan="2">公司名称
(楣板)</td><td>中文</td><td colspan="2"></td></tr>
<tr><td>英文</td><td colspan="2"></td></tr>
<tr><td>负责人</td><td></td><td>联系电话</td><td></td></tr>
<tr><td>联系人</td><td></td><td>职务</td><td></td></tr>
<tr><td>电话</td><td></td><td>传真</td><td></td></tr>
<tr><td>联系地址</td><td></td><td>邮政编码</td><td></td></tr>
<tr><td>E-mail</td><td></td><td>网址</td><td></td></tr>
<tr><td colspan="4">申请展位:</td></tr>
<tr><td>标准展位</td><td>4900 元/个</td><td>展位数＿＿＿＿</td><td rowspan="2">展位费＿＿＿＿元</td></tr>
<tr><td>特装展位</td><td>500 元/平方米</td><td>面积:＿＿＿＿</td></tr>
<tr><td>会刊广告面</td><td>版面:＿＿＿＿</td><td>数量:＿＿＿＿</td><td>会刊费＿＿＿＿元</td></tr>
<tr><td>其他广告</td><td colspan="2"></td><td>广告费＿＿＿＿元</td></tr>
</table>

续表

参展费用合计（RMB）	______元（小写）	______元（大写）
参展费支付账户信息： 户 名：河北××会展有限公司 账 号：6180120180000×××× 开户行：××商业银行平南支行	申请参展单位（盖章）： 授权代表（签字）： ____年____月____日	

例二：第 73 届中国××展参展申请及展位合同书

××会展与信息传播有限公司是第七十三届中国××展组委会授权的展位合同签约单位。合同一经签署，表明签署此合同的双方（××会展与信息传播有限公司与参展商）均接受此合同条款（《协议条款》见此页背面）。为服从展馆总体布局，组委会有权对个别展位位置进行调整。

展会时间：2009 年 4 月 9 日—11 日

招商联系方式：广州××展览服务有限公司

地　　址：　　　　　　　　　联系人：李先生 1366046××××

电话：020-8231××××　　　　传真：020-8231××××

1. 参展商

公司名称：　　　　　　　　　（英文名称）：

公司地址：　　　　　　　　　邮编：

联 系 人：　　　　　职务：　　　　　部门：

电　　话：　　　　　传真：　　　　　电子邮件：

公司主要产品（服务）：

2. 楣板字和结构要求

楣板字（中文）：

____

楣板字（英文）：

____

两个以上标准展位，是否去掉中间隔板：（　　）去掉；（　　）保留。

3. 申请展位面积费

预定光地面积（$36m^2$ 起租）：____米×____米＝____平方米；标准展位（3 米×3 米）：____间

确认展位号：____________________

4. 展位费

光地：________元人民币/平方米×______平方米＝______元人民币

标准展位(3 米×3 米):______元/间×______ 间=______元人民币

注:标准展位两面开放,加收 10%。

5. 参展商授权签名:______中电会展与信息传播有限公司授权签名:______

参展商公章　　　　　　　　　授权单位公章

签字日期:　　年　　月　　日　　签字日期:　　年　　月　　日

6. 付款方法

参展商自签署本合同之日起 7 个工作日内支付全部展位费,否则取消其原订展位。

款项请汇至:收款单位:××会展与信息传播有限公司

开户银行:招商银行北京分行万寿路支行

账　　号:138207691××(请注明 73 届参展费)

7. 其他事项

①本届展会公共责任保险由主办单位投保,参展人员及其展品保险由参展单位办理。

②参展单位将其参展费汇出后,请同时将汇款凭证复印件速传真至主办单位。

③主办单位根据收款的先后顺序统一安排展位,并在收到款项后 7 日内发出展位确认书。

④如遇不可抗拒力致使展会停办,所有参展费用概不退还。

⑤对于进入展场的非电子产品(判别标准由主办方与展馆来认定),主办方与展馆有权没收,清出场馆,并且所有费用不退还。一切后果参展商自负。

⑥展会最后报名截止日期:2009 年 3 月 8 日。

这种参展申请表形式的参展合同在明确双方权利义务、规范会展主体的行为方面是不够全面和细致的。在国外,一个运作成熟的展览会,往往会发布一个章程,对展览中所涉及的事项一一予以说明,参展商参加展会,必须同意该章程的规定。这种章程类的规定,可以认为是会展合同的格式合同,它的出现是展览完善且成熟的标志,其制订水平的高低,直接决定着展览能否顺利、成功地举行。我们应该结合一些发达国家的成熟经验,由有关的政府职能部门或行业协会制订会展合同的范式样本,指导会展组织者与参展商签定广泛而细致的参展合同,明确双方权利义务,规范双方的行为,以促进会展市场的健康发展。

(二)会展承办代理服务合同

广义上的会展服务,既包括发生在会展现场的租赁、广告、礼仪、保安、清洁、展品运输、仓储、展位搭建等专业服务,也包括餐饮、旅游、住宿、交通、运输等相关行业的配套服务。

会展承办代理服务合同是指会展主办方与为会展提供相关服务的经营者之间，在平等自愿的基础上，就提供的服务项目达成协议的法律行为。

以下是会议和展览承办代理服务合同范本。

例一：会议承办代理合同(范例)

甲方：

乙方：

经友好协商，甲乙双方就乙方承办/代理甲方之＿＿＿＿＿会议事宜达成如下协议，双方共同遵守执行。

一、甲方主办的＿＿＿＿＿会议全部交由乙方承办。会议地点是＿＿＿＿＿＿＿＿＿＿

会议时间＿＿年＿＿月＿＿日至＿＿年＿＿月＿＿日。主会场是＿＿＿＿＿＿＿＿＿＿

二、乙方提供如下会议服务：

1.礼仪及接待

2.会议交通

3.会场布置

4.会议餐饮安排

5.会议秩序维持

6.会议秘书服务

7.会议代表住宿安排

8.会务考察安排及夜间娱乐支持

9.返程票务服务及站场接送

10.财务协助

■各项服务分叙如下：

1.礼仪及接待

乙方提供＿＿名礼仪小姐，汽车站、火车站、机场分别安排＿＿名礼仪，设立标志(甲方提供企业或行业标志，乙方制作)，＿＿引导甲方人员报道及安排商务车辆前往下榻酒店。在下榻酒店大堂设立专用接待台(乙方负责设立)，乙方提供＿＿名工作人员协助甲方会务组人员进行代表签到、房间安排、发放会议指南(甲乙双方共同拟定)、告知代表会议注意事项，编制会议名录。礼仪工作时间为＿＿月＿＿日＿＿时至＿＿月＿＿日＿＿时，下榻酒店接待人员工作时间为＿＿月＿＿日＿＿时至＿＿月＿＿日＿＿时，乙方提供一条接待热线电话，热线

电话开通 □国内长途 □国际长途，费用按酒店商务电话收费，记入甲方会议支出——除非甲方工作人员许可，乙方人员不得使用热线电话。

2.会议名录制作要求为

开本________，________色印刷，内文纸张为________纸，封面为________，制作________份，单价为________，交货时间为____月____日前。

会议名录资料要求在____月____日前以______格式上传给________网站。

3.会议发言材料制作

开本________，________色印刷，内文纸张为________纸，封面为________，制作________份，单价为________，交货时间为____月____日前。

■会议交通

1.站场接送

____根据实际需要，乙方必须于____月____日____时至____月____日____时安排____辆____座空调巴士，7座面包车____辆，5座轿车____辆至________机场（汽车站、火车站）。按照先到集合，统一运输的方式，安排与会代表前往下榻酒店。双方同意所有费用按运输趟次结算，其结算标准见下表。如果由于甲方原因使得预订的车辆空驶，甲方按照大巴____元、面包车____元、轿车____元结算。所有交通工具的运行命令由甲方发出，并在行驶单上签字。

送站场费用同上述约定。双方应在____月____日前，确认需要送站场的名单。甲方应该本协议签署前告知乙方此部分费用的分摊方法（会务组支付或者个人支付），甲方确认：

下列人员由会务组承担送站场费用，除此之外，均由个人承担。

或者：甲方确认，所有与会人员的送站场费用由会务组承担；或者全部与会人员的送站场费用均由个人承担。

甲方确认：需要会议期间提前送离的人员有，具体时间是____月____日____时，乘用车标准为____座________车。

2.会务交通

乙方必须于____月____日____时至____月____日____时安排____辆____座空调巴士，7座面包车____辆，5座轿车____辆至________酒店，用于接送会务人员至会场。甲方（或者乙方）负责通知并集合需要乘坐商务用车之人员。用车行程为（往返/单程，选择）。

于____月____日____时至____月____日____时安排____辆____座空调巴士，7座面包车____辆，5座轿车____辆至________酒店，用于接送会务人员至晚会/宴会现场（地点为：______________________________________）。用车行程为（往返/单程，选择）。

乙方于____月____日____时至____月____日____时提供________吨货车________辆，负责运输会议材料，行程为________至________。包括装卸，费用合计为________元。

■会场布置

乙方应在____月____日前预订________________________会场，并于____月____日____点前按甲方要求完成布置：

1.主席台

要求鲜花____盆，____色地毯，绒布主持台，主席台设____席位，背景为____________材料，投影帘要求(____×____)，投影仪要求____流明，配备激光指示笔(或者伸缩式教鞭)、有线/无线麦克风____个。主席台配置茶水杯(或者瓶装矿泉水)，一侧放置饮水机(配瓶装矿泉水时可不用饮水机)，主席台配备电工一名，会务服务小姐一名。双方确认：投影仪为(甲方自带，乙方提供甲方租赁，第三方提供)，当甲方自带时，乙方仅有义务提供技术支持，不负责保证仪器正常工作；双方确认，投影仪租赁价格为____元/天，茶水提供及服务人员支持包含在会场租赁成本中。

2.会场布置

乙方必须于____月____日____点前完成会场布置——U型、课堂式、围桌型、剧院式等供选择，安排席位不少于____个，其中前排布置需要____________，各排间距不得小于____厘米；在会场安排固定摄影点____个，需要提供饮水机____台，提供小型会晤室____个，会晤室摆设桌椅不得少于____套。会场悬挂横幅____条，内容为____________________________________。会场内/外提供资料/样品展示台____个。双方确认：展示台为全新制作/租赁，规格____×____×____，单价为____元/个。饮水机由乙方免费提供，饮用水由甲方提供(乙方可代办)。

3.氛围支持

乙方应在____月____日____点前完成____个气球条幅悬挂，条幅内容为(____________________)规格是____米×____米，拱形气模____个，规格是________×________，会场内/外摆放花篮____个。同时在____月____日×____×报纸预订____×____×版面发布相关信息(内容甲方提供)。

会场布置与氛围支持费用总计为：____________元。

4.同声翻译系统

乙方必须于____月____日____前调试好同声翻译系统，提供____声道翻译(语种为____________)，____月____日____前甲方应将发言大致领域及特点告诉口译员，并告诉口译员发言者国别与大致语言习惯。乙方提供的口译人员必须在____月____日____前熟悉所需翻译的专业领域，作同声翻译时，错误率不得超过2%。甲方发言者语速不得超过____节字/分钟。

同声翻译支持费用总计为：____________元。

■餐饮安排

双方确认，会议期间与会人员就餐地点为__________酒店__________餐厅及____________餐厅。其中中餐就餐人数不少于____人次，西餐就餐人数不少于____人次，穆斯林餐就餐人数不少于____人次。早餐餐标为____元/人，正餐(中餐及晚餐)餐标为____元/人，宴会餐餐标为____元/人，早餐、正餐及宴会餐(包括西餐及穆斯林餐)食物见附件(菜谱)。会议提供的餐饮不含酒水(或者含酒水)，时间是____月____日____餐至____月____日____餐止，其中____月____日____餐为宴会餐。会议人员凭________证件(或者餐卡)就餐。早餐形式为自助餐(或者团餐)，正餐为围桌式(或者自助餐)团餐，具体就餐时间由乙方制作水牌告知甲方与会人员。

商务考察旅程用餐另计。

■宴会餐/商务酒会要求

时间：____月____日____时至____月____日____时

规模：

内容：

(1)自助餐/围桌宴会

(2)演讲系统

(3)娱乐节目

(4)服务/交通

餐饮费用总计为：________元。

■其他服务安排

■会议秩序维持

为便于保密及会议正常举行，双方确认____月____日至____月____日____________会议室设立____位工作人员，工作人员由甲方/乙方负责指定/委派，主要职责是核查进入会场人员身份。进入会场人员一律凭________证件进入。此项服务费用________元/免费。

■会议秘书服务

双方确认，会议期间乙方为甲方提供如下如数服务：

(1)速记员____名，工作时间为____。

(2)翻译员____名，工作时间为____。其中英文____名，日文____名，德文____________名。

(3)会务勤杂人员________名，工作时间为________。

(4)保健医生________名，工作时间为________。

(5)摄影师________名，工作时间为________。录制媒介为________，规格为________，后期编辑由乙方/甲方完成。

(6)旅行顾问________名，工作时间为________。

(7)签约司仪(礼仪)____名，工作时间为________。

(8)其他——指示牌制作____块，内容________________，放置地点________________。

以上会议秘书服务费用共计________元。

■会务考察安排及夜间娱乐安排

1.会务考察 双方确认，会议期间甲方与会人员进行商务考察，线路及行程如下：

线路1

D1：

D2：

人数：________人

线路2

D1：

D2：

人数：

总人数为：________人

车辆要求：

乙方提供旅行责任保险、专业导游、陪同

费用：

2.夜间娱乐安排

双方确认，会议期间甲方人员举办各类酒会或者联谊会的话，乙方将负责代理安排。此部分费用由甲方统一支付/或者参加人员直接支付。

■返程票务服务及站场接送

双方确认，甲方人员返程事宜由会务组织统一安排/与会人员自行支付。乙方提供返程票务代理服务(在签到会场酒店大堂提供咨询及预订处，时间为____月____日____时至____月____日____时)：

1.机票　明折明扣，不收取服务费，免费送票至下榻酒店；

2.火车票　票面价格，每位收取40元服务费，免费送票至下榻酒店；

3.高速巴士　票面价格，免服务费，免费送票至下榻酒店；

4.船票　　票面价格，免服务费，免费送票至下榻酒店。

乙方提供站场欢送服务：(时间____月____日____时至____月____日____时)

■住宿安排

双方确认，甲方预订客房数共计________间，其中________饭店____级标准间________间(________元/间)，商务套间____间(________元/间)，行政套间____间(________元/间)；________饭店________级标准间________间(________元/间)，商务套间____间(____元/间)，行政套间____间(________元/间)。

基于与会人数有一定的机动性，双方约定乙方预留____间客房至____月____日____时，其中标间____间，套房____间。截至____月____日____时甲方实际用房如果低于预订，则按预订客房数量结算，超过的按实际结算(在预订总量的10%范围内)，乙方承诺超过部分按预订价格计算。____月____日____时以后按实际用房计算。

所有用房时间为____月____日至____月____日____时。超过____月____日____时，如果甲方人员需要继续使用客房，可提前通知乙方，乙方可以与酒店交涉，尽量(但不保证)按协议价格结算。

双方确认，乙方必须在____月____日____时前获得酒店预定房间钥匙牌，按甲方指定名录登记分派房间，同时完成入住登记。

■财务咨询

■财务协助(此条款为非一次性收取会务费用组织机构适用)

双方确认，甲方与会人员签到时，乙方提供____名财务人员协助甲方收取会务费用，提供验钞设备，并协助甲方人员统计核实相关应收费用。

■其他协助 乙方在自有网络上发布会议预告信息，制作回执表单，供甲方相关人员下载填制，同时指派固定人员统计回执信息，定期向甲方报告。此项服务免费提供。

三、双方确认，以上预定及服务属于不可撤销约定。自双方签字、盖章且甲方按本条款支付预定金之日起协议立即生效。甲方于协议生效后____个工作日内支付人民币________元作为预定金。

■变更及核算原则

(1)甲方确认，除非发生以下几种情况，否则甲方不存在撤销或变更本协议理由——如果撤销或变更，乙方将有权要求甲方支付撤销或变更给乙方造成的预期损失：

①战争或政治事件；

②甲方进入破产程序；

③甲方实体进入重组变更程序；

④由于政策或法律变化导致会议不可能举行。

(2)甲方可以在预定的期间内变更会议时间，但变更通知必须于预定期限前____天抵达乙方，乙方接到甲方通知后应在____个工作日内以(□传真 □电邮 □公函)方式回执确认，甲方在接到乙方确认文件后即表示甲乙双方就会议时间的变更达成一致，双方间的协议除会议日期外，其余不作变更。

(3)乙方服务的变更 除非发生如下情形，否则乙方无权变更服务：

①乙方签约的下游服务商出现法律规定的破产、停业或者其他人力不可抗拒的服务中止事件，同时乙方更换的下游服务商不能满足甲方要求；

②会议地点出现重大自然灾害(包括急性传染病)；

③会议地点出现重大政治事件(包括政府征用会议场所)。

如果不是由于上述原因，乙方要求变更服务，将赔偿甲方由于服务变更而导致的预期损失。出现本条款所列事项时，乙方应该在第一时间内以书面形式通报甲方，并在甲方收到通知后作出变更预案供甲方选择——乙方保证变更的服务应当不低于原来协议水准。

基于友好合作的精神，所有变更事宜双方同意协商解决。同时双方约定：

①甲方变更或取消会议应当在协议生效后会议正式举办前____个工作日前通知乙方，除乙方已经支付的成本外(在甲方的预付款项中抵扣，不足部分乙方有权要求甲方补足，多余部分乙方同意返还甲方)，乙方放弃预定收益的索赔；

②甲方变更或取消会议的决定如果在会议前____日通知乙方，甲方应赔付乙方预期利益的________%，并不退回预付金；

③甲方变更或取消会议的决定如果在会议前____日通知乙方，甲方应赔付乙方预期利益的100%，并不退回预付金；

④乙方由于非本条款原因要求改变服务或者取消的，于会议举办前____日通知甲方的，必须全额退还甲方预付款；

⑤乙方由于非本条款原因要求改变服务或者取消的，于会议举办前____日通知甲方的，除退还甲方预付款外，还必须赔付甲方本协议总金额的________%；如在____日前通知甲方，乙方必须全额赔付。

(4)双方约定，本协议规定的服务及费用核算原则如下

①住宿、餐饮及车辆——按协议标准结算，基于可以理解的原因，允许实际费用总量下浮5%，即如果甲方需要的服务低于预定的95%，按95%结算；高于95%的，按实际服务费用结算。

②除协议规定的服务总量以外，乙方同意按协议标准提供服务预留空间，但

不超过总量的5%(指各单项服务)。甲方如果需要超过预定的服务,在5%范围内可享受协议标准,超过部分乙方尽量但不保证提供协议标准服务。

③双方确认,所有服务费用在____月____日前由甲乙双方核算认可,甲方保证一次性将款项支付给乙方——如果超过约定期限,乙方有权要求甲方支付滞纳金——标准为总量的0.5%,按日计算。

(5)仲裁

双方约定,如果对本协议执行出现争议,将首先协商解决;如果协商不能解决,双方将申请仲裁解决,仲裁地点为____。

(6)生效

本协议自双方共同签章且甲方提供规定的预付金后生效。

(资料来源:乐途旅游网)

例二　展览承办代理合同(范例)

甲方:

地址:

电话:

账号:

开户行:

乙方:

地址:

电话:

账号:

开户行:

甲方委托乙方代理甲方主办/参加之×××展览/博览会。为此,甲乙双方签署如下协议,共同遵守执行:

一、乙方代理项目

1.展品运输/仓储

2.展品布置

3.展位布置/装修

4.礼仪及展位人员培训

5.展物保险代理

6.参展人员住宿预订

7.会展期间/后的商务考察安排

8.返程票务预订

9.展期交通安排

10.展览秘书提供

11.餐饮及商务酒会预订

12.新闻发布会及商务酒会安排

二、代理项目标准

1.展品运输/仓储

甲方之展品外包装尺寸为________cm×________cm×________cm,重量不超过________kg,适用□人工□小型装卸机械装卸。甲方自行通过□航班□铁路□公路运抵________________,具体抵达________________的时间为____月____日(以传真通知为准)。乙方接货地点为________________,运输至________________。仓储地点由双方确定。

此项服务费用为________元。

2.展品布置

包括将展品从仓储地点运抵________________,卸展品,按□甲方提供□乙方设计甲方认可之展览效果摆放展品。甲方工作人员固定并调试展品。

3.展位布置/装修

展位的布置/装修按甲方效果图及施工图进行。材料由□甲方提供□乙方代购。

4.礼仪及展位人员培训

乙方为甲方提供礼仪人员□男________名□女________名。礼仪人员服务事项为:

①展位迎接及服务;

②酒会服务;

③参展嘉宾迎送服务;

④引导服务;

服务费用为________元。

⑤展位人员培训。

乙方为甲方参展人员提供培训________学时,地点为________________酒店,时间为____月____日至____月____日。培训器材及培训师由乙方提供,培训内容见附件。

培训费用为________元。

5.展物保险代理

乙方代理甲方购买展物保险,包括展品安全保险、火灾保险、参展人员伤害保险、展品失窃保险等。购买保值为________万元。保期为____月____日____

时至____月____日____时。保费共计为________元。保险理赔办法按保险公司合同进行。附保险公司格式合同。

6.参展人员住宿预订

甲方参展人员共计________人,其中男性________人,女性________人,乙方代理预订________________酒店标准间________间、行政套间________间,入住时间为____月____日至____月____日。费用总计________元。乙方承诺:甲方实际消费的酒店房间总数可以在预订总数的基础上增加或者减少________间,乙方在此范围内不要求甲方承担约定更改责任。

7.会展期间/后的商务考察安排

乙方将代理安排甲方参展人员商务考察。

线路为:

交通工具为:

服务项目有:导游(语种、性别、人数)、礼品购置、旅程责任保险、考察主体联系安排、景区门票代购、旅程餐饮安排预订。

费用总计:________元。

8.返程票务预订

为甲方参展人员提供返程票务代理,此项服务免费,但如果预订火车车票,甲方须支付手续费——卧铺40元/张。航空机票为明折明扣。乙方尽量但不保证按甲方要求满足时间确定或者等级、数量要求。

9.展期交通安排

展览期间,乙方为甲方代理安排通勤交通车辆代理。车型是________,使用________辆,车辆形式范围________,使用形式,费用标准________元/天辆,费用总计________元。

10.展览秘书提供

展览期间,乙方为甲方提供如下形式的秘书服务:

①翻译;

②餐饮安排/送达;

③资料发放;

④广告代理;

⑤快速印刷/平面设计;

⑥其他临时性事务。

本条款涉及的服务项目除翻译须明示外,其余均可在展期临时口头或书面协商,按市场价格约定费用,其费用不包括在本协议书内。翻译的使用期限为____月____日至____月____日,语种及人数为________语________名、________

语________名、________语________名、________语________名、________语________名,性别要求为________,要求胜任____________________领域之 □书面 □口语翻译工作。

11.餐饮代理安排

乙方代理甲方参展人员餐饮,共计________人,其中正餐________餐,早餐________餐。就餐方式为早餐是 □中式自助餐 □西式自助餐 □围桌中餐 □围桌西餐。正餐形式为 □围桌 □外买直送 □宴会。

12.新闻发布会及商务酒会安排

甲方委托乙方于____月____日____时在________________举办________________新闻发布会。乙方代理的事项有:

①场地布置;

②器材及线路安装;

③邀请嘉宾的商务用车;

④嘉宾的住宿及餐饮安排;

⑤会后酒会安排。

三、费用及支付方法

1.总费用

以上各项服务费用总计为________元(人民币)。

2.实际费用核定

乙方提供服务项目明细凭单(一式两份),乙方指定人员(该人员应对临时服务有认可权,双方认可之签收人笔迹)签收,乙方凭签收凭单与甲方人员核定实际费用。

3.支付办法

本协议签署生效后,甲方承诺在签署之日起________个工作日内支付总费用的________%(即人民币________元),展览布置完成后立即支付乙方总费用的________%(即人民币________元)。其余部分在展览结束后双方审核并认可实际发生费用后甲方立即或者在________个工作日内一次性支付给乙方。

四、不确定事项约定

基于临时服务的不确定性,双方约定:

(1)甲方指派________________为甲方全权代表,负责联络乙方并对下达的临时服务要求负责;

(2)甲方提出临时服务要求且乙方已经完成后,应该书面签收服务凭单,服务凭单将作为最后核算的依据之一。

(3)乙方指派________________为乙方全权代表,负责安排甲方下达的临时性服务要求。

五、生效、免责、变更及取消

本合同签署且甲方第一次付款到达后立即生效。合同生效后，如果甲方由于非免责原因(本合同第六款之规定事项)要求变更服务的，按下列条款处置：

(1)甲方确认：除非发生以下几种情况，否则甲方不存在撤销或变更本协议理由——如果撤销或变更，乙方将有权要求甲方支付撤销或变更给乙方造成的预期损失：

①战争或政治事件；

②甲方进入破产程序；

③甲方实体进入重组变更程序；

④由于政策或法律变化导致会议不可能举行。

(2)甲方可以在预定的期间内变更会议时间，但变更通知必须于预定期限前________天抵达乙方，乙方接到甲方通知后应在________个工作日内以(□传真 □电邮 □公函)方式回执确认，甲方在接到乙方确认文件后即表示甲乙双方就会议时间的变更达成一致，双方间的协议除会议日期外，其余不作变更。

(3)乙方服务的变更：除非发生如下情形，否则乙方无权变更服务——

①乙方签约的下游服务商出现法律规定的破产、停业或者其他人力不可抗拒的服务中止事件，同时乙方更换的下游服务商不能满足甲方要求；

②会议地点出现重大自然灾害(包括急性传染病)；

③会议地点出现重大政治事件(包括政府征用会议场所)；

如果不是由于上述原因，乙方要求变更服务，将赔偿甲方由于服务变更而导致的预期损失。出现本条款所列事项时，乙方应该在第一时间内以书面形式通报甲方，并在甲方收到通知后作出变更预案供甲方选择——乙方保证变更的服务应当不低于原来协议水准。

基于友好合作的精神，所有变更事宜双方同意协商解决。同时双方约定：

①甲方变更或取消会议应当在协议生效后会议正式举办前____个工作日前通知乙方，除乙方已经支付的成本外(在甲方的预付款项中抵扣，不足部分乙方有权要求甲方补足，多余部分乙方同意返还甲方)，乙方放弃预定收益的索赔；

②甲方变更或取消会议的决定如果在会议前____日通知乙方，甲方应赔付乙方预期利益的____%，并不退回预付金；

③甲方变更或取消会议的决定如果在会议前____日通知乙方，甲方应赔付乙方预期利益的100%，并不退回预付金；

④乙方由于非本条款原因要求改变服务或者取消的，于会议举办前____日通知甲方的，必须全额退还甲方预付款；

⑤乙方由于非本条款原因要求改变服务或者取消的，于会议举办前____日通知甲方的，除退还甲方预付款外，还必须赔付甲方本协议总金额的____%，如在____日前通知甲方，乙方必须全额赔付。

(4)双方约定，本协议规定的服务及费用核算原则如下：

①住宿、餐饮及车辆——按协议标准结算，基于可以理解的原因，允许实际费用总量下浮5%，即如果甲方需要的服务低于预定的95%，按95%结算；高于95%的，按实际服务费用结算。

②除协议规定的服务总量以外，乙方同意按协议标准提供服务预留空间，但不超过总量的5%(指各单项服务)。甲方如果需要超过预定的服务，在5%范围内可享受协议标准，超过部分乙方尽量但不保证提供协议标准服务。

③双方确认，所有服务费用在________月________日前由甲乙双方核算认可，甲方保证一次性将款项支付给乙方——如果超过约定期限，乙方有权要求甲方支付滞纳金——标准为总量的0.5%，按日计算。

六、生效

本协议自双方共同签章且甲方提供规定的预付金后生效。协议所提附件作为其不可分割部分，与协议主体有相同法律效力。协议一式四份，双方各执两份。

七、未尽事宜、仲裁

双方约定，如果对本协议执行出现争议，将首先协商解决；如果协商不能解决，双方将申请仲裁解决，仲裁地点为________________________。

(资料来源：德国会展信息网论坛)

(三)会展场地租赁合同

会展场地租赁合同是指展览场馆主体和会展组织者之间订立的，约定双方在场馆租赁和展览活动中的权利义务等事项的协议。

下例为上海市工商行政管理局、上海市对外经济贸易委员会、上海市会展行业协会联合制定的《上海市展览场地租赁合同示范文本》(2005版)

上海市展览场地租赁合同

签约双方：

展场经营单位(下称“甲方”)：

地址：

电话：

传真：

承租展场单位(下称"乙方")：

注册地址：

办公地址：

电话：

传真：

根据中华人民共和国有关法律、法规和本市有关规定，甲、乙双方遵循自愿、公平和诚实信用原则，经协商一致订立本合同，以资共同遵守。

第一条 合同主体

1.1 甲方系依法取得坐落于________________展览场地租赁经营权的法人。

1.2 乙方系本合同约定的展会的主办单位。

第二条 生效条件

本合同经双方签署生效。对依法需经政府部门审查的展会，本合同应自展会取得政府部门审查批准后生效。

第三条 租赁场地

甲方同意乙方租用位于______，总面积为______平方米的场地(下称"租赁场地")，用于乙方举办______(展会全称)。

第四条 租赁期限

4.1 租赁期限为____年____月____日至____年____月____日，共____天。

其中：进场日期：自____年____月____日至____年____月____日；

展览日期：自____年____月____日至____年____月____日；

撤离场地日期：____年____月____日。

4.2 乙方每日使用租赁场地的时间为上午______时至下午______时。乙方和参展商可以在前述时间之前______小时内进入展馆，在前述时间之后______小时内撤离展馆。

4.3 乙方如果需要在上述时间之外使用租赁场地，应提前通知甲方。乙方超时使用租赁场地的，应向甲方支付超时使用费。双方应就具体使用与收费标准协商约定，并作为合同附件。

第五条 展览服务

5.1 租赁期间双方可就以下方面选择约定租赁费用范围内基本服务：

(1)照明服务：________________________；

(2)清洁服务：________________________；

(3)验证检票：________________________；

(4)安保服务：________________________；

(5)监控服务：________________________；

(6)咨询服务：________________________；

(7)其他服务：________________________。

5.2 乙方如需甲方提供上述基本服务之外的服务或向甲方租赁各项设备，应与甲方协商，并由乙方向甲方支付费用，具体内容和收费标准应列明清单，作为合同附件。

第六条　租赁费用

6.1 租金的计算如下：

场地类型	租金/平方米/天	面积（平方米）	天数	共计
展览室内场地	人民币 /平方米/天 或 美元 /平方米/天			人民币 或 美元
展览室外场地	人民币 /平方米/天 或 美元 /平方米/天			人民币 或 美元
总计	人民币 或 美元			

6.2 如果租赁场地实际使用面积大于合同约定面积，则租金根据实际使用的总面积作相应的调整。结算方式可由双方另行协商，签订补充协议。

6.3 乙方按如下方式支付租金：

支付日期	签定本合同之日起____天内	年　月　日（进场日期前____天）	年　月　日（进场日期前____天）
展场租费比例			
应付款 人民币或美元	人民币 或 美元	人民币 或 美元	人民币 或 美元

6.4 所有支付款项汇至如下账户：

以人民币支付：

银行账号：

银行名称：

银行地址：

开户名称：

以美元支付：(按支付当日中国人民银行公布的外汇汇率中间价)

银行账号：

银行名称：

银行地址：

开户名称：

Swift Cod：

6.5 对依法须经政府部门审批的展会因无法获得政府部门批准导致本合同无法生效的，乙方应通知甲方解除本合同，并按照下列规定向甲方支付补偿金。甲方在扣除补偿金后如有剩余租金，应返还乙方。

解除合同时间	补偿金
租赁期限前____个月以上	已付租金的____%
租赁期限前____个月至____个月	已付租金的____%
租赁期限前____个月至____个月	已付租金的____%
租赁期限前____个月至____个月	已付租金的____%

第七条　场地、设施使用

7.1 乙方应在租赁期开始前________天向甲方提供经双方共同选择约定的下列________文件：

(1)一式____份的设计平面图，该平面图至少应包括下列内容：

①电力及照明的用量，每个区域容量的布置图及分布供应点位置；

②电话位置分布图；

③用水区域或用水点；

④压缩空气的要求和位置；

⑤卫星电视/INTERNET 设置图；

⑥甲方展馆内部及其周围红线范围内的其他布置设计。

(2)一份与展览有关的活动时间表，包括展览会、开幕仪式、进馆、撤馆、货运以及设备使用等的时间。

(3)一份参展企业名录和工作人员数，并请注明国内和国外参展商。

(4)一份使用公共设施的内容，包括设备、家具、礼仪设施、贵宾室和其他服务。

(5)货运单位和装修单位名录及营业执照复印件。

(6)所有参展的展品清单，特别需要注明的是有关大型设备、大电流操作的展品及会产生震动、噪声的展品清单。

(7)______________________________

7.2 为展览进行搭建、安装、拆卸、运输及善后工作及费用由乙方自行承担。乙方进行上述活动时不得影响其他承租人、展览者在公共区域的活动。

7.3 乙方不得变动或修改甲方的展馆的布局、建筑结构和基础设施，或对其他影响上述事项的任何部分进行变动或修改。在租赁场地的租赁期限内，乙方如需在甲方展馆内的柱子、墙面或廊道等建筑物上进行装修、设计或张贴，须事先得到甲方书面许可。

7.4 租赁期间，双方应保持租赁场地和公共区域的清洁和畅通。乙方负责对其自身财产进行保管。

7.5 甲方有权使用或许可第三方使用甲方场地中没有租借给乙方的场地，但不得影响乙方正常使用租赁场地。

7.6 乙方对租赁期限内由乙方造成的对租赁场地、设施和公共区域的任何损害承担责任。

7.7 如果两个或两个以上的展览同期举办，登记大厅、广告阵地、货运通道等公共区域将由有关各方根据实际的租赁场地按比例共享。

第八条　保证与承诺

8.1 甲方保证与承诺：

(1)确保乙方在租赁期内正常使用租赁场地。

(2)按本合同约定的服务内容和标准提供服务。

(3)在甲方人员因工作需要进入租赁场地时，保证进入人员持有甲方出具的现行有效证件，并在进入前向乙方出示。

(4)协调乙方与同期举办的其他展览单位之间对公共区域的使用。

(5)配合乙方或有关部门维护展会秩序。

(6)______________________________

8.2 乙方保证与承诺：

(1)在租赁期前____天取得举办展会所需的工商、消防、治安等政府部门的批准文件并交甲方备案。

(2)在进场日期前____天向甲方提供____份展位平面图。

(3)不阻碍甲方人员因工作需要持有甲方现行有效证件进入乙方租赁场地。

(4)租赁期限届满，在撤离场地日期内将租赁场地恢复原状，返还向甲方租赁的物品并使其保持租赁前的状况。

(5)未经甲方书面同意，不在甲方建筑物内进行广告发布。发布广告如果涉及需要有关政府部门批准的，则负责申请办理相关审批并承担相关费用。若不能获得政府部门批准而导致展览无法如期举办，则承担相应的法律后果。

(6)对乙方雇员或其参展者在租赁期内对甲方实施的侵权行为承担连带赔偿责任。

(7)______________________________________

第九条　责任保证

9.1 乙方应妥善处理与参展商之间的争议。在乙方与参展商发生争议，且双方无法协商解决时，争议双方可共同提请甲方出面进行调解。甲方无正当理由不得拒绝主持调解。调解期间任何一方明确表示不愿继续接受调解时，甲方应立即终止调解。甲方的调解是非争议解决的必经程序。调解不成的，调解中任何一方的承诺与保证均不作为确认争议事实的证据。在调解中，甲方应维护展会秩序，乙方应配合甲方维护展会秩序。

9.2 乙方应于租赁期开始前三十天按照本合同规定的租金总额的30%向上海市会展行业协会支付责任保证金，以保证乙方在与参展商发生争议并出现下列情况时承担相应责任：

(1)争议双方经和解达成协议，乙方承诺承担相应的赔偿或补偿责任。

(2)经审判或仲裁机关调解，争议双方达成调解，乙方承诺承担相应的赔偿或补偿责任。

(3)审判或仲裁机关对争议作出终审或终局裁决，乙方被裁决构成对参展商合法权益的侵害，应当承担相应的赔偿责任。

9.3 乙方在支付责任保证金后三天内应向甲方提供责任保证付款凭证。

第十条　知识产权

乙方为推动其展览进行对甲方名称、商标和标识的使用，须事先征得甲方书面同意。如有违反，甲方保留追究乙方侵权责任的权利。

第十一条　保险

11.1 乙方应在进场日期之前向保险公司投保展馆建筑物责任险、工作人员责任险及第三者责任险，将甲方列为受益人之一，并向甲方提供保险单复印件。

11.2 保险公司的理赔不足以支付甲方所受损失的，甲方有权对乙方进行追偿。

第十二条　违约责任

12.1 甲方有下述行为之一的，乙方有权单方面解除本合同，并按照本合同12.4 条向甲方主张违约金：

(1)未按本合同的规定向乙方提供租赁场地，经乙方书面催告仍未提供的。

(2)未按本合同第5.1 条提供基本服务，经乙方书面催告仍未提供的。

(3)未按本合同8.1(5)条维护展会秩序，致使展会因秩序混乱而无法继续进行的。

(4)____

12.2 乙方未按期支付到期租金,应按日向甲方支付逾期付款金额万分之____的违约金,付至实际付款或解除本合同之日。

12.3 乙方有下述行为之一的,甲方有权单方面解除本合同,并按照本合同12.4条向乙方主张违约金:

(1)未按本合同规定支付场地租金、设备租赁、额外服务及超时场地使用等各项应付费用,经甲方催告后____天内仍未支付的;

(2)国际性展会违反本合同规定,擅自变更展题,经甲方催告后仍未纠正的;

(3)未按8.2(1)条规定向甲方提供办展所需的相关政府部门的批准文件,经甲方催告后仍未纠正的;

(4)违反本合同规定,擅自使用甲方的名称、商标或标识,经甲方催告后仍未纠正的;

(5)未按本合同9.2条支付责任保证金,经甲方催告后仍未纠正的;

(6)____

12.4 本合同12.1、12.3条规定的违约金列明如下:

违约行为发生时间	违约金
租赁期限前______个月以上	已付租金的______%
租赁期限前______个月至______个月	已付租金的______%
租赁期限前______个月至______个月	已付租金的______%
租赁期限前______个月至______个月	已付租金的______%
租赁期限前______个月至租赁期届满	已付租金的______%

以上违约金不足以赔偿守约方损失的,违约方应就超额部分损失向守约方承担赔偿责任。

12.5 守约方根据12.1、12.3条单方面解除本合同,应在违约行为发生后______天内书面通知违约方,否则视为守约方放弃合同解除权,但不影响守约方向违约方主张违约金和赔偿责任。

12.6 甲方违约的,应在收到乙方解除本合同书面通知之日起______天内返还乙方已付租金,并支付违约金。乙方违约的,甲方应在乙方收到甲方解除本合同书面通知之日起______天内将已扣除乙方应付违约金后的剩余租金返还乙方。

12.7 除本合同12.1、12.3条约定外的其他违约行为造成守约方损失,违约方应当承担赔偿责任。

第十三条　变更与解除

13.1 除本合同另有约定外，本合同未经双方协商一致不得变更与解除。

13.2 国际性展会变更展题，须取得政府审批机关的批准，并向甲方提供。

13.3 双方协商变更或解除本合同的，变更或解除方应提前____天以书面形式通知相对方，相对方应于收到通知后____天内以书面形式答复变更或解除方，逾期不答复的，视为同意变更或解除本合同。违反本条规定提出协商变更或解除的，相对方有权拒绝。

第十四条　争议解决

因执行本合同而产生或与本合同有关的争议，双方应通过友好协商解决。协商应于一方向另一方书面提出请求后立即举行。如在提出请求后 30 天内无法通过协商解决，双方可选择下列第______种方式解决：

(1)向______仲裁委员会申请仲裁，仲裁裁决为终局裁决并对双方均有约束力。

(2)依法向______人民法院提起诉讼。

第十五条　不可抗力

15.1 本合同履行期间，任何一方发生了无法预见、无法预防、无法避免和无法控制的不可抗力事件，以致不能履行或不能如期履行合同，发生不可抗力事件的一方可以免除履行合同的责任或推迟履行合同。

15.2 本合同 15.1 条规定的不可抗力事件包括以下范围：

(1)自然原因引起的事件，如地震、洪水、飓风、寒流、火山爆发、大雪、火灾、冰灾、暴风雨等。

(2)社会原因引起的事件，如战争、罢工、政府禁令、封锁等。

(3)____

15.3 发生不可抗力的一方，应于不可抗力发生后______天内以书面形式通知相对方，通报不可抗力详尽情况，提交不可抗力影响合同履行程度的官方证明文件。相对方在收到通知后______天内以书面形式回复不可抗力发生方，逾期不回复的，视为同意不可抗力发生方对合同的处理意见。

15.4 在展会尚未开始前发生不可抗力致使本合同无法履行，本合同应当解除，已交付的租金费用应当返还，双方均不承担对方的损失赔偿。

15.5 展会进行中发生不可抗力致使本合同无法履行，本合同应当解除，已交付的租金费用应当按______返还，双方均不承担对方的损失赔偿。

15.6 发生不可抗力致使本合同需迟延履行的，双方应对迟延履行另行协商，签订补充协议。若双方对迟延履行无法达成一致，应按 15.4、15.5 条规定解决。

第十六条 适用法律

本合同的订立、履行、终止及其解释适用中华人民共和国现行法律。

第十七条 附件及效力

双方同意作为合同附件的文件均是本合同重要且不可分割的组成部分，与本合同同时生效并与本合同具有同等法律效力。

第十八条 信息披露

甲方可以网页等形式对外公布本合同约定的展览会名称、馆号和展览日期等相关信息。乙方若调整展会名称、展览日期等内容，应及时书面通知甲方；因乙方未通知甲方致使甲方对外公布的展会名称、展览日期与乙方调整后的不一致，甲方不承担相关责任。

第十九条 保密

双方对基于本合同获取的相对方的办展资料、客户资源等商业信息均有保守秘密的义务。除非相对方书面同意，或法律强制性规定，双方均不得以任何形式对外披露该信息。

第二十条 通知

本合同规定和与本合同有关的所有联络均应按照收件的一方于本合同确定之地址或传真发出。上述联络如直接交付（包括通过邮件递送公司递交），则在交付时视为收讫；如通过传真发出，则在传真发出即时视为收讫，但必须有收件人随后的书面确认为证；如通过预付邮资的挂号邮件寄出，则寄出七天后视为收讫。

第二十一条 其他

本合同一式______份，甲乙双方各执______份，具有同等法律效力。

本合同未尽事宜，经双方友好协商，可订立补充条款或协议，作为本合同附件，具有同等法律效力。

甲方：

____

签署日期：

乙方：

____

签署日期：

案例分析

【案情简介】2006年9月24日，在安徽国际会展中心举办的“现代人居环境展览会(以下简称人居展)暨2006汽车嘉年华"进入倒数第二天,此时距离由安徽省汽车行业协会主办的"第四届安徽国际汽车博览会"(以下简称汽博会)的开幕仅剩五天时间。"汽车嘉年华"的前称是2006中国安徽汽车展示交易会",与人居展同时、同地举办。之所以由"交易会"改名为"汽车嘉年华",源自行业协会与会展中心之间的一个排他性协议。

安徽汽博会组委会的一位工作人员告诉记者,由于受到"人居展暨2006汽车嘉年华"活动的影响,第四届安徽国际汽车博览会招商情况很不理想。很多参展商表示:已经参加了"汽车嘉年华",对于一个地区来说,如果再参加安徽国际汽车展就显得有些浪费。也有参展商表示:"安徽市场出现了什么问题?一个小小的安徽汽车市场怎么会在短短的半个月之内有两个汽车展?看来安徽的车展规模大不了,两个车展都不值得我们参加"。

安徽汽博会组委会工作人员十分无奈地说:"我们早在2005年12月份就与会展中心签订了合同,然后在2006年4月份又补签了排他性协议,提出了在汽博会的前后六个月之内,会展中心不得承担任何相同或类似的汽车展览。"显然,安徽国际会展中心(以下简称会展中心)没有履行自己的承诺。

早前,安徽汽车行业协会曾要求会展中心停止举办"中国安徽汽车展示交易会"。值得一提的是,在政府有关部门协调下,安徽国际会展中心也曾于2006年8月10日函复行业协会,"2006安徽汽车展示交易会"将不在会展中心举办。在这种形势下,安徽汽车行业商会将"2006中国安徽汽车展示交易会"更名为"汽车嘉年华",对外宣传为:"人居展"将点爆"汽车嘉年华"。就这样,"2006安徽汽车嘉年华"如期在会展中心举办了。

2007年2月6日,安徽汽车行业协会一纸诉状将安徽国际会展中心告上法庭。理由是:早在2006年4月份,安徽省汽车行业协会根据安徽汽车市场的特征,曾与安徽国际会展中心签订一个排他性的车展协议:在安徽汽博会举办的前后六个月之内,在会展中心不能举办汽车类的展览。

安徽汽车行业协会方面出示了大量现场照片作为佐证。原告表示,人居展上的"汽车嘉年华"从规模、面积以及性质均属于展览会。人居展现场参展的房地产厂家不超过20家,而汽车参展商则接近50家,几乎占据了整个场馆的2/3面积。此外,"人居展"现场背景板上的汽车嘉年华主办方和招商函中也不一样,仅剩下安徽省工商业联合会汽车行业商会,其他原定的几家主办单位均变成了支持单位。因此,安徽国际会展中心应按照此前双方签订的"排他性协议"赔偿损失。被告安徽国际会展中心方面辩称,2006年9月22日至25日在其处进行的是"试乘试驾"活动,并非汽车嘉年华,亦非汽车展览会,该活动仅是合肥佳德会展服务有限公司举办的"人居展"四项活动中的一项,与安徽汽车行业协会举办的汽博会在名称、所涉及的内容、面向的群体、活动规模、活动宗旨、举办时间等方面均不相同，并没有对行业协会举办的2006汽博会造成损害。

2007年9月，这起长达一年的纠纷终于有了答案。安徽省合肥高新技术产业开发区人民法院最终做出判决：汽车嘉年华与汽博会两个展览相比较，虽然两者名称不同，但二者均在会展中心设立了固定的汽车展位，参展的汽车涉及大众、丰田、奇瑞、长安等众多家用轿车品牌，家用汽车参展商数量、展位面积均占整个展会室内展区面积的70%以上，因此足以认定二者无论从展览规模、展览目的、展览内容、面向对象，均存在类似之处，属于类似的汽车展览，会展中心允许他人举办汽车嘉年华的行为已经构成违约。依据《中华人民共和国合同法》第一百零七条、第一百一十三条第一款、第一百一十四条第一款的规定判决如下：被告安徽国际会展中心有限公司于本判决生效之日起十天内赔偿原告安徽省汽车行业协会损失20万元。

对于呈现混乱局面的安徽汽车展览市场，政府部门曾做过协调，在安徽省政府办公厅下发的《安徽省人民政府办公厅关于协调做好有关汽车展览展销活动的通知》中，记者见到这样的文字："由省汽车行业协会和新安晚报共同主办的第四届中国安徽国际汽车博览会与省工商联主办的2006安徽汽车嘉年华活动，内容大致相同，几乎在同一时间、同一地点举办。为此，经省政府同意，请省商务厅会同省经贸委等部门，调查、研究有关情况，按照市场规则和会展业管理办法处理。

随后，合肥市政府会展办也对双方的矛盾做出回应："按照市场经济规律办展览，由市场主体做主。"但矛盾并未因此而消除。

"同类展会偏多，导致质量低下是整个行业存在的问题。就安徽汽车展的现实问题，政府已经进行了协调，但有关单位置之不理。我们只能借助法律手段来解决因违约造成的问题了。"安徽汽博会组委会的一位负责人在提到起诉的初衷时如是说。

研究所长刘宏伟表示这起案件的整个过程极具参考价值和普遍意义。它首先体现的是地方会展行业协会的协调能力。在国外，会展行业协会运作机制相对成熟，展览的举办都是由协会负责协调，这样可以有效地避免出现一些混乱的局面。另一方面，会展业的法制化进程还应进一步加速，具体法律条文应该再行细化，只有这样，才能尽可能地避免类似事件的重复发生。

资料来源：中国经营报 记者：肖凌

【法律评析】本案中，原、被告于2005年12月份签订了会展合同，然后又在2006年4月份又补签了排他性协议，即在汽博会的前后六个月之内，被告安徽国际会展中心不得承担任何相同类似的汽车展览。那么什么是排他性协议呢？

排他性协议是指协议各方不得与其他任何第三方就本合同涉及的领域或其他类似领域上合作。这种排他性协议实际上也是为防止不正当竞争行为由当事人签署的一种合同。根据民法通则及合同法的规定，协议是当事人意思表示一致的结果，只要不违反法律，即产生法律效力。本案的被告人在签订该排他性协议之后，在限制的时间和地点又与他人签订所谓的“2006 安徽汽车嘉年华”协议，显然违反了“排他性协议”约定的内容。同时由于原告的“第四届中国安徽国际汽车博览会”与被告的“2006 安徽汽车嘉年华活动”内容大致相同，几乎在同一时间、同一地点举办，如果由此给原告造成经济损失的，被告人应当承担违约的民事责任。

【启示】这个案件给我们的启示是：首先，合同一经签订，当事人就应当履行，不能随心所欲，因为一旦违约，将付出相应的代价，即承担法律责任；其次，同类展会偏多，导致质量低下是整个行业存在的问题。就安徽汽车展的现实问题，它首先体现的是地方会展行业协会的协调能力，与发达国家相比存在差距，同时也反映出一些商家急功近利，不顾市场经济规律，欠缺法制观念，出现不正当竞争行为，造成他人的合法权益受到侵害，从而给会展市场造成混乱的局面。因此，会展业的法制化进程还应进一步加速，具体法律条文应该再行细化，只有这样，才能尽量避免类似事件的重复发生。

复习思考题

1. 简述合同的概念及法律特征。

2. 如何理解合同当事人的民事权利能力和行为能力？

3. 合同订立程序是怎么样的？合同的形式有哪些？

4. 合同的解除方式有哪些？法定解除是怎么一回事？

5. 我国《合同法》对违约责任采取什么样的归责原则？违约责任的承担方式有哪些？

6. 简述会展合同的概念及其种类。

第四章

会展业知识产权保护法律制度

学习目的

会展是一个公众的、开放的场所，它既有利于公众对新产品、新技术的了解，同时也将权利人的产品和技术推向一种危险境地。本章阐述了在会展过程中有关知识产权的侵权行为以及对知识产权保护的相关法律问题。通过本章的学习，要明确知识产权的概念、特征、作用及意义；认识会展业知识产权侵权的种类；了解侵犯商标权、专利权、著作权的行为内容，掌握侵犯知识产权应该承担的法律后果；树立尊重、保护知识产权的良好意识。

主要内容

● 知识产权概述

知识产权的概念、特征和种类

会展业与知识产权的关系

会展业知识产权的保护

会展业的知识产权侵权行为主要表现

● 对会展业本身的知识产权保护

重复办展

冒名招展，克隆展会

对会展名称保护的重要性

● 商标权保护的法律制度

商标与商标权

商标权的内容

商标专用权的保护

会展期间的商标侵权行为

侵犯商标专用权的法律责任

- 专利权保护的法律制度

专利与专利权

专利权的内容

会展中的专利权保护

侵犯专利权的法律责任

- 著作权保护的法律制度

作品与著作权

著作权的内容

会展中著作权的保护

侵犯著作权的法律责任

- 展会对知识产权保护的具体措施

展会主办方的职责

参展方的职责

《中华人民共和国海关行政处罚实施条例》的保护

第一节　会展业知识产权保护法律制度概述

一、知识产权的概念和特征

知识产权也称为智力成果权，因为它与人的智力创造，脑力劳动有关，所以也是一种无形财产权。但并不是所有的智力创造、脑力劳动的成果都可以取得相应的权利，只有符合法律规定，并经法定程序认可的那些智力劳动的成果才可以最终获得知识产权。那么究竟什么是知识产权呢？有人认为知识产权是法律规定人们对于自己脑力劳动创造的精神财富所享有的权利；有人认为知识产权是个人或集体对其在科学、技术和文化等知识领域内创造的智力成果所享有的专有权。随着市场经济的发展和科学技术的进步，近几年有关知识产权的定义又有发展。如有人认为知识产权是人们对于自己的智力活动创造的成果和经营管理活动中的标记、信誉依法享有的权利。还有学者认为应从划定范围出发，来明确知识产权的概念，认为知识产权即发明、发现、作品、商标、商号、反不正当竞争等一切智力创作活动所产生的权利。本书作者认为：知识产权是指自然人或集体对其在科学、技术、文学艺术领域里创造的精神财富依法享有的专有权。

一般而言，知识产权有如下法律特征：第一，法律确认性。知识产权的取得不同于一般物权，一般物权的取得多数基于意思表示，由于知识产权是一种无形财产权，其保护相应的具有一定的难度，因此知识产权则必须经国家法律确认。知识产权的基础是智力成果，但是并非所有的智力成果都能够转化为知识产权，例如商标权的取得必须具备具有显著性，并不得有法律禁止的情形；专利权的取得应该具备新颖性、创造性和实用性，商标权和专利权的取得还须经法定程序才能获得；著作权虽然可以自动取得，但是仍然必须具有独创性，不允许抄袭等行为。第二，专有性。所谓专有性也即排他性，其表现为：只能由权利人独占享有，对同一客体不允许相同性质的知识产权并存。第三，地域性。在一国获得知识产权后，权利人要想在其他国家也获得法律保障，就必须在其他国家按照该国法律规定申请保护，否则遭遇侵权时将带来很多不必要的麻烦，这是因为知识产权没有域外效力。第四，时间性。知识产权仅在法律规定的期限内受保护，超过法定期限，这一权利即进入公有领域，成为整个社会的共同财富。

二、知识产权的种类

知识产权的分类有广义和狭义之分：狭义的知识产权，按照我国《民法通则》的分法，只有专利权、商标权和著作权三种。广义的知识产权，也被称为"国际法分类"，即按照国际公约规定进行分类的。

按照《建立世界知识产权组织公约》的规定，知识产权分为八大类：

(1)关于文学、艺术和科学作品的权利；

(2)关于表演艺术家的演出、录音和广播的权利；

(3)关于人们在一切领域中发明的权利；

(4)关于科学发现的权利；

(5)关于工业品外观设计的权利；

(6)关于商标、服务标志、厂商名称和标记权利；

(7)关于制止不正当竞争的权利；

(8)在工业、科学、文学和艺术领域里一切其他来自智力活动的权利。

按照《与贸易有关的知识产权协议》的规定，知识产权可分为8种。

1.版权

版权保护应延及表达，而不延及思想、工艺、操作方法或数学概念的类别。其中，表演者、录音制品制作者及广播组织享有邻接权的保护。

2.商标

任何能够将一企业的商品或服务与其他企业的商品或服务区分开的标记或标记组合，均应能够构成商标。这类标记，尤其是文字（包括人名）、字母、数字、图形要素、色彩的组合，以及上述内容的任何组合，均应能够作为商标获得注册。该条约认定商标应以"标记应系视觉可感知"作为注册条件。该"标记应系视觉可感知”包括了立体商标，但排斥了嗅觉识别的“气味商标”和听觉识别的“音响商标”。

3. 地理标志

地理标志，是指其标示出某商品来源于某成员地域内，或来源于该地域中的某地区或某地方，该商品的特定质量、信誉或其他特征，主要与该地理来源相关联。

4. 工业品外观设计

工业品外观设计是指独立创作的、具有新颖性或原创性的工业品外观设计。非新颖或非原创，即与已知设计或已知设计特征之组合相比，无明显区别的外观设计不受保护。

5. 专利

一切技术领域中的任何发明，无论产品发明或方法发明，只要其新颖、含创造性并可付诸工业应用即为专利，受保护。

6. 集成电路布图设计（拓扑图）

依照《集成电路知识产权条约》为集成电路布图设计（拓扑图）提供保护。

7. 未披露过的信息

按照《与贸易有关的知识产权（包括假冒商品贸易）协议（草案）》（以下简称“TRIPS”协议）第三十九条第二款规定，各成员国应该保护未披露过的信息。所谓“未披露过的信息”就是指商业秘密。“TRIPS”协议还规定，“未披露过的信息”要符合下列三个条件：第一，在一定意义上，其属于秘密，就是说，该信息作为整体或作为其中内容的确切组合，并非通常从事有关该信息工作领域的人们所普遍了解或容易获得的；第二，因其属于秘密而具有商业价值；第三，合法控制该信息之人，为保密已经根据有关情况采取了合理措施。

8. 协议许可证中对限制竞争行为的控制

与知识产权有关的某些妨碍竞争的许可证贸易活动或条件，可能对贸易具有消极影响，并可能阻碍技术的转让与传播。成员国可在与本协议的其他规定一致的前提下，采取适当措施防止或控制这类活动。这类活动包括诸如独占性条件、禁止对有关知识产权的有效性提出异议的条件或强迫性的一揽子许可证。

以上无论国内法还是国际公约，对知识产权的分类均说明：现代知识产权的内容和范围都在不断扩大化，从而也证实了知识就是生产力这一辩证观点的正确性。

三、知识产权的作用

20 世纪 80 年代以来，全球技术贸易蓬勃发展，知识产权贸易转让额大幅度上升，其增长速度远远高于有形商品贸易，而且在有形商品贸易中涉及专利、商标、商业秘密、著作权等的日益增加。据世界知识产权组织的统计资料，各国之间通过以专利技术为主的许可贸易方式成交的贸易额，1965 年为 20 亿美元，1975 年为 110 亿美元，1985 年为 500 亿美元，到 1995 年进一步增加到 2500 亿美元。技术贸易增长速度大大超过了同期一般商品贸易的增长速度。在一些国家的对外贸易中，专利等知识产权贸易所占的比例越来越高。以美国为例，20 世纪 50 年代，其出口商品对知识产权的依赖度仅为 10%，90 年代这一数字迅速上升到 50%，现在已经达到 65%。1999 年，美国对外贸易逆差为 2676 亿美元，但其知识产权贸易不仅有 250 亿美元的顺差，而且出口额还超过了飞机等传统出口产品，达到了 370 亿美元。因此，知识产权是知识经济的一个重要特征。当前，知识产权的重要性日益突出，并与货物贸易、服务贸易一起，构成世界贸易组织（WTO）的三大支柱。

由此可见，知识产权的巨大经济和社会作用是显而易见的，具体表现在：

1. 能够促使智力成果转化为生产力，产生巨大的经济利益和社会效益

知识产权能够使企业获得超额利润已是不争的事实，因此其已成为企业乃至国家竞争的焦点。IBM 公司一年的总利润是 81 亿美元，仅专利转让收入就有 17 亿美元。总部设在美国圣地亚哥的高通公司，在他的大门口的墙上镶嵌着他们所拥有的移动通讯 CDMA 的 1400 多项专利。高通公司凭借这些专利，已经从生产企业变成一个知识产权专卖店。现在知识产权壁垒对于占领市场和保护市场的作用不断地涌现出来，正成为非关税壁垒的主导形式之一。同时它也是解决国际经济关系的一个新的手段、一种武器。我们已经走进了一个靠知识产权来参与国际竞争的时代。

2. 能够调动人们从事科学技术研究和创作文学艺术作品的积极性和创造性

知识产权作为一种民事权利一旦被法律所认可，那么将受到法律的全面保护。改革开放以来，我国知识产权法律制度从制定到完善，路子走得很快，一方面是为了适应国际市场的需要，另一方面也是为了充分地保护和调动发明、创造者的积极性。不仅要保护他们人身利益和物质利益的安全，而且要制裁各种侵犯知识产权的行为，从而使发明人和创造者无后顾之忧地施展才华，创造出更加意想不到的产品和技术，造福于全社会、全人类。法律制度的完善、健全给知识产权完成人物质上、精神上提供了法律保障，理所当然地会激发人们创造智力成果的积极性。只有当知识产品被充分地开发出来以后，才能在国际市场的竞争中占领先地位。

3. 能够促进国际经济技术交流，造福全人类

知识产权法律制度有一重要特点，就是由国内法部分与国际条约部分共同

组成。现代社会,绝大多数国家都制定了自己的知识产权法律制度,但是我们又不得不承认,这些所谓的国内法又有许多是依据国际条约制定的,特别是那些希望加入 WTO 贸易组织的国家,更是将国内法的内容向国际条约靠拢,究其原因主要是国际经济一体化使然。无论是在商标、技术、版权还是其他领域,国际间的合作与竞争成为主流。同时我们还要看到,正是在这种合作与纷争中,许多的科学技术、文化艺术交流已融入到各个领域,与人们的生活、生产息息相关,受惠者众。

人类已经进入 21 世纪。在这个充满希望的新世纪,科学技术和文学艺术高速发展并将取得更加辉煌的成就。伴随着信息社会和知识经济的到来,知识产权的保护与经济、科技和文化发展之间的矛盾、发达国家与欠发达国家之间的矛盾日显突出,同时,知识产权制度在促进经济发展、科技进步和文化繁荣等方面也将发挥越来越重要的作用。

四、会展业与知识产权的关系

(一)相互促进,共同发展

会展业与知识产权有着密切的联系,展览过程中产生和涉及大量的精神产品,其中大部分是知识产权法的保护对象。在一个展览会中,可能涉及的精神产品包括展台设计、商标权、专利权、著作权、广告手册、宣传标语、图片、产品外观设计等等。在展览过程中还可能会使用到他人的一些产品,如产品说明书、现场演示用软件或背景音乐等。参加展览的产品一般都是最先进的成果,所以其中很大一部分具备专利性。

当某些产品被发明以后,发明人通常会想办法进行实施。实施专利包括展示自己的发明成果,寻找资助人,或推销自己已经生产出来的专利商品。这样就需要一些展示和推销的平台,而会展就提供了一个很好的平台。一方面,发明人将最先进的产品带过来,特别是高、精、尖端技术产品的展示与推广,对于推动社会发展和方便生产与生活起到了积极作用;另一方面由于参展商、参观者、媒体等的介入,使得发明人的成果迅速传播,吸引来若干投资人、购买人,形成销售、购买双赢局面。

在展会上,特别是知名的展会,会有许多拥有驰名商标的企业参展。一个好的展会,就像一个巨大的精神会餐;一个著名的商标就是那个精品的菜肴。所以任何展会的组办者都希望参展商是一些驰名商标的所有者,那些讲信誉、效益好的企业的参与,无形中会给展会主办方带来莫大声誉,而参展商也会从中获得更多的经济效益。

一个展会的成功举办,都与其独特的创意、展台的设计及宣传有着密切联系。好的创意与设计能收到良好的效果。它能够吸引人们的眼球、勾起人们参与的欲望,包括参展和购买的冲动,只有这样才能体现会展存在的意义。

任何会展的举办都离不开广告业的参与,没有广告业的介入,这个展会将是没有生气、没有色彩的。广告在宣传产品、推销产品与服务、强化人们对某些产品的记忆上功不可没。

以上种种,都有一共同点,即它们都属于精神产品的范畴,都是人们智力成果的表现形式,通过展会这个平台,权利人展示并宣传了自己的精神产品、智力成果,便于更大程度地推销自己的产品,从而获得更多的利益,同时展会也通过办展,扩大了自己的影响力,收到更多的参展费及其他相关费用,可见它们之间的关系是非常密切的,二者相辅相成,共同构建了一个崭新的经济运行模式,为国家及企业的发展作出应有的贡献。

(二)纠纷不断,保护为先

不可避免的事情是,知识产权纠纷几乎是国内外所有展会所面临的共同难题。在我国,由于知识产权保护工作起步较晚,各种与展会相关的侵权行为一直缺乏法律界定和处理规范,因此会展业成为知识产权纠纷的"多发地"和知识产权保护工作的重点环节。中国会展业知识产权纠纷可归纳为几种现象:挪用品牌,克隆展会;盗用名义,冒牌招展;践踏专利,展品侵权;盗版软件,肆意抄袭;移花接木,窃用图纸。这些侵权行为使得会展的展示平台受到一些质疑,也有些企业为保护自己的知识产权不被侵犯转而运用其他营销模式而放弃参展。

在我国,由于相关法律规定的缺失,使得骗展行为时有发生,行业诚信受到挑战。欺骗手段主要包括假国际展、假出国展、编造主办单位、虚假承诺、拼凑企业等。虽然商务部、国家知识产权局、国家商标局、国家版权局将在近期出台《中国展会知识产权保护管理办法》,但该办法只针对参展企业规范其行为,对展会本身知识产权的保护力度较弱。

此外,参展商本身侵犯知识产权问题也比较严重。例如 2005 年 11 月,英国格拉斯哥举行的欧洲最大的农用化学品交易会上,全球最大的化学品生产商巴斯夫公司(BASF)与另两家公司一起,指责中国公司在该交易会上涉嫌专利侵权,并称这些中国企业在为期三天的会议和交易会期间公开销售违反了英国专利权的产品。并向中国公司发出 37 项禁令,19 家中国公司被禁止在 11 月初举行的展会上展示自己的产品。这些事件均说明会展业的发展与知识产权的保护任重而道远。

中国会展业还处于市场化、产业化的初级阶段,整体经营、管理、技术水平还不高,经验不足,尤其是在制度和行业组织的建设上还有待进一步提升。面对加入 WTO 后的国际化挑战,中国的会展业还有很长的路要走。首先,我们要完善会展业知识产权保护的法律制度，充分考虑细节，不给侵权者留有钻空子的空间；其次，组展商要制定具体的展览现场知识产权保护措施，对侵权行为及时取证，并取消其参展资格；第三，对于持有技术产品的参展商而言，要加强其自我保护意识的宣传和提醒，做好知识产权的防范工作，不到万不得已，不要把关键技术透露出去，以免产生不必要的麻烦和纠纷。

改革开放后，特别是加入 WTO 以前，我国对知识产权保护的法律接连出台，例如《中华人民共和国商标法》(以下简称《商标法》)、《中华人民共和国专利法》(以下简称《专利法》)、《中华人民共和国著作权法》(以下简称《著作权法》)、《计算机软件保护条例》、《中华人民共和国反不正当竞争法》(以下简称《反不正当竞争法》)等法律的出台，构建了我国对知识产权保护的法律屏障，会展业知识产权的侵权行为也会得到具有建设性的解决。我们要认识到知识产权制度是现代科技、文化和经济活动中通行的游戏规则，也是企业竞争的利器，会展事业的发展和繁荣离不开综合的知识产权法律保护，会展企业应该从长计议，面向世界、根据自身特点、建立知识产权对策，以掌握竞争中的主动权。

五、会展业知识产权的保护

知识产权保护与知识产权的侵权行为历来是相对应的，有了侵权行为，才会设定法律的保护屏障。知识产权的侵权行为，是指行为人以剽窃、篡改、假冒等方式侵害自然人、法人或者其他组织的著作权(版权)、专利权、商标专用权、发现权、发明权和其他科技成果权的行为。

侵犯知识产权的行为，其对象是智力成果权，是创造者的思想表现形式，与知识产品的物化载体无关。与有形财产的侵权行为不同，对知识产品的非法"占有"，并不意味着权利人同时失去这种占有；对知识产品的非法"使用"，并不排斥权利人对自己智力创造成果的继续使用。这种行为之所以构成侵权，主要在于对知识财产所有人专有、专用权利的侵犯，是对知识产权绝对性和排他性的违反，主要表现形式为剽窃、篡改和仿冒。

在会展领域里，侵犯知识产权最司空见惯的行为就是：假冒他人名称进行骗展；直接使用或伪造、仿冒他人注册商标；将他人商标用于包装装潢、宣传广告上侵犯他人专用权；利用各种手段剽窃他人专利等等。

由于知识产权不同于其他财产权，因而对其法律保护也就具有了如下特征：

1. 空间的限制

由于知识产权的保护是被局限在某一地域，如权利人只有在提出申请并被批准的国家或地区，才享有被保护的权利。所以一般情况下，知识产权的侵权行为也有地域的限制，通常超出这个地域范围的行为就不一定是侵权行为。比如甲在A国申请了一个专利，A国就会依法保护其专利。如果甲在B国没有申请保护，即便有人仿造或者使用其“专利”产品均不构成侵权。当然，驰名商标的保护是一种例外。

2.时间的限制

知识产权不同于普通物权的一个重要区别就在于，普通物权是永久性的，而知识产权是有时间限制的，只有在有效期内的知识产权才受法律保护。在知识产权失效或保护期届满的情况下，该知识产权便进入公有领域，任何人都可以使用该知识产品。

3.侵害形式的特殊性

一般来说，知识产权的技术含量比较高，侵权行为人往往通过承载这些高技术含量的智力成果的物质载体对他人的精神产品进行剽窃、篡改和仿冒，以达到高回报的目的，因此其保护的难度比较大。

4.行为人主观上有过错

在实施侵权行为时，行为人通常没有取得权利人的同意，却擅自利用其知识产品；应该知道或明确知道是他人的知识产品，而擅自实施其独占权。

由于知识产权在科学技术、文化艺术等领域所潜在的巨大商机和利益，因此，对知识产权的侵权和保护一直以来就形成对立的两个阵营。可以说，对知识产权的侵权行为无处不在，涉及作品、商标、专利、商业秘密、反不正当竞争等领域，但同时，哪里有侵权，哪里就有法律保护的屏障。

六、会展业的知识产权侵权行为主要表现

根据我国的法律和《建立世界知识产权组织公约》、《与贸易有关的知识产权协议》的规定，知识产权保护的范围逐渐扩大，分别为：版权、商标权、地理标志、工业品外观设计、专利、集成电路布图设计、未披露过的信息、限制不正当竞争等。概括起来主要有几大类：商标权、专利权、著作权以及其他知识产权。

会展市场虽小，可它是整个大市场的缩影，不仅囊括了经济市场的要素，而且知识产权的行使、保护、侵权等形式也都尽在其中。因此，加强会展市场的知识产权保护，对于稳定会展业市场秩序、充分调动权利人发明、创造的积极性、促进会展业市场的稳步发展都有重要的现实意义。

会展业知识产权的侵权行为主要表现为：①对会展业本身的侵权行为；②会展业侵犯商标权行为；③会展业侵犯专利权行为；④会展业侵犯著作权行为等。以下几节将对这些表现形式作出详细的阐述。

第二节 对会展业本身的知识产权保护

会展活动的主要功能是介绍新产品和新技术，但是其终极目标则是向商品的开发者、生产者以及使用者提供一个信息平台，使得各方达成合意，促进科学技术转换，加速商品流通。这其中，会展业的经济效益也是很可观的。以北京为例，“十五”期间，随着会展业被列入北京市生产性服务业的重要组成部分，据测算，会展业直接收入年均将增长 20%～30%，2010 年将达到 151 亿～226 亿元，会展业将成为北京国民经济的增长型主导产业，其商业价值是会展业不可低估的。

随着中国经济持续快速健康发展，中国举办和参加的会展活动逐年增多，会展行业规模不断扩大。据官方统计，自 20 世纪 90 年代以来，中国会展业空前活跃，总体规模年均增长近 20%，在全球会展业中异军突起。目前，中国已经拥有一批具有国际水平的现代化会展场馆，形成了一些具有一定实力的会展集团公司，也培育了一批水平高、影响广的名牌展会。但是随之而来的问题也频频出现。由于会展业巨大商机的引诱，各种各样对会展业本身的侵权行为愈演愈烈，由此产生的纠纷也是接二连三，具体表现为下述 3 点。

一、重复办展

重复办展是指同一专题的展览项目出现不同层次，不同主办方，不同规模，不同地区多次重复展出的行为。重复办展危害性很大，有学者认为，重复办展不属于侵犯会展知识产权的行为，应当划归无序竞争的范畴。但本书作者认为，重复办展也构成知识产权的侵权行为。在重复办展的过程中，由于展出的内容差不多，不同的可能是主办方、办展的层次和地区，因而使得会展的名称，展出的展品，展出的形式都会出现很多的雷同。通常在雷同的展出中，会展举办者不可避免地沿用别人的模式、设计理念甚至名称，特别是著名会展的名称，这样后续办展者的行为，其本身就已构成对原始会展的侵权。因为这种行为极易导致参展商和消费者误以为是原始会展，特别是当重复的会展出现质量问题时，原始会展商在参展商和消费者心目中的信誉会大打折扣，给原始会展商带来的可能是声誉与物质的双重损失；同时，重复办展也易造成参展商疲于奔命，既增加了其经济负担，也达不到预期效果。

造成重复办展的原因有很多。一些组展单位、展览场馆受利益驱使，诚信缺失；有的投资者沉迷于“会展经济热”，投资不择手段；某些地区地方保护主义盛行，为了彰显政绩与形象，以打造新的经济增长点为诱因，相互攀比。另外，多头管理也是形成重复办展的一大原因。由于全国性展览协会迟迟未成立起来，我国还缺乏资质认证、评估系统和服务标准（含业界知识产权标准），缺少协调功能和自律机制，造成了门槛过低、无序竞争、资源分散。国家立法部门缺乏对展览行业有关知识产权保护的措施和相应的有效法规，也是重要原因之一。重复办展导致会展业出现的一些侵权行为让参展商处于无奈的境地。

二、冒名招展，克隆展会

作为一些展会项目特别是品牌展会项目的所有者，组展商最为关注的是展会项目如何不被仿冒和克隆。一般情况下，在开办会展时，组展方通常会不遗余力地将设计理念、展台搭建以及展会 LOGO 展现出来，借以提高自己的知名度，以便招商引资。而这些又恰恰让不法者找到迅速致富的途径，在毫不费力的情况下，通过假冒知名会展的名义就可轻易骗取参展商的信任来参加会展，骗取他们的参展费用。而组展方的辛苦努力则付诸东流，从法律和道德上讲均不符合公平、正义的理念。

目前，在我国展览行业中冒名招展、克隆展会的行为主要有 3 种。

1. 冒用主办者名义骗展

一些不法经营者冒天下之大不韪，利用人们对政府，对知名组展商的信任，冒用其名义进行招展，骗取钱财。如湖北省有人冒用襄樊市政府、园林局、人民广场的名义举办“襄樊首届精品年货博览会”，临近开展时，已收了展费的主办方“人去楼空”，使许多参展商上当受骗，造成极坏的社会影响，其行为已经构成欺诈。还有更多涉嫌虚假宣传的机构则动辄将展览冠以“国际”大名，并在宣传资料上擅自打上国际国内知名机构的名称“拉大旗作虎皮”，或者“搭便车”——假借已成熟的展览之名以类似的名称在同一时间举办相同类型的展览。

2. 冒用他人展会名称

主办者没有策划理念、没有办展特色，使用现成的展会名称，特别是冒用较有名气的展会名称进行招展。一些组展商经过多年努力拼搏，创造并经营了不少好品牌的会展，这些展会的名称已经深入人心，例如《中国进出口商品交易会》（广交会）、《中国国际城市风景园林建设展览会》、《GaLaBau 展览会》等都是众所周知的著名展会。不法行为人正是利用了人们对知名展会的信任心理，将他人已经成名的展会名称拿来直接使用，以欺骗的手段达到其敛财的目的。

3. 克隆他人会展的设计理念和展会 LOGO

除展会的名称以外，展会本身的知识产权还包括展会的设计理念，展台搭建设计，展览会的 LOGO 以及在现场以演示展会为目的的电脑软件。设计理念属于人的大脑活动，具有无形性及主观性的特点。通常设计人将自己的设计理念通过一定的物质载体，如展台搭建和展会LOGO来实现。展会作为一种特殊的公众场合，展台设计在符合新颖性、美观性、合法性三个要素后，一经使用便进入知识产权保护的领域，而一些参展商的展台布置是在别人设计的基础上略加修改，这实际上也构成了知识产权的侵权。

上述行为，一方面侵犯了组展部门的知识产权，比如名称权，商标专用权，以及其他知识产权，同时由于冒名招展者的目的是为了骗取参展商以及消费者的相关费用，因此也是一种诈骗行为，情节严重的即已触犯了刑律，可依照《中华人民共和国刑法》追究相关人员的刑事责任。

三、对会展名称保护的重要性

对会展名称的侵权也是会展知识产权侵权行为的一个重要表现。会展名称是用来表明该会展举办地、举办规格、举办范围的符号。会展名称对会展业的各个参加主体都具有非常重要的意义。由于会展经济的巨大利益，导致很多政府部门和企业趋之若鹜，行业的竞争是不可避免的。一些急功近利之人就利用了别人经营多年的著名的会展名称、会展的LOGO、会展内容进行运作，使很多该会展名称、LOGO的所有人蒙受不必要的损失，因此解决该问题的法律框架就必须建立起来，必须严格规范这个市场。

在法律还没有健全之前，同样有章可循，在会展名称的保护上，我国有很多企业作出了表率。例如，长虹、海尔等成功企业，就是将企业产品的商标与企业的名称合为一体，这样既利于宣传产品，也利于对企业名称的保护，一举两得。所不同的是，前者是以产品为主，保名称；而后者则以名称为主，保内容。

关于会展名称的保护问题，ICASA和ICEA（注：ICASA是国际信用评估与监督协会的简称；ICEA则是国际诚信企业协会的简称）在《ICE8000国际信用监督体系会展名称注册与保护规则》中有明确规定。该规则第五条规定："符合以下条件的会展名称，可以按第六条的程序向协会申请注册：（一）具有首创性或唯一性。该会展名称由申请人首次创造和使用，或者虽不是首次创造和使用但以前使用该会展名称的单位已经不存在或连续两年不使用该名称。具体条件是：百度、GOOGLE两大搜索引擎以该会展名称为关键字进行搜索时，在搜索结果的前50页（如果未超过50页，以实际页数为限）中符合以下情况之一：①没有同名且主办单位不同的展览会、博览会、论坛等会议。②有同名且主办单位不同的展览会、博览会、论坛等会议，但是申请人提供了相关主办单位同意申请人申请的书面证明或合同。③有同名且主办单位不同的展览会、博览会、论坛等会议，但是申请人提供了能够显而易见地证明申请名称的会展早于该同名会展的证据。（二）申请人应当为该会展的主办方，或者得到主办方的权利转让许可；会展主办方在一家以上的，应当得到全部主办方的权利转让许可。(三)该会展名称不违反国际公认法律原则及公共道德。(四)该会展名称不与协会已注册或备案的其他知识产权重复。(五)申请人保证该会展名称在申请注册时未侵犯其他单位或个人的知识产权。(六)申请人承诺遵守本规则。”

同时该规则还在第十条和第十一条规定了“诚信是基本的商业道德之一，未经会展名称证书所有人的许可而故意使用或故意变相使用已注册的会展名称，属于违反诚信商业道德的行为……”、“任何单位或个人未经会展名称证书所有人的同意，不得故意使用或故意变相使用该名称，否则，协会将根据证书所有人的申请，采取以下措施：……对失信事实进行调查，然后将调查到的客观事实以协会名义发布声明或道德谴责公告；……然后依据调查的客观事实对失信人进行永久曝光或联合曝光；……协助证书所有人追究侵权人的法律责任。”

由此可见，形成品牌的展会和已经成形的展会都应当算做拥有展会创意的知识产权而受到保护，仅有对展会会标的注册是不够的，还应对展会的名称进行保护。例如，中国电子国际展览广告有限责任公司成立至今已成功地举办了十数届国际广告新媒体新技术新设备新材料展示交易会，期间，他们用了很长时间进行国内、国际市场调研，并与多个国家相关部门和企业进行沟通，为此花费了大量时间、人力、物力来做前期市场调研。但是当他们到国家商标局进行展会注册时，只获得了徽标注册，而要求注册展会的名称却得不到保护，从而出现了与该会展名称相同的展会就多达十几个。这是我国知识产权立法的空白。

品牌与展会有很大关系，对于具有品牌的展会根本用不着注册，应该参照“驰名商标”的保护原则，只要办出了特色，办出了声誉，就会受到法律的保护，法律保护的是品牌后面的商誉、形象。这些商誉、形象是辛辛苦苦经营得来的，不允许其他展会经营者通过剽窃、假冒等不正当手段挪用，搭车。当展会经营者或参展商遇到侵权行为打官司时，要学会运用策略原则，交替使用知识产权法和反不正当竞争法。会展业是一个开放的、正与世界接轨的行业，为使行业建立起有序的竞争秩序，参展商和展会经营者必须拿起法律武器。对不法侵权的行为人，受害企业应该不畏艰难繁琐，充分利用各种有效渠道维权，这样才能对侵权行为起到震慑作用。

第三节　商标权保护的法律制度

一、商标与商标权

商标，是指生产经营者或者服务提供者在其商品或服务项目上使用的，用以区别其他生产经营者的商品或者其他服务提供者的服务的可视性标志。作为一种无形财产，商标同发明创造、作品、商业秘密、厂商名称以及植物新品种等其他无形财产一样，都是人类智力活动的成果，除了具备无形财产的一般特征外，商标还有其自身的固有特征：第一，依附性。商标是商品或者服务的标志，它必须依附于相应的商品(包括商品本体、商品包装、商品宣传材料等)或者服务(包括服务场所、服务设施、服务人员的着装及服务的宣传材料等)而存在。第二，区别性。商标是区别商品或者服务来源的标志，它必须具有区别不同生产经营者或者不同服务提供者的类似或者相同的商品或者服务的功能。任何一个生产经营者或者服务提供者，要想使自己生产经营或服务的利益最大化，必须设法使消费者在众多同类或者相同的商品或者服务中能够分辨并熟悉自己的商品或者服务，要想达此目标，最有效的办法，就是为自己的商品或者服务设计出区别于他人同类或相同的商品或服务的标志。第三，可视性。商标是由一定的人的视力可以触及的要素所构成的。目前《中华人民共和国商标法》(以下简称《商标法》)规定的内容还未涉及可闻、可听商标的范畴。我国《商标法》规定：文字、图形、字母、数字、三维标志和颜色组合，以及上述要素的组合为商标的构成要素。这些要素有一个共同的属性，即都能为人的视力所触及，都属于可视性标志。

商标的主要功能在于区分不同的商品生产者或经营者所生产或经营的同一或者类似商品之间的制造差别，便于消费者区分商品的生产厂家和经营单位。商标经申请注册后，所有权人也享有排他的专用权，其他人未经许可不得使用。但值得注意的是，这种专用权受到一定限制，即只限于相同或类似的产品。换言之，不同行业或产业的生产商或销售商可在某种范围内分享某一商标。例如，“长城牌葡萄酒”和“长城牌润滑油”即可同时存在，而互不构成侵权。但在酒类或润滑油行业中，不得再有其他厂家使用“长城”品牌。如果再有白酒生产厂家未经授权使用“长城”商标，即构成侵权。

商标权，又称商标专用权，是指商标所有人在法律规定的有效期限内，对其经商标主管机关核准注册的商标所享有的独占地、排他地使用和处分的权利。

商标权除具有知识产权共有的特征外，还同时具备：第一，商标权的客体是识别商品服务项目的一种标记，而不是智力成果。虽然商标图案的设计、选择算得上是一种智力活动，设计精美的商标图案也确实称得上具有创造性的作品，但商标法所要保护的不是具有创造性的作品而是具有识别作用的商品的标记。所以商标权的客体是作为商品标记的商标。第二，商标权的禁止权范围大于专用权范围。商标权包括使用权和禁止权两个方面内容。使用权是指商标注册人拥有的在其核定使用的商品或服务上对其注册商标行使标记、使用、许可、转让、续展的权利。禁止权是指商标注册人享有禁止他人未经其许可，在相同或类似商品或服务上使用与其注册商标相同或近似的标志以及其他法律规定的侵害其商标权的行为的权利。可见,禁止权的效力范围与使用权并不对等,要远大于使用权的范围。当然禁止权不得滥用,这也是我国知识产权法的一个基本原则。第三,商标权是一种相对永久权,虽然商标权的法定时间性是有限的,即注册商标只在规定的期限内有效,超过规定期限,又未办理续展手续的,商标权自行消灭。但是我国的知识产权法规中,只有商标权是可以续展的,如果商标权人愿意永久使用,只要其不间断地续展,就可以使之成为相对永久权。

二、商标权的内容

(一)专用权

专用权是指商标权主体对其注册商标依法享有的自己在指定商品或服务项目上独占使用的权利。注册商标的专用权,以核准注册的商标和核定使用的商品为限。商标权人的独占使用权并不是绝对的,而是有一定条件的,包括:①商标权人只能在商标注册国范围内享有独占使用权,即具有地域的限制。②商标权只在商标注册时所核定使用的商品范围内有独占使用权。如果他人将该注册商标使用在其他不同类别的商品上,则商标权人不具有独占使用权。

(二)许可权

许可权是指商标权人可以通过签订商标使用许可合同许可他人使用其注册商标的权利。许可使用权不同于商标转让权,它只是注册商标使用权的转移,而不是注册商标所有权的转移。注册商标的许可使用有一般许可和独占许可之分。一般许可是指许可人在同一地域范围内和同一类别的商品上允许两个以上的被许可人使用其注册商标,而且许可人也可以在该地域范围内使用该注册商标;独占许可是指许可人在规定的地域范围内和指定的商品上只允许一个被许可人独家使用,且许可人也不得在该地域范围内使用该注册商标。根据《商标法》第四十条的规定,注册商标的许可使用应当由许可人和被许可人签订使用许可合同。许可人应当监督被许可人使用其注册商标的商品质量;被许可人应当保证使用该注册商标的商品质量;经许可使用他人注册商标的,必须在使用该注册商标的商品上标明被许可人的名称和商品产地。商标使用许可合同应当报商标局备案。

商标使用许可合同未在商标局备案的,不得对抗善意第三人。商标的使用许可的类型主要有独占使用许可、排他使用许可、普通使用许可等。

(三)转让权

商标转让权,是指商标权人依法享有的将其注册商标依法定程序和条件,转让给他人的权利。商标权人可以根据自己的意愿,按照一定的法定程序将自己的注册商标有偿或无偿地转让给他人,由他人享有商标专用权。商标权的转让有多种形式,如全部转让与部分转让、合同转让与继承转让、有偿转让与无偿转让等。转让注册商标的,转让人和受让人应当签订转让协议,并共同向商标局提出申请。商标注册人对其在同一种或者类似商品上注册的相同或者近似的商标,应当一并转让;未一并转让的,由商标局通知其限期改正;期满不改正的,视为放弃转让该注册商标的申请,商标局应当书面通知申请人。转让注册商标经核准后,予以公告,受让人自公告之日起享有商标专用权。受让人应当保证使用该注册商标的商品质量。注册商标的转让不影响转让前已经生效的商标使用许可合同的效力,但商标使用许可合同另有约定的除外。

(四)续展权

续展权是指商标权人在其注册商标有效期届满时,依法享有申请续展注册,从而延长其注册商标保护期的权利。注册商标的有效期为10年,自核准注册之日起计算。注册商标有效期满,需要继续使用的,应当在期满前6个月内申请续展注册;在此期间未能提出申请的,可以给予6个月的宽展期。每次续展注册的有效期为10年,自该商标上一届有效期满次日起计算。宽展期满仍未提出申请的,注销其注册商标。

(五)标示权

商标注册人使用注册商标,有权标明"注册商标"字样或者注册标记。在商品上不便标明的,可以在商品包装或者说明书以及其他附着物上标明。

(六)禁止权

商标禁止权是指商标权人依法享有的禁止他人不经过自己的许可而使用注册商标和与之相近似的商标的权利。根据《商标法》第五十二条的规定,注册商标权人有权禁止他人未经许可在同一种商品或者类似商品上使用与其注册商标相同或者近似的商标,商标禁止权的范围比商标专用权的范围广。事实上,禁止权是独占使用权的一种延伸。禁止权主要包括两个方面内容:一是商标权人有权禁止他人以相同或近似的商标在同种或类似商品上使用;二是商标权人对于侵犯其商标权的行为,如擅自制造、销售和使用其注册商标等,可以依法请求法律保护。

三、商标专用权的保护

根据我国《商标法》的规定,我国法律保护的主要是注册商标。在现实生活中,违法行为人通常侵犯商标权人的注册商标专用权,一般不侵犯、也很难侵犯商标权人的注册商标所有权或持有权、续展权、转让权、许可权、标记权、请求权。我国《商标法》第五十一条规定:"注册商标的专用权,以核准注册的商标和核定使用的商品为限。”“TRIPS 协议”第十六条第 1 款规定：“注册商标所有人应享有专有权，防止任何第三方未经许可而在贸易活动中使用与注册商标相同或近似的标记去标示相同或类似的商品或服务，以造成混淆的可能。如果确将相同标记用于相同商品或服务，即应推定已有混淆之虞。上述权利不得损害任何已有的在先权，也不得影响成员依使用而确认权利效力的可能。”可见对商标专用权的保护意义非常重大。

《商标法》规定的侵犯注册商标专用权的行为主要有：

(一)未经商标注册人的许可，在同一种商品或者类似商品上使用与其注册商标相同或者近似的商标的行为

行为人只要未经商标权人的许可，在同一种商品或者类似商品上使用与其注册商标相同或者近似的商标，就构成侵犯他人注册商标专用权的行为。这种未经商标权人许可而使用他人注册商标的行为是侵犯注册商标专用权行为的主要表现形式。

现实中，要注意区分商标相同与商标近似的认定问题。商标相同是指被控侵权的商标与商标权人的注册商标相比，二者在视觉上基本无差别。商标近似是指被控侵权的商标与商标权人的注册商标相比，其文字的字形、读音、含义或者图形的构图及颜色，或者其各要素组合后的整体结构相似，或者其立体形状、颜色组合近似，易使相关公众对商品的来源产生误认或者认为其来源与商标权人的商品有特定的联系。

(二)销售侵犯注册商标专用权的商品的行为

销售侵犯注册商标专用权商品的行为，是一种独立于生产侵权商品之外的的侵犯注册商标专用权行为，它不包括生产者的销售行为。在民事责任的适用上采用“过错推定”原则，即首先推定所有销售侵犯注册商标专用权商品的行为都构成违法，都应该承担法律责任，此时不考虑当事人主观是否有过错。但是为了体现公平，《商标法》第五十六条第三款规定了销售侵犯注册商标专用权商品的销售者赔偿责任的免责条件，即“销售不知道是侵犯注册商标专用权的商品，能证明该商品是自己合法取得的并说明提供者的，不承担赔偿责任。”

(三)伪造、擅自制造他人注册商标标识或者销售伪造、擅自制造的/标识的行为

伪造他人注册商标标识是指未经商标权人许可，摹仿其注册商标的标识并进行印制的行为。擅自制造他人注册商标标识是指未经商标权人同意而印制其注册商标标识的行为。不论行为人的主观心理状态如何，只要其实施了伪造、擅自制造他人注册商标标识的行为，或者实施销售伪造、擅自制造注册商标标识的行为，就构成侵犯注册商标专用权。

(四)未经商标注册人同意,更换其注册商标并将该更换商标的商品又投入市场的行为

这种行为又称之为反向假冒行为、撤换商标行为。所谓反向假冒是指经营者合法取得他人拥有注册商标的商品后,未经商标注册权人同意,擅自更换其注册商标并将该更换商标后的商品又投入市场的行为。构成这种侵权行为必须具备两个要件:一是行为人未经商标所有人同意而擅自更换商标;二是撤换商标的商品又投入市场进行销售。在商标反向假冒行为中,擅自除去他人的注册商标,在该商品上粘贴自己的商标销售,不仅违反对注册商标专用权保护的法律规定,也影响商标的本质功能,使原商品的注册商标难以有效发挥其识别作用,引起商品流通秩序的混乱。同时,商标反向假冒行为人擅自更换他人的注册商标,妨碍了原商品生产者扩大其商标知名度和提高产品市场占有的份额,这亦违背公平竞争、诚实信用的商业道德与法律原则。

在现实生活中,有些自然人、法人或者其他组织为了牟取不正当利益,不经商标权人同意,擅自去掉商标权人的商标,换上自己的或者他人的商标,然后将更换商标的商品投放市场。我国《商标法》针对这一情况,在借鉴国外立法和司法经验的基础上,明文规定了上述行为属于侵犯注册商标专用权的行为。

(五)给他人的注册商标专用权造成其他损害的行为

根据《中华人民共和国商标法实施条例》第五十条和《最高人民法院关于审理商标民事纠纷案件适用法律若干问题的解释》第一条的规定,有下列行为的构成给他人的注册商标专用权造成其他损害的行为:

(1)在同一种或者类似商品上,将与他人注册商标相同或者近似的标志作为商品名称或者商品装潢使用,误导公众的行为。我国《商标法》第五十二条第(1)项的规定不包括将与他人注册商标相同或者近似的标志在同一种或者类似商品上作为商品名称或者商品装潢使用。但是,如果行为人将与他人注册商标相同或者近似的标志在同一种或者类似商品上作为商品名称或者商品装潢使用,可能会误导公众,造成相关公众对该商品的误认,给他人的注册商标专用权造成损害。因此,在同一种或者类似商品上,将与他人注册商标相同或者近似的标志作为商品名称或者商品装潢使用,误导公众的,属于《商标法》第五十二条第(5)项规定的给他人注册商标专用权造成其他损害的行为。

(2)故意为侵犯他人注册商标专用权行为提供仓储、运输、邮寄、隐匿等便利条件的行为。这种侵权行为属于民法中的帮助侵权,即国际上通称的"共同侵权"。这种侵权行为以主观故意为构成要件,即明知行为人实施的是侵犯他人注册商标专用权行为,而仍然为其提供上述便利条件。

(3)将与他人注册商标相同或者近似的文字作为企业的字号在相同或者类

似商品上突出使用，容易使相关公众产生误认的行为。我国《商标法》第五十二条第(1)项的规定不包括将与他人注册商标相同或者近似的文字作为企业的字号在相同或者类似商品上突出使用。但是，如果行为人将与他人注册商标相同或者近似的文字作为企业的字号在相同或者类似商品上突出使用，可能会使相关公众误认为该企业与该商标权人之间存在特定的联系，从而产生对两者商品的误认，给他人的注册商标专用权造成损害。因此，将与他人注册商标相同或者近似的文字作为企业的字号在相同或者类似商品上突出使用，容易使相关公众产生误认的，属于《商标法》第五十二条第(5)项规定的给他人注册商标专用权造成其他损害的行为。

(4)复制、摹仿、翻译他人在中国注册的驰名商标或者其主要部分在不相同或者不相类似商品上作为商标使用，误导公众，致使该驰名商标所有人或者持有人的利益可能受到损害的行为。

(5)将与他人注册商标相同或者近似的文字注册为域名，并且通过该域名进行相关商品交易的电子商务，容易使相关公众产生误认的行为。如果行为人将与他人注册商标相同或者近似的文字注册为域名，并且通过该域名进行相关商品交易的电子商务，可能会使相关公众误认为该域名注册人与该商标权人之间存在特定的联系，从而产生对两者商品的误认，给他人的注册商标专用权造成损害的，法律规定该行为也属于给他人注册商标专用权造成其他损害的行为。

四、会展期间的商标侵权行为

会展期间知识产权侵权行为主要分两大类：一类是对会展徽标的侵权；一类是对会展展品商标的侵权。

(一)会展徽标侵权行为

会展徽标，即会展 LOGO，它是一种标志性权利，是组展人依法对该会展标志所享有的专有使用权。包括组展人对其拥有的会展徽标的排他使用权、收益权、处分权，和禁止他人侵害的权利。

但是有时会展徽标能否完全得到法律的保护，目前也存在一些问题，比如一些较为著名的展会名称只有一小部分是现行法律框架可以保护的，而多数都处于无保护状态。目前这类问题存在许多法律保护上的盲点，需要专门的立法保护。

例如，2005 年天津举办的“国际手机产业展览会——国际制造业(手机)配套采购洽谈会”，取得巨大成功，被评为该年度“中国(行业)最具影响力的品牌展会”。但是该展览的成功也引起了一些国内同行的“高度关注”，纷纷推出在定位和内容上与天津展十分雷同的大小展会，更有甚者如上海某展览组织单位先是为其推出的手机配套展览设计了与天津展相仿的徽标，后又未经权利人许可擅自在网站上传输了2005年天津手机展的会场图片，其目的是混淆视听，利用天津手机展在移动通信制造产业中的优势，借助“国际制造业(手机)配套采购洽谈会”已经形成的展会品牌，利用众多手机产业链中厂商对天津展的信任宣传自行承办的类似展览，进行不正当竞争。

目前，我国还没有专门的立法授予博览会等会展专用名称和LOGO的保护的规定，从现有的法律规定上看，商标法和著作权法对会展徽标的保护规定均不适用。国务院虽在《特殊标志管理条例》中有关于特殊标志的规定，可以到工商行政管理部门备案，获得行政保护。但一般博览会、展览会的标志许多均不具备特殊标志的特征，因而无法受该条例保护；即使符合特殊标志的部分，所得到的也仅仅是单纯的行政保护，相比国家立法保护而言其保护力度远远不足。因此在我国建立一套完整的会展法规体系，特别是对展会徽标商标权作出切实可行的保护规定显然是势在必行的。

(二)参展品中的商标侵权

参展商在展出的展品中出现的商标侵权主要有以下4种形式。

1.使用侵权

使用侵权是侵犯商标权的一类最主要的形式，一些不法参展商在其生产或者销售的商品上使用侵权的商标行为主要有：在相同商品上使用相同的商标；在相同商品上使用相似的商标；在类似商品上使用相同的商标；在类似商品上使用近似的商标。其具体表现又分为三种不同的形式：一是将商标权人的商标仍作商标使用；二是将商标权人的商标用作商品名称；三是将商标权人的商标用于商品装潢。

使用侵权的构成，从主观上说，并不要求使用者主观上存在过错，即法律并不问使用者是否知道或者应当知道商标权人的权利状况，也不问其行为的实施是故意还是过失；从客观上说，使用侵权的判断至少要考虑两种因素，即商品因素与标志因素。考虑商品因素主要是确定被指控的商品与商标权人获得商标权的商品是否相同或者相类似。如果两种商品属于商品分类表中的同一类商品，或者属于类似商品，如外部特征、功能相近等，都构成使用侵权。

目前在会展期间，参展商直接使用他人的注册商标行为还不常见，但是使用一些相似、近似商标的行为却屡见不鲜，甚至有人将他人的注册商标用“模糊概念”装扮自己的产品，混淆视听，用以欺骗其他参展商和消费者。1995年对外贸易经济合作部、国家工商行政管理局关于印发《关于对外贸易中商标管理的规定》的通知第十条规定：“对外贸易经营者在从事进出口活动中，对他人指定或者提供使用的商标，应当要求对方出具真实有效的商标专用权证明文件或者被许可使用该商标且未超出许可范围的证明文件，并予以核查。该商标不得与已在我国相同或者类似的商品上注册的商标相同或者近似，其商品的包装、装潢也不得与他人已在我国使用的包装、装潢相同或者近似”。

2.销售侵权

销售侵权是指因经销载有侵权标志或设计的商品而引发的侵权行为。前面已经介绍了一种独立于生产侵权商品之外的的侵犯注册商标专用权行为。这种侵权行为的特点是销售者在认知水平上，表现为两种心理状态：一种是明知故犯、刻意追求，属主观上的故意。知道必然或者可能发生侵权后果而仍旧实施，其主观对侵权后果所抱追求、希望或者放任的态度，知道该商品假冒他人注册商标，仍决意销售。其动机和目的大多表现为牟取暴力，也有的是为了损害他人商品信誉等；第二种是应当知道，但却疏忽放任，即对自己行为的后果应当或者能够预见，但由于疏忽而没有预见，或者虽然预见到了，但轻信可以避免，属主观上的过失。销售者的放任态度，表现出他对注册商标专用权以及保护商标专用权相关法律的漠视，所以是我国《商标法》第五十二条所禁止的行为。

参展商在明知其所经销的商品侵犯他人注册商标专用权的情形一般有三种：一是被指控侵权的商标或者设计是由该销售者自己加载于商品之上的。此种情形多见于销售者委托他人制造或者加工商品，然后以自己的名义销售。二是被指控的商品销售者与其所销售的商品的生产者或制造者之间有着经常性的业务联系或者有其他法律联系，被指控的商标或者设计是在该销售者明确知道的情况下，或者是根据销售者的指示或委托，由商品的生产者或制造者加载于商品之上的。三是有关商品的销售者虽与该商品的生产者或制造者之间没有法律联系，但由于其他因素的存在，该销售者已明确知道其所经销的商品本身侵犯了他人的注册商标专用权。例如，第7届北京国际印刷技术展览会期间，工商部门设在展览会的现场投诉站接到了世界印刷工业的两大巨头——海德堡印刷机械股份公司(HeidelbergerDruckmaschinenAG)和曼罗兰公司(ManrolandAG)的投诉，称展会的一些参展商未经许可，销售标有海德堡和曼罗兰商标的印刷产品零件。此外，部分参展商还在海报、标牌上使用他们两家的商标标识和文字。接到举报后，工商执法人员对展会上的参展商进行了检查，共发现20余家参展商涉嫌侵权。最终，执法人员现场查获了涉嫌假冒的零件130余件，其他17家参展商未经许可使用他人商标标识的行为也被叫停。

以上可知，侵犯他人注册商标专用权的情形是指，从销售者本身所处的地理环境、人文环境及其所具备的文化水平、判断能力和信息收集能力等多方面考查，只要商品本身侵权的事实并非处于十分秘密的状态，销售者稍加谨慎即可发现，但由于其疏忽大意或缺乏责任心而没有发现。参展商在展会可能由于其疏忽大意，或缺乏责任心而导致经销载有侵权商标标志或设计的商品的结果。

3. 针对商标标识的侵权

根据我国《商标法》的规定，在针对商标标识所实施的行为中，可被视为侵犯商标权的行为包括：伪造他人注册商标标识的行为；未经许可而擅自制造他人注册商标标识的行为；销售前两种商标标识的行为。所谓伪造注册商标标识，是指未经注册商标所有人的许可，在未曾取得原商标设计图样，更未得到原商标印制模版或者其他印制版的情况下，根据其所掌握的商标图样，私自仿制模版并印刷商标标识的行为。例如，被告人李某某先后三次从浙江省苍南县携带70万套（张）伪造的“鸿雁”激光防伪商标标识到浙江省余姚市低塘镇进行销售。她以每套（张）0.025元至0.028元的价格，将其中30万套（张）销售给低塘镇的楼××；其余40万套（张）通过泗门镇新宝塑料模具公司的劳××和低塘镇的褚××销售，共计得款18000余元。1995年3月27日，李某某又携带20万套（张）伪造的“鸿雁”激光防伪商标标识到达低塘镇，在劳××等人帮助销售时，因案发而被查扣。由于本案被告人李某某销售伪造的“鸿雁”激光防伪标识，属于销售伪造的注册商标标识的行为，侵犯了杭州鸿雁电器公司的商标专用权，而且违法所得数额较大。已经构成侵犯注册商标标识罪，应该受到法律的制裁。后经人民法院审理，判决认定被告人李某某犯销售伪造的注册商标标识罪，判处有期徒刑一年六个月。

所谓擅自制造商标标识，是指在已经取得原商标设计图样甚至印制模版的情况下，未经注册商标所有人的许可，更未受该商标所有人的委托，私自印制其商标标识的行为。一般情况下，擅自制造他人注册商标标识的行为只能是由商标所有人曾委托其制造过商标标识的人所实施的，因为只有曾经合法地制造过商标标识的人，才有可能合法地拥有原商标设计图样和原商标印制模版。很显然，任何商标所有人在委托他人制造商标标识时，都必然地会约定一个特定的制造数量。受委托人只能按照这个约定的数量来制造商标标识。超过此约定数量而制造的任何商标标识都应属于“擅自制造”的商标标识。

4. 辅助侵权

所谓辅助侵权，是指故意为他人侵犯商标专用权的行为提供资助或帮助而构成的商标侵权行为。仅从行为人本身的行为上看，其可能不构成商标侵权行为，但由于此种行为的最终目的在于促成或者帮助侵犯商标权者侵犯他人的注册商标专用权，因而，法律亦应制止并制裁这种辅助侵权行为。

我国《商标法实施条例》第五十条第二项规定，故意为侵犯他人注册商标专用权行为提供仓储、运输、邮寄、隐匿等便利条件的，均属于商标侵权行为。除了这几种行为外，凡为某一侵犯他人注册商标专用权者提供任何其他资助与帮助的，也被视为辅助侵权行为，如为侵权者提供资金、设备、场所、技术等。

确认辅助侵权行为的构成是比较困难的，与销售侵权具有相似之处的是，即使直接侵权者的侵权后果很严重，而辅助侵权行为本身却又不具备明显的违法性。因此，与对销售侵权设定的条件一样，辅助侵权的成立也必须以辅助行为人的主观过错为前提，即该行为人必须是知道或者应当知道接受其资助或帮助者的最终目的在于侵犯他人的注册商标专用权，但仍然实施了此种资助或帮助的行为。

五、侵犯商标专用权的法律责任

(一)行政责任

侵犯注册商标专用权行为的行政责任包括：责令立即停止侵权行为，没收、销毁侵权商品和专门用于制造侵权商品、伪造注册商标标识的工具，并可以处以罚款。对侵犯注册商标专用权的行为，罚款数额为非法经营额 3 倍以下；非法经营额无法计算的，罚款数额为 10 万元以下。

(二)民事责任

根据我国《商标法》的规定，商标权人在其商标权被侵害后，可以向县级以上工商行政管理部门要求处理。有关工商行政管理部门有权责令侵权人立即停止侵权行为，赔偿被侵权人的损失；侵犯注册商标专用权，未构成犯罪的，工商行政管理部门可以处以罚款。当事人对行政处理不服的，可以在收到通知 15 日内，向人民法院起诉；对侵犯注册商标专用权的，被侵权人也可以直接向人民法院起诉。

侵害商标权的民事责任形式主要有以下三种：

(1)停止侵害，即对正在实施的或将要实施的侵权行为责令停止。停止侵害的措施主要包括：责令立即停止销售；收缴并销毁侵权商标标识；消除现存商品上的侵权商标；收缴直接专门用于商标侵权的模具、印板和其他作案工具；侵权商标与商品难以分离的，责令并监督销毁侵权物品。

(2)消除影响。这种方式主要适用于因侵权行为而损害了被侵权人长期努力经营而取得的良好名声。一般说来，在什么范围内造成不良影响，就应责令侵权人在该范围之内予以消除。

(3)赔偿损失。对赔偿数额的确定，《商标法》第五十六条规定，侵犯注册商标专用权的赔偿数额，为侵权人在侵权期间因侵权所获得的利益，或者被侵权人在被侵权期间因被侵权所受到的损失，包括被侵权人为制止侵权行为所支付的合理开支。侵权人因侵权所得利益，或者被侵权人因被侵权所受损失难以确定的，由人民法院根据侵权行为的情节判决给予 50 万元以下的赔偿。

(三)刑事责任

根据我国《刑法》规定,侵犯注册商标权构成犯罪的刑事责任有:

(1)未经商标权人许可,在同一种商品上使用与其注册商标相同的商标,情节严重的,处3年以下有期徒刑或者拘役,并处或者单处罚金;情节特别严重的,处3年以上7年以下有期徒刑,并处罚金。

(2)销售明知是假冒注册商标的商品,销售金额数额较大的,处3年以下有期徒刑或者拘役,并处或者单处罚金;销售金额数额巨大的,处3年以上7年以下有期徒刑,并处罚金。

(3)伪造、擅自制造他人注册商标标识或者销售伪造、擅自制造的注册商标标识,情节严重的,处3年以下有期徒刑、拘役或者管制,并处或者单处罚金;情节特别严重的,处3年以上7年以下有期徒刑,并处罚金。

(4)单位构成上述犯罪的,对单位判处罚金,并对其直接负责的主管人员和其他直接责任人员,依照各相应条款的规定处罚。

第四节 专利权保护的法律制度

一、专利与专利权

"专利"一词是从英文"patent"翻译而来。而patent则源于"letters patent",即可以打开的文件。在中世纪的英国,国王对臣民授予爵位、任命官职和给予某种特权时,常用"letters patent"。该文件上加盖国王印玺,可以任意打开阅读,虽然名为文件,实际上是一种特权证书。1307～1377年英王爱德华在位期间,为发展工业,废除不许外国人在英国经营工业的禁令,鼓励欧洲大陆的科技人员到英国定居,并对有发明创造的技术员授予特权。其方式是把盖有国王大印的特权证书授予发明人,持有该证书的人享有垄断经营权,这种证书也称"letters patent",后来发展为"patent"(意思是专利、专利权、专利证书)。

"专利"的准确含义,是指经过国务院专利行政部门依照专利法进行审查,认为符合专利条件的发明创造。

现代意义上的"专利"通常有多种含义:一是指专利权,即法律授予发明创造人对其发明创造享有的专有使用的权利,此为法律上的基本含义;二是指专利技术,如我国专利法保护的发明创造本身;三是指专利文献,这种文献记载了发明创造的内容,包括专利说明书及摘要、权利要求书、外观设计的图形或照片等,并且这些文献应该是公开的,便于查阅的。上述内容说明了专利的两个基本特点:公开性和垄断性。公开性是指发明人作为对法律授予独占使用权的回报,将自己的技术公之于众。技术公开是发明人向社会换取专利权的条件,也是专利权人对社会应尽的义务,如果专利不公开,公众是无法知道有此独占技术的。所谓垄断性,是指法律授予发明人在一定时期内享有独占使用的权利。专利权垄断的合法性使其在行政机关确权范围内行使专利权,即便能够形成垄断性的市场优势,也不能因此被认定为限制竞争而受到调整,专利制度设计的竞争目标是刺激全球技术进步。鼓励科技创新就是鼓励新技术申请专利和开发新的技术产品。也正因此,专利权才成为市场竞争法调整的不正当竞争行为的"例外"。

我国专利法规定了三种专利:发明、实用新型、外观设计。

专利权是专利法的核心内容,它是指法律赋予专利权人对某项发明创造在法定期限内享有的专有权。

专利权属于知识产权的一种,与有形财产相比,有以下法律特征:

1.专有性

专有性也称独占性,它具有两层含义,一是指任何单位和个人未经专利权人许可不得进行以生产、经营为目的的制造、使用、许诺销售、销售、进口其专利产品,或者使用其专利方法以及使用、许诺销售、销售、进口依照该专利方法获得的产品;另一是指同一内容的发明创造,国家只授予一项专利权。

2.地域性

所谓地域性,就是对专利权的空间限制。它是指一个国家或一个地区所授予和保护的专利权仅在该国或地区的范围内有效,对其他国家和地区不发生法律效力,其专利权是不被确认与保护的。如果专利权人希望在其他国家享有专利权,那么,必须依照其他国家的法律另行提出专利申请。除非加入国际条约及双边协定另有规定之外,任何国家都不承认其他国家或者国际性知识产权机构所授予的专利权。

3.时间性

所谓专利权的时间性,即指专利权具有一定的时间限制,也就是法律规定的保护期限。各国的专利法对于专利权的有效保护期均有各自的规定,而且计算保护期限的起始时间也各不相同。我国《专利法》第四十二条规定:"发明专利权的期限为20年,实用新型和外观设计专利权的期限为10年,均自申请日起计算。"

4.法律授予性

一项发明创造只有经过国务院专利行政部门审批,才能获得专利权。

二、专利权的内容

根据我国《专利法》规定,专利权人享有的主要权利有:

（一）独占权

独占权也称垄断权或专有权，是指专利权人对自己取得的专利享有的独自占有和实施其专利技术的专有性权利。专利权人首先对所取得的专利有独自控制占有的权利；其次对专利技术享有独自实施的权利。专利权人的独占实施权具体包括以下四个方面：一是制造专利产品，即专利权人为生产经营目的生产专利说明书所描述的发明、实用新型或外观设计产品；二是使用专利产品，即专利权人为生产经营目的应用发明、实用新型或外观设计产品；三是销售专利产品，即专利权人为生产经营目的将专利说明书中所描述的发明或实用新型产品投放市场；四是使用专利方法，即专利权人为生产经营目的具体应用专利说明书中所描述的方法发明。专利的价值是通过实施来实现的，只有实施专利才可以给专利权人带来相应的经济利益。因此专利权人必须凭借这种垄断性权利获得独占性的利益。

（二）禁止权

禁止权是指专利权人具有禁止他人未经许可而实施其专利的权利。我国《专利法》第十一条规定，发明和实用新型专利权被授予后，除法律另有规定的以外，任何单位或者个人未经专利权人许可，都不得实施其专利，即不得为生产经营目的制造、使用、许诺销售、销售、进口其专利产品，或者使用其专利方法以及使用、许诺销售、销售、进口依照该专利方法直接获得的产品。外观设计专利权被授予后，任何单位或者个人未经专利权人许可，都不得实施其专利，即不得为生产经营目的制造、销售、进口其外观设计专利产品。

（三）许可权

许可权是指专利权人许可他人实施其专利的权利。我国《专利法》第十二条规定，任何单位或者个人实施他人专利的，应当与专利权人订立书面实施许可合同，向专利权人支付专利使用费。被许可人无权允许合同规定以外的任何单位或者个人实施该专利。专利权的实施权归专利权人享有，是否允许他人实施也应当尊重专利权人的意愿由专利权人决定，因此实施他人的专利应当与专利权人订立书面合同。这样从形式和内容上都有利于避免争议纠纷或者有利于纠纷的解决。依照专利实施许可合同，被许可人取得专利实施权，有权按照合同的规定实施专利技术；作为代价，被许可人要向专利权人支付专利实施许可使用费。同时由于被许可人并不享有完整的专利权，因此无权允许合同规定以外的任何单位或者个人实施该专利。

许可权的内容具体包括：第一，独占实施许可。是指在一定时间和地域范围内，专利权人只许可一个被许可人实施其专利，专利权人也不得实施该专利；第二，排他实施许可。是指在一定时间和地域范围内，专利权人只许可一个被许可人实施其专利，但专利权人有权实施该专利；第三，普通实施许可。是指在一定时间和地域范围内，专利权人可以许可多个被许可人实施其专利，专利权人自己也可实施该专利。

（四）转让权

转让权是指专利权人将自己所有或者持有的专利权转让给他人的权利。转让权是专利权人处分专利权的最为重要的方式。专利权具有商品性质，可以依法转让。因此，专利权人有权将其专利权通过买卖、赠与等方式转让给其他单位或个人。专利权的转让不影响专利技术存在的状态，仅仅是权利归属发生了变化。不同于普通财产转让的是，由于专利权取得的特殊性和某些专利技术的重要性，因此专利权转让时，当事人应当订立书面的转让合同，并应当经过国务院专利行政部门登记后予以公告，转让自登记之日起生效。中国企业向外国人转让专利权的，必须经国务院有关主管部门批准。

（五）标记权

标记权是指专利权人有权在其专利产品或该产品的包装上标明专利标记和专利号的权利。专利标记是指在专利产品或者其包装上标明该产品为专利产品的字样或者符号。专利号是专利权人申请专利时由国务院专利行政部门授予的专利权的编号。专利权人在其专利产品或该产品的包装上标明专利标记和专利号，目的在于表明该产品是受法律保护的专利产品，以防止他人侵犯其专利权。

三、会展中的专利权保护

会展中可能会涉及的知识产权纠纷，大多在专利、商标与著作权几个方面，它们的共同特点是专有性，无论专利或商标，经法定程序获得后，即受法律保护，所有权人享有排他的权利。未经权利人许可，任何人不得为生产经营目的擅自使用、生产、销售或进出口专利产品和具有相同商标的产品，否则即构成侵权，从而受到法律的惩处。

相比较而言，专利权具有更强的独占性，实行专利制度的目的是为了促进经济和科学技术的发展，国家以授予发明人专有权利为条件而换取其对社会公开技术细节。作为回报，国家授予专利权人一种独占的权利，即只有权利人自己才能实施或许可他人实施该项专利。因此，除专利权人以外的任何人要实施专利技术，必须事先取得专利权人的同意，在法律上称为专利许可。这种许可一般通过专利权人与被许可人签订书面专利许可协议来完成，其主要内容是被许可人向专利权人支付费用而有偿获得该专利的使用权。

会展期间的专利侵权行为主要表现在以下几个方面：

(一)剽窃与商业间谍

所谓专利剽窃行为，是指抄袭或窃取他人专利技术的行为。即未经许可将他人在展会上的的专利产品本身、外观等，抄袭后用于自己的产品或者直接利用专利的公开性特征进行剽窃的行为。它的特点表现为：一是公开抄袭，将他人的专利技术直接拿来使用，只是在产品的名称上改名换姓而已。例如，外观设计专利的侵权。二是窃取他人的专利技术仿造专利产品或者类似专利产品用于商业目的。

专利剽窃行为与商业间谍行为比较接近。所不同的是，剽窃既有公开形式，也有秘密形式，而商业间谍完全是采用秘密手段窃取别人专利技术的。商业间谍一直是世界各国进行商战的一种手段，商海中任何一项被保密的信息都不仅仅具有保密的意义，而往往是一笔笔金灿灿的财富。在窃取他人商业秘密的同时也给他人以经济的、政治的重创。商业间谍都与商业秘密息息相关，有了商业秘密才会有商业间谍。商业秘密是指不为公众所知悉，能为权利人带来经济利益，具有实用性并经权利人采取保密措施的经营信息和技术信息。商业秘密具有秘密性、实用性和保密性的基本特征。商业秘密权是商业秘密的合法控制人采取保密措施，依法对自己的技术信息和经营信息所享有的专门利用的权利。

古今中外，国际上许多著名品牌从诞生起，便与"秘密"结下了不解之缘，独特原料、工艺诀窍、技术要领、配方秘密等贯穿于名牌的始终，名牌的秘密一旦泄露，便意味着其将毁于一旦。所以，风靡全球的可口可乐的配方，像稀世真金一样被存放在亚特兰大一家银行的保险柜中，就不足为怪了。"名牌"与"商业间谍"形影不离：西班牙人列戈靠骑士的"风度"，窃得墨西哥朱古力的配方和生产工艺，在欧洲引发了一场旷日持久的"巧克力争夺战"；日本作坊主忍痛断腿换回丹麦精良的啤酒酿造术；"通用"状告"大众"，新车型间谍战打得热火朝天；法国人借参观之机，煞费苦心地竟用手指抠美式 F－117 隐形飞机机身上的保密涂料……在中国，名牌产品泄密也怵目惊心：景泰蓝千年制造的绝技在日本人的录像机下暴露无遗；"金星"、"英雄"不锈钢套的抛光技术被美国派克席卷而去；一些国外的"商业间谍"以旅游探亲、招商引资的名义窃取制作蚕流行病疫苗的密法；激光雕刻技术被带走了；青蒿素抗癌药的成果及青蒿籽被带走了……此类事件，不胜枚举！

因此，世界各国相继制定了各种打击商业间谍行为的法律。美国对商业秘密的保护较为完善。由于 1996 年通过了《反经济间谍法》，联邦调查局正越来越多地参与并帮助公司抵御来自情报领域的攻击。

日本也正在研讨一项新法律，对盗窃企业内部机密的行为进行刑事处罚。日本现有的《不正当竞争防止法》对保护商业密秘还没有规定，对于一个盗窃装有公司机密资料软盘的小偷，法律只能根据被盗的价值不过100日元的实物来定罪，而不管资料的内容多么重要。据报道，正在研讨中的《商业密秘保护法》将规定：凡是跳槽者，若被发现曾经通过电脑传送公司机密资料，或在跳槽后使用机密资料者都将被定罪。日本现有法律对盗用其他公司商标的处罚是坐牢3年和罚款300万日元。

我国也在不断加强对窃密侵害的惩治力度，近年来，我国商业秘密有关法律法规相继出台后，企业也逐渐认识到了泄密的严重性，纷纷拿起法律武器来捍卫自己的权益。对侵犯他人商业秘密的行为，被侵害人可以向侵害人所在地或侵害行为发生地县级以上工商行政管理机关申请行政保护。现行《刑法》规定，对侵犯商业秘密的犯罪行为除进行经济处罚外，对造成特别严重后果的还可判处3年以上7年以下有期徒刑。

会展期间，专利侵权的事件时有发生。通常在展会上所展出的产品或者技术都是具有该时段的先进性代表产物，发明人一般也处于两难境地，一方面要借用会展的平台展示自己的先进技术，宣传自己超凡的产品，拓展自己的广大市场；另一方面又清醒认识到展会上暗藏杀机，有多少双眼睛在盯着这些产品，有多少人在觊觎自己的技术而提心吊胆、小心翼翼地保护着这些产品或技术。在展会上出现的各种侵犯专利权的行为已经使得不少参展商要么望展兴叹，要么干脆有新产品、新技术也不会拿到展会上展出。当然也有不少人假借参展、参观为名，实施剽窃、盗窃之实，这些行为不仅扰乱了会展的经济秩序，更重要的是对企业、甚至国家形象造成负面的影响。

(二)直接侵权行为

直接侵权行为是指行为人直接针对专利产品或者专利方法而造成的侵犯专利权的行为，如行为人制造专利产品、实施专利方法等。按照我国《专利法》第十一条和《中华人民共和国专利法实施细则》(以下简称《专利法实施细则》)第八十四条的规定，下列行为属于直接侵权行为：

(1)实施他人专利行为。这类专利侵权行为必须满足两个条件：①未经权利人许可；②以生产经营为目的。根据我国《专利法》第十一条的规定，具有以下三种具体形式：第一，制造、使用、许诺销售、销售或进口他人发明专利产品或实用新型专利产品；第二，使用他人发明专利方法以及使用、许诺销售、销售或进口依照该方法直接获得的产品；第三，制造、销售或进口他人外观设计专利产品。

(2)假冒他人专利行为。此类专利侵权是指侵害专利权人的标记权，根据《专利法实施细则》第八十四条规定，有以下五种形式：第一，在未被授予专利权的产品或其包装上标注专利标识，专利权被宣告无效后或者终止后继续在产品或者其包装上标注专利标识，或者未经许可在产品或者产品包装上标注他人的专利号；第二，销售第一项所述产品；第三，在产品说明书等材料中将未被授予专利权的技术或者设计称为专利技术或者专利设计，将专利申请称为专利，或者未经许可使用他人的专利号，使公众将所涉及的技术或者设计误认为是专利技术或者专利设计；第四，伪造或者变造专利证书、专利文件或者专利申请文件；第五，其他使公众混淆，将未被授予专利权的技术或者设计误认为是专利技术或者专利设计的行为。

(3)拷贝他人参展项目(包括展品、展板及相关宣传资料等)。会展本身就是展示新产品、新技术、新工艺乃至新理念的场所。在一些展会上，出现拷贝他人参展项目的行为主要有：展品被模仿，例如我国福建某生产开关、插座类产品的参展企业将某国外企业生产的同类产品摆上了自己的展台，作为样品，结果被对方发现，并将侵权的现场拍了照而向展览组委会投诉，最后该样品被扣押，展台被组委撤走；展位设计被模仿；在展览设计招标过程中，以前期投标不中为理由，把别人的设计图纸略微修改，据为己有并加以实施，或者请展会设计公司先设计图纸，然后自己略加修改并制作，全然不顾设计人的感受和权利；宣传资料被克隆：有些展会或者参展商直接将他人的广告宣传资料克隆用于自己的产品从而达到宣传自己，混淆视听的目的。

(三)间接侵权行为

间接侵权行为也称连带侵权、帮助侵权。间接侵权行为并不直接针对他人的专利产品或者专利方法，而是通过制造专利产品或专门用于实施专利方法所需要的与发明创造的实施具有重要关系的产品或者设备，或者诱导、怂恿、唆使他人实施专利侵权行为。各国立法均将其规定为侵权行为。常见的间接侵权行为主要有：销售专利产品的零部件、专门用于实施专利产品的模具或用于实施专利方法的机器设备；行为人未经权利人授权而进行分许可或者委托他人实施专利。间接侵权行为有以下两层含义：第一，明知或应知他人无权实施专利技术，而向其提供或者许诺提供有关实施专利的关键部件或产品的行为。间接侵权行为人本身的行为并不构成侵权，但引诱、帮助、怂恿或教唆他人侵犯专利权。例如一项发明专利是由几个关键部件构成，行为人只生产、销售其中一个或几个部件，而不是全部的部件。根据侵权判断原则，如果不实现专利权权利要求保护范围的全部技术构成，即只要缺少一个必要技术特征就不构成侵权，则行为人的行为就无法予以制止，也就不能有效地保护专利权。第二，行为人并没有从事任何侵权行为，但由于特定社会关系的存在，必须依法对他人的侵权行为承担一定责任，委托人对受托人因履行委托合同而实施的侵权行为等。

间接侵权行为有以下四个特征：①行为人主观上存在故意，即行为人主观上有引诱、帮助、怂恿或教唆他人侵犯专利权的故意；②客观上为直接侵权的发生提供了必要的条件如为侵权提供出售或进口用于制造被侵权专利产品的原料和零部件的行为等；③有直接侵权行为的发生，并且间接侵权与直接侵权之间存在着因果关系。间接侵权一般应以直接侵权的发生为前提条件，没有直接侵权行为的发生，就不存在间接侵权；④在法律后果上间接侵权人获得了不法利益。

中国处于市场经济起步阶段，相关知识产权保护体系还不完备。在国内，中国产品剽窃同行技术的事件屡见不鲜，拥有相关专利技术的国内外企业对此颇表无奈。更不幸的是，中国企业在国外参展及观展时，被主办方堂而皇之地以“涉嫌侵权”名义拒之门外的事件时有发生。种种迹象表明目前我国的市场经济正处于发展阶段，各种法律规范还不完善，更重要的是人们诚信、道德观念尚达不到发达市场经济的水平，即在经济利益的驱使下，还无法自觉地抗拒诱惑。就会展业市场而言，市场经济环境下现存的弊端在这里也有着充分的表现，这也不足为奇，重要的是我们要如何去了解这个市场，认识知识产权在任何时候都需要被保护的重要性，只有这样才能在世界经济竞争的大舞台上立于不败之地。

四、侵犯专利权的法律责任

（一）行政责任

根据我国《专利法》第五十八条和第五十九条的规定，假冒他人专利的，除依法承担民事责任外，由管理专利工作的部门责令改正并予以公告，没收违法所得，可以并处违法所得3倍以下的罚款，没有违法所得的，可以处五万元以下的罚款；以非专利产品冒充专利产品、以非专利方法冒充专利方法的，由管理专利工作的部门责令改正并予以公告，可以处五万元以下的罚款。

（二）民事责任

侵犯他人专利权应当承担民事责任的方式有：

1.停止侵权

停止侵权是指侵权人应当立即停止擅自制造、使用、许诺销售、销售、进口专利产品或者使用专利方法以及使用、许诺销售、销售、进口依该专利方法直接获得的产品的专利侵权行为。采取这种处理方式的目的在于防止侵权人继续进行侵权活动，避免给权利人或者利害关系人造成更多的损失。

2.赔偿损失

专利权是一种无形财产，当这种财产受到侵犯，并给权利人造成经济上的损失时，专利权人或者利害关系人有权依法要求侵权人赔偿经济损失。

赔偿损失的计算方法：

(1)以专利权人因侵权行为受到的实际经济损失，作为损失赔偿额；

(2)以侵权人因侵权行为获得的全部利润额作为损失赔偿额；

(3)参照专利许可使用费数额的倍数合理确定损失赔偿额(法律规定该倍数为1～3倍,由法官根据具体案情确定);

(4)如果没有专利许可使用费或者专利许可使用费明显不合理的,人民法院可以根据专利权的类别、侵权人侵权的性质和情节等因素,一般在人民币5000元以上30万元以下确定赔偿数额,最多不得超过人民币50万元。

3.消除影响

消除影响主要是责令侵权人通过新闻媒介,如在报纸、杂志上发表声明,或者在广播、电视中发表讲话、声明,承认其侵权行为,并作出不再侵权的保证。

(三)刑事责任

我国《刑法》第二百一十六条规定:“假冒他人专利,情节严重的,处三年以下有期徒刑或者拘役,并处或者单处罚金。”这样,假冒他人专利犯罪的重要构成要件是“情节严重”。任何认定“情节严重”,最高人民检察院、公安部2001年4月在《关于经济犯罪案件追诉标准的规定》里将假冒专利罪的追诉标准确定为:①违法所得数额在10万元以上;②给专利权人造成直接经济损失数额在50万元以上的;③虽未达到上述数额标准,但因假冒他人专利,受到行政处罚两次以上,又假冒他人专利的;④造成恶劣影响的。

第五节　著作权保护的法律制度

一、作品与著作权

作品是著作权法保护的对象,是著作权赖以产生和存在的基础,因此作品在著作权法中处于非常重要的地位。我国《著作权法》第三条规定:“本法所称的作品,包括以下列形式创作的文学、艺术和自然科学、社会科学、工程技术等作品:(一)文字作品;(二)口述作品;(三)音乐、戏剧、曲艺、舞蹈作品;(四)美术、摄影作品;(五)电影、电视、录像作品;(六)工程设计、产品设计图纸及其说明;(七)地图、示意图等图形作品;(八)计算机软件;(九)法律、行政法规规定的其他作品。”作品有以下几个特征:(1)作品是通过某种载体,表达作者思想情感,如作者的思想、风格、手法、技巧等的智力成果。(2)作品必须具有独创性。独创性又称原创性,是指作品必须由作者通过独立构思和创作而产生。世界知识产权组织也曾经对此作出解释:独创性是指作品为作者自己的创作,完全不是或基本不是从另一作品抄袭而来的。只要作品是作者独立完成的,即可视为独创性,至于其价值、用途和社会评论则无关紧要。(3)作品还应当具有可复制性。可复制性是指作品可以通过一定的物质载体所固定并可以被复制多份。这种复制并不改变作品的内容，经手工、机械、电子等方式对作品进行再现，如通过录音、录像、印制、复印等方式进行重复性利用。大陆法系的国家著作权法一般不要求必须有固化的外形，只要有客观的表现形式，能被感知和复制即可。因此，不能被复制的智力成果原则上不是著作权法意义上的作品。

著作权是指基于作者创作的文学、艺术和科学作品依法所产生的权利。著作权的概念在理论上有广义和狭义之分。狭义的著作权是指各类作品的作者依法对其作品享有的权利。其内容包括著作人身权和财产权两个方面。广义的著作权除狭义的著作权外，还包括作品传播者依法享有的权利，也即著作邻接权或与著作权有关的权利。邻接权主要指表演者权、录音录像制作者权、广播电视组织权，在我国还包括图书、报纸期刊出版者权。另外，作为著作权的主体，除了创作作品的作者（自然人）外，还可以是作者以外的其他公民、法人或其他组织。

二、著作权的内容

根据《伯尔尼公约》和我国《著作权法》规定，著作权的内容主要有著作人身权和著作财产权两大类。

（一）著作人身权

著作人身权是指作者对其作品享有的各种与人身相联系而没有直接财产内容的权利。具体包括 4 方面内容。

1. 发表权

发表权是作者依法决定作品是否公之于众和以何种方式公之于众的权利。它是著作权中的首要权利，也是产生其他权利的基础。

2. 署名权

作者有权在自己的作品上署名，以表明其身份，它是确认创作人具体身份的重要法律依据。我国《著作权法》第十一条第四款规定，如无相反证明，在作品上署名的公民、法人或者其他组织为作者。

我国《著作权法》对一些作品的著作权归属作了特别规定，如著作权由法人或非法人单位享有的职务作品，其署名权仍归作者享有。

作者的署名权具有永久性，其保护期不受限制；同时，署名权不得转让、继承，作者生前对署名权专有，死后署名权亦不得转让或继承。

需要指出的是，当作者的作品署名发表后，其他任何人以出版、广播、表演、翻译、改编等形式进行传播和使用时，必须注明原作品作者的名字。

3. 修改权

修改权是指作者修改或者授权他人修改其作品的权利。修改权包括作者有权自己修改作品和授权他人修改作品。一般说来，修改权为作者享有，他人只有经作者授权时，才能修改作者的作品，未经授权而擅自修改作品，即构成对作者修改权的侵犯。

4.保护作品完整权

保护作品完整权是指作者有保护作品不被歪曲、篡改的权利。保护作品完整权是修改权的延伸或一种体现，但它在内容上比修改权更进了一步。这项权利不仅禁止他人对作品进行修改或进行修改时歪曲、篡改作品，而且禁止他人在再创作和再现作品的活动时对作品做歪曲性的改变。如改编、注释、翻译、制片、表演等方式使用作者的作品时，须尊重作者原意。

保护作品完整权的保护期不受限制。作者死后，保护作品完整权由作者的继承人或者受遗赠人行使；无人继承又无人受遗赠的，则由著作权行政管理部门保护。

（二）著作财产权

1.使用权

使用权是指以复制、发行、出租、展览、放映、广播、网络传播、摄制、改编、翻译、汇编等方式使用作品的权利。具体包括以下内容：

（1）复制权，即以印刷、复印、拓印、录音、录像、翻录、翻拍等方式将作品制作一份或者多份的权利。这是著作财产权中最基本、最重要的权利。

（2）发行权，即以出售或者赠与方式向公众提供作品的原件或者复制件的权利。

（3）出租权，即有偿许可他人临时使用电影作品和以类似摄制电影的方法创作的作品、计算机软件的权利。计算机软件不是出租的主要标的的除外。

（4）展览权，即公开陈列美术作品、摄影作品的原件或者复制件的权利。

（5）表演权，即公开表演作品，以及用各种手段公开传播作品的表演的权利。公开表演作品被称为现场表演或直接表演；用各种手段公开播送作品的表演被称为机械表演或间接表演，如酒店、咖啡馆等经营性单位未经许可播放背景音乐就可能侵犯音乐作品的机械表演权。

（6）放映权，即通过放映机、幻灯机等技术设备公开再现美术、摄影、电影和以类似摄制电影的方法创作的作品等的权利。

（7）广播权，即以无线方式公开广播或者传播作品，以有线传播或者转播的方式向公众传播广播作品，以及通过扩音器或者其他传送符号、声音、图像的类似工具向公众传播广播作品的权利。

（8）信息网络传播权，即以有线或者无线方式向公众提供作品，使公众可以在其个人选定的时间和地点获得作品的权利。

（9）摄制权，即以摄制电影或者类似摄制电影的方法将作品固定在载体上的权利。

(10)改编权,即改编作品,创作出具有独创性的新作品的权利。

(11)翻译权,即将作品从一种语言文字转换成另一种语言文字的权利。

(12)汇编权,即将作品或作品的片段通过选择或者编排,汇集成新作品的权利。

(13)应当由著作权人享有的使用作品的其他权利。

2.许可使用权

许可使用权是指著作权人依法享有的许可他人使用作品并获得报酬的权利。使用他人作品,应当同著作权人订立许可使用合同,但属于法定使用许可情形的除外。法定许可包括:①作品在刊登后,除著作权人声明不得转载、摘编的以外,其他报刊可以转载或作为文摘、资料刊登,但应当向作者支付报酬。报社、期刊社可以对作品作文字性的修改、删节,但对文章内容的修改,则应征得作者的同意;②录音制作者使用他人已经合法录制为录音制品的音乐作品制造录音制品,可以不经著作权人许可,但应当按规定支付报酬,著作权人声明不得使用的除外;③广播电台、电视台使用他人已经发表的作品或已经出版的录音制品,可以不经著作权人许可,但应支付报酬;④为实施国家九年义务教育或国家教育规划而编写出版教科书,除作者声明不许使用的外,可以不经著作权人许可,在教科书中汇编已经发表的作品片断或短小的文字作品、音乐作品或美术、摄影作品。但应当按规定支付报酬,并指明作者姓名、作品名称,并不得侵犯著作权人享有的其他权利。

3.转让权

转让权是指著作权人将著作权中的全部或部分财产权有偿或无偿地移交给他人所有的法律行为。转让的标的不能是著作人身权,只能是著作财产权中的使用权,可以转让使用权中的一项或多项或全部权利。转让作品使用权的,应当订立书面合同。但是,美术等作品原件所有权的转移,不视为作品著作权的转移,但美术作品原件的展览权由原件所有人享有。

4.获得报酬权

获得报酬权是指著作权人依法享有的因作品的使用或转让而获得报酬的权利。获得报酬权通常是从使用权、使用许可权或转让权中派生出来的财产权,是使用权、使用许可权或转让权必然包含的内容。但获得报酬权有时又具有独立存在的价值,并非完全属于使用权、使用许可权或转让权的附属权利。如在法定许可使用的情况下,他人使用作品可以不经著作权人同意,但必须按规定支付报酬。此时著作权人享有的获得报酬权就是独立存在的,与使用权、使用许可权或转让权没有直接联系。

三、会展中著作权的保护

著作权的保护，也就是如何有效地制止侵犯著作权的行为以及追究其侵权责任。我国《著作权法》第一条规定了立法的宗旨，为保护文学、艺术和科学作品作者的著作权，以及与著作权有关的权益，鼓励有益于社会主义精神文明、物质文明建设的作品的创作和传播，促进社会主义文化和科学事业的发展与繁荣。因此，明确著作权的保护，首先需要了解著作权侵权行为的内容。

(一)侵犯著作权的表现形式

所谓侵犯著作权(包括邻接权)的行为，是指未经作者或其他著作权人同意，又无法律上的根据，擅自利用著作权作品或以其他非法手段行使著作权人专有权利的行为。关于著作权侵权行为的具体表现，依照我国《著作权法》第四十六条、第四十七条的规定，侵犯著作权的行为有以下几种：

(1)未经著作权人许可，发表其作品的行为。

(2)未经合作作者许可，将与他人合作创作的作品当作自己单独创作的作品发表的行为。

(3)没有参加创作，为谋取个人名利，在他人作品上署名的行为。

(4)歪曲、篡改他人作品的行为。

(5)未经著作权人许可，以表演、播放、展览、发行、摄制、电影、电视、录像或者改编、翻译、编辑等方式使用作品的行为。

(6)使用他人作品，未按规定支付报酬的行为。

(7)剽窃、抄袭他人作品的行为。

(8)未经著作权人许可，以营利为目的的复制发行其作品的行为。

(9)制作、出售假冒他人署名的美术作品的行为。

(10)未经表演者许可，现场直播其表演的行为。

(11)未经表演者许可，对其表演制作录音、录像出版的行为。

(12)出版他人享有专有出版权的图书的行为。

(13)未经录音录像制作者许可，复制发行其制作的录音录像制品的行为。

(14)未经广播电台、电视台许可，转播、复制发行其制作的广播、电视节目的行为。

(15)其他侵犯著作权以及与著作权有关权利的行为。

关于侵犯著作权的问题目前学术界众说纷纭。在侵权的构成要件上有“四要件说”，也有“三要件说”；在其归责原则上有“无过错责任说”，“过错责任说”等等。本书作者认为，对于侵犯著作权的归责原则应该采用“过错推定”原则，理由是：由于著作权有自动取得的特殊性，即不论作品发表与否，只要作者将其创作出来就受著作权法的保护，因此在创作作品的过程中，有可能出现多个作者思路与创作手法一致的现象，如果一概按“无过错责任”原则对待有失公允。因此，只要作者能够证明自己没有过错的，就应该免除责任。至于构成要件问题，本书作者认为，适用四要件说是比较恰当的，即：行为的违法性；损害事实的现实性；侵权行为与损害事实具有因果关系；侵权行为人具有主观过错。

会展期间的著作权侵权行为集中表现在复制他人作品的侵权行为上。复制会展及对展品的拷贝都是典型的。在我国举办的展览会上，已存在使用盗版软件的现象。表现在现场以演示为目的的电脑使用盗版软件和展品本身使用盗版软件以及销售盗版光盘等现象。

为了加强对会展期间著作权的保护，作为组展商应该建立严格的知识产权保护制度，完善保护措施。涉及著作权的，应当提交著作权登记证书或相关证明、著作权人身份证明、授权委托书、被投诉的参展者及参展展位号。这样有利于组展方制止侵权行为并对被侵权人的著作权进行及时的保护。

（二）侵犯计算机软件著作权的表现形式

计算机软件是指计算机程序及有关文档。受保护的软件必须由开发者独立开发，即必须具备原创性，同时，必须是已固定在某种有形物体上而非存在于开发者的头脑中。

计算机软件著作权的内容包括两方面。

1.计算机软件著作人身权

（1）发表权，即决定软件是否公之于众的权利；

（2）署名权，即表明开发者身份，在软件上署名的权利；

（3）修改权，即对软件进行增补、删节，或者改变指令、语句顺序的权利。

2.计算机软件著作财产权

（1）专有使用权。其具体包括：复制权，即将软件制作一份或者多份的权利；发行权，即以出售或者赠与方式向公众提供软件的原件或者复制件的权利；出租权，即有偿许可他人临时使用软件的权利，但是软件不是出租的主要标的的除外；信息网络传播权，即以有线或者无线方式向公众提供软件，使公众可以在其个人选定的时间和地点获得软件的权利；翻译权，即将原软件从一种自然语言文字转换成另一种自然语言文字的权利；应当由软件著作权人享有的其他专有使用权。

（2）使用许可权，即软件著作权人享有的许可他人行使其软件著作权并获得报酬的权利。许可他人行使软件著作权的，应当订立许可使用合同。使用许可分为专有许可或非专有许可。没有订立合同或者合同中没有明确约定为专有许可的，被许可行使的权利应当视为非专有权利。

(3)转让权,即软件著作权人享有的全部或者部分转让其软件著作权并获得报酬的权利。转让软件著作权的,当事人应当订立书面合同。

四、侵犯著作权的法律责任

(一)侵犯著作权的法律责任

1.行政责任

根据《著作权法》第四十六条的规定,以下侵权行为可以处以一定的行政处罚:(1)剽窃、抄袭他人作品的行为;(2)未经著作权人许可,以营利为目的自制发行其作品的行为;(3)出版他人享有专有出版权的图书的行为;(4)未经表演者许可,对其表演进行录音、录像的行为;(5)未经广播电台、电视台许可,复制发行其制作的广播电视节目的行为;(6)制作、出售假冒他人署名的美术作品的行为。

对著作权侵权行为给予行政处罚的机关只能是著作权行政管理部门。行政处罚的方式主要有:(1)没收非法所得;(2)罚款;(3)其他的处罚方式,包括警告、责令停止制作和发行侵权复制品、停止营业等方式。上述各种处罚方式,既可单独使用,也可以合并使用。

2.民事责任

我国《著作权法》第四十五条规定的民事责任方式主要有:(1)停止侵害。停止侵害是指责令侵权行为人停止其正在进行的侵犯著作权的行为的民事法律责任方式。(2)消除影响。消除影响一般针对侵权人给著作权人造成的人身权伤害而承担的责任。消除影响是指在著作权被侵犯后,侵权人所承担的在一定范围内澄清事实,以消除对著作权人或其作品的不良印象和评价的民事法律责任。(3)公开赔礼道歉。赔礼道歉是在著作权人的著作人身权遭到侵害后,由侵权人所承担的向著作权人承认错误、表示歉意,以取得著作权人谅解的民事法律责任。(4)赔偿损失。《著作权法》第四十八条对损害赔偿额的计算办法予以了新的规定:"侵犯著作权或者与著作权有关的权利的,侵权人应当按照权利人的实际损失给予赔偿;实际损失难以计算的,可以按照侵权人的违法所得给予赔偿。赔偿数额还应当包括权利人为制止侵权行为而支付的合理开支。权利人的实际损失或者侵权人的违法所得不能确定的,由人民法院根据侵权行为的情节,判决给予五十万元以下的赔偿。"

3.刑事责任

我国《刑法》第二百一十七条规定:"以营利为目的,有下列侵犯著作权情形之一,违法所得数额较大或者有其他严重情节的,处三年以下有期徒刑或者拘役,并处或者单处罚金;违法所得数额巨大或者有其他特别严重情节的,处三年以上七年以下有期徒刑,并处罚金:(一)未经著作权人许可,复制发行其文字作品、音乐、电影、电视、录像作品、计算机软件及其他作品的;(二)出版他人享有专有出版权的图书的;(三)未经录音录像制作者许可,复制发行其制作的录音录像的;(四)制作、出售假冒他人署名的美术作品的。”第二百一十八条又规定:“以营利为目的,销售明知是本法第二百一十七条规定的侵权复制品,违法所得数额巨大的,处三年以下有期徒刑或者拘役,并处或者单处罚金。”

(二)侵犯计算机软件著作权的法律责任

根据我国《计算机软件保护条例》第二十三、二十四条的规定,有下列侵权行为的,应当根据情况,承担停止侵害、消除影响、公开赔礼道歉、赔偿损失等民事责任,并可以由国家软件著作权行政管理部门给予没收非法所得、罚款等行政处罚:

(1)未经软件著作权人同意发表其软件作品;

(2)将他人的软件当作自己的软件发表或者登记;

(3)未经合作者同意,将与他人合作开发的软件当作自己单独完成的软件发表或者登记的;

(4)在他人开发的软件上署名或者更改他人开发的软件上的署名;

(5)未经软件著作权人或者其合法受让者的同意,修改、翻译、注释其软件作品;

(6)未经软件著作权人或者其合法受让者的同意复制或者部分复制其软件作品;

(7)未经软件著作权人或者其合法受让者的同意向公众发行、展示其软件的复制品;

(8)故意避开或者破坏著作权人为保护其软件著作权而采取的技术措施的;

(9)故意删除或者改变软件权利管理电子信息的;

(10)未经软件著作权人或者其合法受让者的同意向任何第三方办理其软件的许可使用或者转让事宜。

《计算机软件保护条例》第三十条又规定,软件持有者不知道或者没有合理的依据知道该软件是侵权物品,其侵权责任由该侵权软件的提供者承担。但若所持有的侵权软件不销毁不足以保护软件著作权人的权益时,持有者有义务销毁所持有的侵权软件,为此遭受的损失可以向侵权软件的提供者追偿。侵权软件的提供者包括明知是侵权软件又向他人提供该侵权软件者。

第六节 展会对知识产权保护的具体措施

为加强展会期间知识产权保护,维护会展业秩序,推动会展业的健康发展,商务部、国家工商总局、国家版权局、国家知识产权局于2006年3月制定并颁布了《展会知识产权保护办法》，该“办法”规定在中华人民共和国境内举办的各类经济技术贸易展览会、展销会、博览会、交易会、展示会等活动中必须对专利、商标、版权等知识产权进行的保护。该“办法”的内容主要有：

一、展会主办方的职责

(一)展会主办方应当依法维护知识产权权利人的合法权益

展会主办方在招商招展时，应加强对参展方有关知识产权的保护和对参展项目(包括展品、展板及相关宣传资料等)的知识产权状况的审查。会展举办者在筹展期间，应对参展者涉及知识产权的项目、产品备案审核，防止侵权行为的发生。审核内容如下：①涉及专利权的，参展者应当提交专利权证书、专利公告文本、专利登记簿副本或当年缴纳年费凭证复印件。②涉及商标的，参展者应当提交商标注册证及与商标相关的经有关部门确认的有效证明的复印件。③涉及著作权的，参展者应当提交著作权登记证书及缴费凭证或相关证明复印件。

(二)展会主办方可通过与参展方签订参展期间知识产权保护条款或合同的形式，加强展会知识产权保护工作。

(三)会展举办者在会展期间必须设立知识产权投诉机构，并邀请专利、商标、版权等行政执法部门参加会展知识产权保护工作。

(四)在展会期间，展会主办方应当设置展会投诉机构，积极配合知识产权行政管理部门的知识产权保护工作。

会展投诉机构应履行如下职责：①制定、公布会展投诉程序；②接受投诉；③协助配合专利、商标、版权等知识产权保护部门处理侵权投诉；④检查、监督参展企业履行会展知识产权工作管理规定。

主办方对展会知识产权保护不力的，展会管理部门应对主办方给予警告，并视情节依法对其再次举办相关展会的申请不予批准。

二、参展方的职责

参展商应当合法参展，在参展期间必须履行的法律义务包括：

(一)不得在展会期间假冒他人专利或以非专利产品冒充专利产品，以非专利方法冒充专利方法。

(二)不得假冒他人的注册商标，擅自使用知名商品特有的名称、包装、装潢，或者使用与知名商品近似的名称、包装、装潢，造成和他人的知名商品相混淆，使购买者误认为是该知名商品。

(三)不得擅自使用他人的企业名称或者姓名，引人误认为是他人的商品；不得在商品上伪造或者冒用认证标志、名优标志等质量标志，伪造产地，对商品质量作引人误解的虚假表示。

（四）不得以盗窃、利诱、胁迫或者其他不正当手段获取权利人的商业秘密；不得披露、使用或者允许他人使用以盗窃、利诱、胁迫等手段获取权利人的商业秘密。

（五）不得捏造、散布虚伪事实，损害竞争对手的商业信誉、商品声誉。

参展方侵权成立的，展会管理部门可依法对有关参展方予以公告；参展方连续两次以上侵权行为成立的，展会主办方应禁止有关参展方参加下一届展会。

三、《中华人民共和国海关行政处罚实施条例》的保护

进出口侵犯中华人民共和国法律、行政法规保护的知识产权的货物的，没收侵权货物，并处货物价值30%以下罚款；构成犯罪的，依法追究刑事责任。

需要向海关申报知识产权状况，进出口货物收发货人及其代理人未按照规定向海关如实申报有关知识产权状况，或者未提交合法使用有关知识产权的证明文件的，可以处5万元以下罚款。

案例分析

【案情简介】2006年底，北京某国际展会开展。济南市知识产权局法律事务处处长侯××等一行3人联合北京市知识产权局法律事务处一位负责人在该展会上，对参展商“济南市某公司”的参展品予以现场封存，理由是该参展品为侵权展品。

申请人济南德佳机器有限公司向济南市知识产权局提出申请，称济南市某公司涉嫌盗用了济南德佳机器有限公司一项名为塑料门窗焊接机的专利技术生产的设备，并将其在该国际会展中进行展览，该行为已构成对申请人济南德佳机器有限公司专利权的侵权，因此要求济南市知识产权局进行查处。

济南市知识产权局立案后，经查，济南德佳机器有限公司（以下简称济南德佳公司）系专业从事塑料门窗设备研发、生产和销售的国内规模最大、技术水平最高的塑料门窗设备制造商。公司设有专业的产品研发和试验中心，拥有专利二十多项。该公司产品半数以上用于出口，且已成功占据欧美等发达国家和地区的主流市场。本次的涉案产品，是济南德佳公司专为韩国市场开发设计出的一款塑料门窗焊接机。由于其市场前景广阔，许多企业或个人纷纷仿制该产品，扰乱了市场，给该公司造成了极大的经济损失。济南德佳公司管理部经理于××说：“这个行业常规产品的科技含量相对较低，但我们企业是以大量的投入为保障，研发高端专利产品为发展方向的，所以我们的产品具有良好的市场前景。

也正因为此，很多人就想着通过仿冒我们的专利产品来赚钱。”

根据属地管辖原则，济南市知识产权局对该案具有管辖权，此次赴京是异地取证。据调查，被请求人生产的涉嫌侵权的产品平时并无库存，因此很难取证。此次被请求人携机在京参展，是一次取证的好机会。

经过一番努力，执法人员在展会上找到了侵权的展品，并确定这台机器设备系济南某公司生产。于是，一张落款为“济南市知识产权局”的封条，贴在了这台设备上。随后，执法人员又对涉嫌侵权的设备部件进行了拍照取证。

【法律评析】本案的关键问题有两个：一个是是否存在专利侵权行为，另一个是如何取证。我国《专利法》第五十九条规定：“发明或者实用新型专利权的保护范围以其权利要求的内容为准，说明书及附图可以用于解释权利要求。外观设计专利权的保护范围以表示在图片或者照片中的该外观设计专利产品为准。”商务部关于《展会知识产权保护办法》第八条规定：“知识产权权利人可以向展会知识产权投诉机构投诉，也可直接向知识产权行政管理部门投诉。权利人向投诉机构投诉的，应当提交以下材料：(一)合法有效的知识产权权属证明：涉及专利的，应当提交专利证书、专利公告文本、专利权人的身份证明、专利法律状态证明；涉及商标的，应当提交商标注册证明文件，并由投诉人签章确认，商标权利人身份证明；涉及著作权的，应当提交著作权权利证明、著作权人身份证明；(二)涉嫌侵权当事人的基本信息；(三)涉嫌侵权的理由和证据；(四)委托代理人投诉的，应提交授权委托书。”

针对第一个问题，我们认为，首先申请人济南德佳机器有限公司应提供其对专利技术的相关文件，例如专利证书、包括权利要求书等能够证明自己是权利人合法身份的法律文件，然后对照权利要求书的内容确定其专利技术的保护范围，就能够比较确认济南市某公司是否对其专利权构成侵权；其次，该案的重要部分就是取证环节。本案被济南市知识产权局列入调查目标的该台设备，由于被请求人生产的涉嫌侵权的产品平时并无库存，因此很难取证，此次赴京是异地取证，前提是参展的设备必须是被请求人生产的，至于安置在谁的展位上，并不会影响调查权的行使。根据所掌握的情况，被请求人此次来京并非独立参展，而是借用了青岛一家企业的展位。因此，不能排除设备无标牌，无法证明生产商与被请求人为同一主体以及展位摊主否认生产商与被请求人为同一主体的可能性。所以，在对设备采证前，必须查明设备真正的主人。如果能够查明设备真正的主人与被请求人为同一主体，即可以将勘验设备就地封存。

此外，在执法的过程中还可能出现另外一种情况，即处理该案的管辖问题。如果涉嫌侵权的设备无标牌，无法认定生产商与被请求人为同一主体，展位摊主也否认生产商与被请求人为同一主体，那么管辖权将发生变化。从方便当事人角度考虑,本案应考虑移交侵权行为所在地的北京市知识产权局管辖。

【启示】专利行政执法历来困难重重,尤其以调查权的行使最为突出,被拒绝和阻挠是经常现象,暴力抗法也不鲜见。即使在其他时间,行使执法权力也会遇到许多困难,何况是在这样的国际展会上。然而行使调查权又几乎是每个案件都必须要有的程序,因此,只有充分理解、正确适用现行专利法以及相关法律法规,才可能有效地行使执法权力。除此之外,专利执法机构应当具有坚定保护专利权人的权利不受非法侵犯的信心和决心,勇于克服困难,敢于承担风险。

一些企业长期以来坚持科技投入,目的就是为了参与国际市场的竞争,提高中国企业在国际市场的地位。但遗憾的是,企业辛辛苦苦地研制出的高新技术,却被其他人毫不费力地窃取,进而反过来参与竞争、扰乱市场,这本身就不利于公平竞争。另外,这些人只是贪图眼前利益,又没有研发实力,如果任由这种侵权行为滋长,长期下去,所有人都不会去搞技术投入,更谈不上技术创新,这样,就会阻碍整个行业的健康发展,最终把整个行业搞乱搞垮。因此,注重对知识产权的保护,特别是杜绝在会展中出现侵权展品,是立法和执法部门的责任,也是每一个公民应尽的义务。

复习思考题

1.知识产权法在会展业的作用是什么?

2.什么是商业秘密?商业秘密与剽窃之间的关系如何?

3.在会展领域中如何对专利权进行保护?

4.在会展领域中如何对商标权进行保护?

5.侵犯著作权的行为有哪些?侵权者应承担什么样的法律责任?

6.侵犯知识产权行为的法律责任主要有哪些?

7.我国对知识产权保护的法律法规主要有哪些?

第五章

会展业出入境管理法律制度

学习目的

随着世界经济一体化的快速发展，会展规模的不断扩大，国内与国际的产品和技术交流越来越频繁，国际贸易的增长，均需依赖出入境管理法律制度的调整。通过本章学习，了解涉外会展的概念和特征，认识涉外会展发展的国际化趋势，了解国际、国内会展需求，认识涉外会展在进出境业务"人流、物流、信息流"的繁忙和复杂化程度，掌握会展业进出境"人流、物流、信息流"出入境管理的行为模式以及出入境展览的条件与程序。

主要内容

- 涉外会展概述
  - 涉外会展的概念和特征
  - 涉外会展的概况和意义
- 涉港澳台会展概述
  - 香港特区会展概况
  - 澳门特区会展概况
  - 中国台湾会展概况
- 涉外会展人员出入境管理法律制度
  - 中方人员出入境管理
  - 往来香港、澳门地区的出入境管理
  - 外方人员出入境管理
- 涉外会展物流的出入境管理法律制度
  - 一般会展物流的出入境管理
  - 资金流的出入境管理

- 涉外会展信息流的出入境管理
  信息流的法律保护屏障
  提交涉外会展各方当事人的自律和防范意识
- 我国会展企业出境展览的条件与程序

第一节　涉外会展概述

一、涉外会展的概念和特征

所谓的涉外会展，是指会展的主体、客体和内容中有涉外因素的会展。包括“国际展览会”、“对外经济贸易洽谈会”、“出口商品交易会和境外民用经济技术来华展览会”等，均属于涉外会展，并且国务院办公厅《关于在我国境内举办对外经济技术展览会的管理办法的通知》中特意强调：“以国际展为名称的对外经济技术展览会，境外参展商必须占20%以上。”这个概念可以有几层含义：第一，会展的主体中要么由中方在中国境内主办，但是应该有20%或以上的境外参展商的参与；要么会展由中方主办，但是会展的地点在国外；要么会展的主体完全是外方在中国或者在国外办展，中方只是参展商。第二，会展的客体要有外国的产品或者技术（如果外国人只是作为参观者，即使其购买了一些商品，也不构成涉外会展），且会展的产品及技术涉及国际国内的先进水平，代表了一定的价值取向。第三，会展的内容展示了国与国之间，国际组织之间对会展的认知和保护程度。例如主办会展所在地国家对会展的申办、审批；对知识产权的保护力度；对问题处理的态度等等，均体现了这些国家法律制度的内容、权利义务的规制情况，同时也体现主办国家对其所参加的国际公约的履行能力。例如，2010年1月15日国家主席胡锦涛一行参观“上海世界博览会”筹办情况时说，要举全国之力，而且要集世界智慧，确保上海“世博会”取得成功。可见“世博会”作为涉外会展，国家对其重视程度非同一般，从建设筹办到国际影响力都有最佳表现，其中的法律保障是其能够成功举办的重要基础。

涉外会展的特征有：

1.具有涉外因素

会展的主体、客体和内容都具有涉外因素，这是涉外会展的最主要特征。特别是会展的主体，国务院办公厅《关于在我国境内举办对外经济技术展览会的管理办法的通知》中就强调，境内主办单位必须具备的资格包括：具有组织招商招展能力和承担举办展览的民事责任能力，设有专门从事办展的部门或机构并有相应的展览专业（包括策划、设计、组织、管理及外语）人员，具有完善的办展规章制度，曾参与协办或承办5个以上较大规模的国际性展览会的展览公司或外经贸公司，省级经济贸易促进机构或行业（专业）协会、商会可获得主办资格；省级、副省级市人民政府，或省级外经贸主管部门可以主办对外经济贸易洽谈会和出口商品交易会；国务院部门可以部门名义主办与其主管业务有关的国际性展览会。如果是境外来华主办的，组展方则必须是具有相当规模和办展实力，在国际上影响良好的展览机构、大型跨国公司、经济团体或组织（包括经济贸易促进机构、商会、行业协会等）。

2.具有"可观性"

"可观性"是指涉外会展一般代表了本行业的最先进技术、最优化的外观设计、最时尚的产品理念，它实际上是世界各地进行物质技术交流的一个平台，因此，通常涉外会展都给人耳目一新的视觉效果。现代展会十分重视对美的追求，一个成功的展会，必然会给与会者以美的享受。展场的整体布置必须是艺术化的，主题突出，风格统一。展台的视觉冲击力，被称作"5秒钟的视觉形象"。

3.具有政府主导性

涉外会展在我国主要是由政府主办，包括地方政府。会展是一种经济，但它与一般意义上的经济形式又有区别。会展重在提供一个"交流平台"，其次才是"交易市场"。它的一个重要内容是组织功能，在一定条件下还具有文化等方面的因素，而非单纯的经济现象，所以不能完全地套用经济理论来看待会展经济。即使是单纯的商业性会展，作为一种经济组织形式，其发展程度也受制于经济发展水平，所以中国会展业的前景要取决于中国经济发展速度以及对外开放的深度和广度等诸多因素。中国会展业存在的问题，如粗放型的量的扩展、会展业市场化程度低、行业自律和公共服务体系亟待建立等，这些单靠市场的力量是不能解决的，有待政府发挥调控作用。政府有义务和责任为展览市场建立一个良好的市场秩序，帮助建立和完善展览业协会，展览业协会应该更多地站在中介的角度为企业为政府出谋划策。在这种情况下，如果放弃政府的主导作用，会展市场的竞争很可能出现无序状态。此外，各级政府也需要招商引资，一个会展城市要吸引外资、宣传包装、组织运输，为进来的展览公司创造基本条件，都离不开政府；展览也是一种教育，可以提高国民素质，为防止混乱和欺骗现象，要完善法律法规，又要有足够的透明度，这些方面更需要政府出面宣传和掌控。

4.具有法定性

虽然涉外会展行业在中国还处于初级阶段，资本运营、规章制度、人才素养，缺乏完全成熟的体系，但是我国在涉外会展的组织者、参展者的资格的审定、参展面积以及进出境管理等方面，均有比较严格的规定。例如，国务院办公厅《关于在我国境内举办对外经济技术展览会的管理办法的通知》中就明确规定："对外经济技术展览会的主办和承办单位，必须具有外经贸主管部门批准的主办和承办资格；境外机构在华举办经济技术展览会，必须联合或委托我国境内有主办资格的单位进行。”“对展览面积在1000平方米以上的对外经济技术展览会，实行分级审批管理”“对违反本通知规定举办对外经济技术展览会，以及在办展过程中有乱摊派、损害参展单位合法权益等违反法律法规行为的，由对外贸易经济合作部取消其主办资格，并由有关部门依据法律法规严肃查处”。

二、涉外会展的概况

(一)会展业的产生

最早出现在古希腊，希腊最初的集市是交换、买卖奴隶的集市。到了古奥林匹亚时期(公元前776～393公元前)，希腊有了常规的集市，与奥林匹克运动会同时举行。在古罗马，民众每隔8天就聚集一次，听官吏颁布法令、宣布裁决。同时也举办集市，农民、小生产者、商人在大街上搭起临时摊位，交换、出售产品。事实上，涉外会展是伴随着罗马帝国扩张版图的步伐，把罗马集市带到了欧洲其他地区。

德国莱比锡博览会，号称最古老的博览会，始建于1165年，于1894年由传统的集市转变为样品博览会，于1918年发展成工业技术博览会。德国法兰克福博览会是在1240年经王室授权之后开始举办的。

1798年，法国政府举办了“共和国工业产品展(Exposition Publique des Produits de l'Industrie)”。这是世界上第一个由政府组织的国家工业展览会。法国国家工业展览会具有很强的政治色彩，是一种宣传鼓舞性质的展览会。

1851年英国举办了世界规模的“万国工业大展览会(The Great Exhibition of the Industries of All Nations)”。该展览会在伦敦海德公园的水晶宫内举办。展出面积约10万平方米。展览会分原料部分、机器部分、产品部分和工艺部分。参展品有13000多件。其中约50%是英国的参展者，50%来自世界其他40个国家，展览时间为141天，参观者达600多万人次。从性质上和形式上看这都是一个全新的展览会，以后被称作第一届世界博览会，并被认为是现代展览会的开始。

第一次世界大战后，综合性质的贸易博览会获得了很大发展，成为展览的主导形式。第二次世界大战后，尤其是进入世界经济高速发展的60年代，技术更新和经济发展速度加快，工业分工越来越细，新产品层出不穷。1945年到1966年，市场上出现了约400万种新产品。这使包罗万象的综合贸易展览会和博览会很难全面、深入地反映工业和市场，展览会走向专业化，专业性质的贸易展览会成为展览主导形式。目前世界上定期举行的大型展览会与博览会约有4 000

多个，每年产生的直接经济效益达 2 800 亿美元。展览业还没有完整的全球统计数字，据估算，国际展览业的产值约占世界生产总值的 1%。展览业的超级大国有德国和美国，其他国家和地区有法国、意大利、英国、荷兰、日本、新加坡、中国香港等。

（二）我国会展业的发展与现状

中国古代商品贸易的“集散地”是以集市、庙会的方式出现的，有学者认为，这就是古代商品会展的雏形。

清朝末期和中华民国初期，中国举办过几次具有一定规模并有近代特征的博览会和一些贸易展览会，比如，1905 年（清）北京：劝工陈列所、1909 年（清）武昌：武汉劝业奖进会、1910 年（清）南京：南洋劝业会（由官府和商界合办，是一次学习西方博览会的尝试）、1921 年（民国）南京：商品陈列所（也称物品展览会）、1926 年上海：中华国货展览会和 1929 年杭州：西湖博览会。据称，西湖博览会展品约 15 万件，观众达 2 千万人次。

抗日战争及解放战争时期，我边区政府分别举办了许多展览会。据统计陕甘宁边区在 1937 年至 1949 年间举办过 74 个展览会。邓小平在 1944 年参观了“战绩、生产展览会”后评价：“这次战绩和生产两个展览馆宣传了我们太行军民几年来的奋斗成果，的确是惊人的”。

改革开放，使中国的涉外会展的发展成为可能。20 世纪 70 年代末，中国推行社会主义市场经济，经济贸易展览会有了发展的环境和条件，展览活动获得了极大的发展，并逐渐形成规模、形成行业。我国会展业与改革开放同步发展。1978 年，境内国际展仅 6 个，出国参展办展 21 个。1999 年，境内国际展达 694 个，出国参展办展 292 个。20 年间，展会的数量和规模增长了数十倍。目前，会展业已渗透到各个经济领域，从机械、电子、汽车、建筑，到纺织、花卉、食品、家具，各行业都有自己的国际专业展。北京和上海已成为全国最大的会展中心城市。从展览规模看，北京为全国之最；从展会数量看，上海位居全国首位。据统计，近年来，中国会展业务以年均近 20%的速度递增。1999 年举办了世界建筑师大会、世界万国邮联大会等数十个国际、国内大型会议。亚运村国际会议中心一年内举办的超过千人的大型 国际会议达到 12 个以上，超过三四百人的国际会议有 30 多个。1997 年四大展馆共承接全国性、国际性展览会一百多次，并于 2002 年成功取得了 2010 年世界博览会的举办权。目前每年定期在上海举办的较有知名度和影响力的专业性、国际性会议会展达 40 多个。

中国会展业在各城市发展迅速，尤其以北京、上海、广州、大连、成都五大会展城市最为活跃，形成了“环渤海、长三角、珠三角、东北、中西部”五个会展经济产业带。环渤海会展经济带——以北京为中心，以天津、廊坊等城市为重点，其会展业发展早、规模大、数量多,专业化、国际化程度高,门类齐全,知名品牌展会集中,辐射广。长三角会展经济带——以上海为中心,以南京、杭州、宁波、苏州等城市为依托的会展产业带已经形成。该产业带起点高、政府支持力度大、规划布局合理、贸易色彩浓厚,受区位优势、产业结构影响大,发展潜力巨大。珠三角会展经济带——以广州为中心,以广交会为助推器,以深圳、珠海、厦门、东莞等为会展城市群,形成了国际化和现代化程度高、会展产业结构特色突出、会展地域及产业分布密集的会展经济带。东北会展经济带——以大连为中心,以沈阳、长春等城市为重点的会展经济带,依托东北老工业基地的产业优势及东北亚的区位优势,形成了长春的汽博会、沈阳的制博会、大连的服装展等品牌展会。中西部会展经济带——以成都为中心,以重庆、西安等城市为重点的会展经济带,通过不断发展,现已形成了成都的西部国际博览会、重庆的高交会、西安的东西部洽谈会等品牌展会。

三、涉外会展的意义

国际会展业的发展直接影响到国民经济的发展水平。因而涉外会展行业有着亟待挖掘的潜力空间。会展贸易是颇具潜力的朝阳产业,中国涉外展览行业近年来快速发展,国际战略巨头对中国市场的青睐,是机遇也是挑战。随着国家进一步优化了我国涉外会展行业市场的法制环境,会展经济对国民经济的促进作用越来越明显,其发展前景十分广阔。

涉外会展的作用主要有:

1.为国内企业创造良好的进出口贸易环境,打造赚取外汇的经济平台

涉外会展最根本的作用在于创造了经济效益,企业创效,国家增收,从而推动经济发展和社会进步。涉外会展的优越性在于,它可以采取"请进来,走出去"的方式,将国内外的客商联系在一起,使之达成交易。特别是针对那些国内没有进出口授权的中小企业,也可以在涉外会展得到很多机会,也能创造出意想不到的经济效益。

2.提高城市和企业的知名度,打造区域性国际会展品牌

展会的品牌化已经成为世界会展业发展的主流,在一个区域打造出品牌会展,那么该区域的城市、企业的知名度也将随之名声鹊起。一方面,依托产业优势,大力培育具有一定特色的国际品牌展会,让更多的专业展览逐步做大做强,提高专业展会的规模和水平,促使会展业从单纯的数量扩张向规模扩大、层次规格提升、经济和社会效益明显方面转变,从而有效地参与国际竞争;另一方面,也可以不断引进品牌会展,努力引进国外的品牌展会,发展中外合作办展,促进会展业整体水平的提高。德国展览协会(AUMA)和 IFO 公司的分析认为,企业参

展的最终目标不仅仅是销售，而是要达到宣传企业形象、提高企业声誉、密切与客户的联系、引入新产品、提高产品的知名度、交流信息等目的，而且其目标中有70％的内容是为了结识新客户。

3.降低企业采购成本，减少不必要的开支

作为独立个体的企业，仅仅凭借自身的力量很难做到将所需产品、技术了解透彻，即便是有网络技术，也不可能达到亲历的效果，因而在采购中，要么花费巨资到世界各地采购；要么通过网络交易，但时而会遇到货不对板的尴尬。涉外会展则能够很好地解决此类问题，企业及用户通过展会就能非常直观地看到产品，了解其性能及是否具备先进性，可以立即决定是否购买、买多少，从而避免了上述各种麻烦和问题。

4.构建信息平台，有助于了解世界最先进的技术和资讯，包括先进的技术、先进的理念、先进的管理水平等

企业参展的目的除了展示新产品、提升企业知名度外，也将参展当成了解市场变化的最佳途径，市场上什么样的产品最受欢迎，竞争对手的各种动态是什么，这些都将是展会带来的最有价值的东西，能够让企业及时地对自身的战略进行实施和调整。

会展是为了结识更多的新客户，增加更多的订单，了解更多的信息；而涉外会展则把企业的这种需求扩展到极致。在涉外会展这个大平台、大环境中，给不同需求的参展商提供了更多的了解各种信息(包括高科技、客户、销售模式等)的机会，花费尽可能少的费用，创造尽可能多的利益。但是在这个过程中涉及很多关于海关、进出口物流、参展物品的种类、组展和参展者的条件、程序特别是信息的交流等诸多问题。对此，我们应该有清醒的认识，这不仅是企业之间的商业交流，同时也是国与国之间的交往，甚至涉及国家主权问题。

第二节　涉港澳台会展概述

涉港澳台会展，顾名思义，是指会展的主体、客体和内容涉及中国香港、中国澳门和中国台湾地区。虽然香港、澳门和台湾都是中国领土，但是因为“一国两制”的特例，因此涉及香港、澳门和台湾的会展这种经济行为也会有所区别。

一、香港特区会展概况

香港特别行政区是世界会展业五大中心之一。它的发展经验很值得内地借鉴，除了一些它特有的属性外，在产业结构、运作模式、管理理念、人才培训和评估标准上都有可取之处。

香港会展业的发展有着悠久的历史,香港会展经济在世界特别是亚洲会展经济中独树一帜,其特点概括起来主要有:

(一)先进的硬件设施

1.有较强的城市综合经济

中国香港被誉为“亚洲四小龙”之一,城市综合经济实力强,香港经济过去20年增长了近3倍,GDP平均年增长5.1%;本港人均GDP年增长3.9%。这些斐然成绩为其成为世界会展中心之一打下坚实经济基础。

2.有优越的地理条件

中国香港位居东南亚各国中心,自香港开埠以来,就确立其重要港口和转口港的地位。今日的香港地区拥有18万余家贸易公司,其中跨国公司逾800家。同时香港是一个面向内地的门户,随着CEPA(内地与香港、澳门分别签署的《关于建立更加紧密经贸关系的安排》简称CEPA)的签署与实施,香港与内地的经贸合作日趋深入。此外,香港还将力争跻身于世界三大金融时区之一,与伦敦、纽约构成全球24小时全天候运作的金融市场,这些天然的优势为香港会展经济提供了最低成本交易。香港特别行政区是自由贸易港、亚洲金融贸易中心,从而奠定了其作为世界级会展中心的经济地位。

3.有快捷的陆海空交通

中国香港地面道路发达,公共交通服务种类繁多,地铁、巴士、的士线路遍布全港,智能运输系统策略使本港交通运输系统更安全可靠、更具效率和有利环保。香港拥有设备完善的现代化深水港,是华南地区最大的货柜港,亦是最繁忙的港口之一。香港是主要的国际和区域航空中心,拥有与全球超过150个城市的定期航班,香港国际机场的国际货运量为全球之最,客运量位列世界第五。

4.有完善的会展设施

中国香港会议展览中心为亚洲第二大会议展览场馆,1997年耗资48亿港币扩建后的会展中心总面积24.8万平方米。会展中心二期工程已于2009年竣工,为会展中心增加了19 400平方米的展览场地,使展览场地增至83 000平方米,而中心可租用总面积将接近9万平方米。同时,展馆具有一系列完善的会议设施,从12人的小型会议,到多达逾3万人的大型活动,均可应付自如。这座现代化设施坐拥完善的海陆空运输网络,交通四通八达,与珠江三角洲一带城市及全球商业都会联结起来。

5.有优质的现代服务行业

中国香港作为以服务业为主的经济体系,服务业长期以来一直是整体经济增长的主要动力。受惠于访港旅客的增多和会展业发展,饮食及酒店业显著增长,约占本地生产总值的29%。香港旅游发展局备案的拥有会议场地的星级酒店就有近百家。优质高效的现代服务业催生旅游业成为香港经济重要支柱之一。

(二)周到的软件服务

1.政府的支持

香港特区政府将会展业作为支柱产业加以扶持。香港政府花费巨资修建了一系列重大工程:填海修建了"香港会展中心";扩建机场商贸物流中心;出台一系列鼓励措施和优惠政策,吸引会展组织者和参展商;资助会展业推行发展项目,以加强本港专业服务界整体或个别行业在境外市场(包括内地市场)的竞争力,每个获批项目最高可获资助200万港元。

2.规范的经营

香港会展公司的国际化、专业化程度和整体水平较高,目前,已经有14家香港会展组织机构加入UFI(UFI是世界展览业最重要的国际性组织之一。经UFI认证的展会被看作是高品质贸易展览会),这些会展企业中,部门的设置非常规范、全面,并且能够严格按照UFI认证体系的要求以及香港特区法律的规定行事,在国际上享有比较高的商业信誉。

3.专业的人才

中国香港通过引进、交流、培训等方式已经拥有了一批成熟的会展策划专家、招展专家、贸易专家、海关税务专家、金融专家、投资专家、法律专家等,给会展及服务提供了有力的人才保证。

4.周到的服务

中国香港已经建成了一个较为完善的支持会展发展的服务系统,从参展商和客商入港到住宿,再到各参展点,提供优质的酒店服务、餐饮服务及交通服务。如政府的法规、政策咨询与解答;媒体报刊机构到现场提供新闻服务;银行、邮政都派人到现场提供有关咨询和进行业务办理;完善的医疗、投诉部门的配套设施;英语作为官方语言之一,给国际型会展提供方便沟通;没有资金外汇的管治,交易资金流通便捷;报关手续便捷,为参展商和客商在资金和货物进出口等方面提供成本便利。

5.准确的定位

树立品牌意识,依托内地强大市场需求以及"世界工厂"的成本优势,香港的会展业凭借规模大、专业性强、影响力广、成本低的策略创造了高额的回报率,同时也带动了各行各业的经济发展,增强了香港的城市知名度。

6.健全的法制

中国香港是一个法制比较健全的地区,完善的法律制度为香港的经济发展提供了坚实的基础,特别是在对知识产权的保护方面有比较严格的规定,并与国际知识产权保护制度同步。其严谨的法律保障态度赢得了国际众多国家和地区的信赖。良好的法律环境也为中国香港会展业的强劲发展作出不可磨灭的重大贡献。

二、澳门特区会展概况

(一)澳门特别行政区会展业的优势与不足

1.澳门会展业的优势

(1)依托优越的地理位置,水路、陆路、航空交通运输便捷,加上澳门人气旺盛,全年出入境人次超过 2500 万,人流是发展会展业的基本条件。

(2)澳门一贯奉行自由港政策和简单的税务制度,以及以博彩旅游业为龙头的经济发展方向、自由开放的市场体系、相对低廉的营商成本,都是澳门引以为傲的发展会展业的资本。

(3)澳门是中西文化交融点。澳门特别行政区历来是东西方经济、文化的交汇点,它与欧共体、葡语系国家有着联系的历史源远流长,市场潜力巨大。现时,会展都会涉及人文特质,澳门文化底蕴丰富,已经成为发展会展业的优势。

(4)澳门是世界贸易组织(WTO)成员,亚太经济社会委员会(ESÇAP)准会员,国际大会及会议展览协会(ICCA)和亚洲会议及观光局协会(AACVB)成员,并且是多个国际组织的成员单位,在发展对外交流与合作,促进会展业持续发展方面具有难得的资源优势。

2.澳门会展业存在的不足

和香港相比,澳门的会展业起步比较晚、规模比较小。这背后的根源,正是澳门根深蒂固的经济结构。根据澳门统计局暨普查局提供的数据,2006 年澳门的 GDP 约为 1143 亿澳元,其中有 558 亿来自博彩业,约占 GDP 的 48.8%,而在两年前,这个数据则为 50.9%。它可以很好地说明博彩业对澳门经济的意义,这也是为何澳门特区政府希望能摆脱单一依赖博彩业的现状,适度发展多元化经济的深层原因。此外,比起香港特区来,澳门会展业还存在硬件设施短缺、品牌效应不明显、会展机构小而散、专业人才严重匮乏等不足之处。

(二)澳门特区会展业的前景

近些年,为了拉动澳门经济,澳门特区政府作出果断决定,将过去单一的博彩业为主的经济发展模式,改为博彩、会展与旅游“三驾马车”并行的产业政策。随着澳门会展中心的建成,澳门可使用的展览场地面积扩大,澳门展览会将逐渐被国际买家认同。

据澳门会议展览业协会统计,澳门会展业发展前景分三个阶段:一为市场培植期(2008 年~2010 年),这一时期主要是兴建展馆、完善设施、创立品牌阶段。该阶段虽然处于“培植期”,但是其发展速度是惊人的,预测显示:2008 年~2010 年三年间,将有超过 500 个国际性会议在澳门举办,带来超过 30 亿澳元的直接和间接经济效益，同时为澳门创造超过 2000 个与会展相关的全职职位；二为快速成长期（2011 年～2015 年），该期的主要目标是保持澳门会展业仍然有 20％的高速增长，通过引进拉斯维加斯会展业的经营理念与模式，将博彩、会展及旅游业捆绑经营，促使会展业快速成长为一个区域性、国际性的旅游会展中心；三为成熟期（2016 年～2020 年），这个时期澳门的会展业会保持一个稳定的发展态势，其硬件、软件设施基本完善，管理基本成熟，品牌基本建立，加上政府及会展中心的积极推广，理想的会展经济发展约按 8％～10％的速度持续增长。未来，澳门将与香港以及内地的会展业形成亚太经济区经济高速增长带的中心，也建成像香港一样的国际知名的会展中心。

三、中国台湾会展概况

（一）台湾省会展业的发展

台湾省会展业大约起始于 20 世纪 70 年代，凭借其电子产品的优势，台湾省的会展业主要以 B to B 展览（B to B 就是企业对企业的电子商务）为主，形成了以电脑、汽车零配件和自行车等优势产业为特色的发展格局。但是其会展业的发展比较单一、缓慢。这种局面的形成主要是因为中国台湾政府对于发展会展业的重视程度远不如大陆的地方政府。从台湾的展览馆现状就可以发现，目前中国台北国际贸易展览中心的展出面积只有 3 万平方米，远远不能满足会展业发展的需要。另一方面，优势产业外溢则是台湾会展业发展面临的更大挑战。

近年来，随着大陆经济的快速发展，大陆会展业也迅猛发展起来，逐步形成规模，特别是会展经济的巨大利益以及海峡两岸经济关系日益密切同时刺激着台湾会展业的发展。目前，台北市已经开始全方位地发展会展业，以带动台湾地区的经济发展。

中国台湾的一些硬件设施开始或者已经兴建，如新建的南港国际展览中心，室内面积约 10 万平方米，将极大地缓解台湾展馆面积不足的困境；为了台湾会展业的长远发展，正在讨论在桃园国际机场附近，高速铁路能够直达的青浦建设另一个展馆。

台湾省于 2005 年开始实施为期 4 年的“会议展览服务发展计划”，希望藉此有效提升台湾会展产业的竞争力。“会议展览服务发展计划”由提升会议展览服务业国际形象暨总体推动计划、经营管理辅导计划、人才认证培育计划和信息网建置计划组成。提升会议展览服务业国际形象暨总体推动计划，希望通过产业服务、政策咨询、协助辅导、国际宣传四个方面的工作，为台湾的会议展览业者提供相关协助，并规划会议展览产业发展的运作机制，提升台湾对外整体国际形象，争取国际会展活动来台举办以及来台参与会展活动的机会。

企业或单位争取国际会议在台举办，会展专案办公室将全力辅助争取。辅助方式包括，提供“政府”机关推荐函、协调会议筹备及协办单位、提供文宣品和赠品、提供大陆业内具国际竞标经验的会议组织者名单，并且提供补助与弹性入境申请等方式。该发展计划已经为台湾会展业的发展创造了良好的经济环境，并已经显现出了一定的经济效益。

(二)台湾会展业的国际化定位

台湾会展业虽然不像香港会展业那么发达，不如大陆会展业那么大张旗鼓，规模庞大，但是台湾的会展业定位确是值得我们借鉴的，即不要多，而要精，立志打造一批国际化的会展品牌。其采取的有影响力措施包括：

1.硬件设施以国际化为目标

台湾会展业发展的每一步都以国际化为目标。目前正在逐步兴建和完善各种会展设施，从台湾对外贸易发展协会和台北市展览暨会议商业同业公会都加入了国际展览协会(UFI)即可看出台湾会展的硬件建设基本符合国际标准。虽然只有三个展会(台北国际医疗设备与药品展、台北国际包装工业展、台北电信展)获得 UFI 认证，但是这些足以说明台湾打造会展业国际化的决心和努力。

2.软件建设走国际化路线

(1)开展国际宣传是提升台湾会展业国际化的有效手段。台湾将有计划、有目的地选定目标市场、设定宣传主轴，并据以规划、设计与执行各目标市场的整体营销工作；同时旅游观光和会展资源相结合，不断加强国际交流，强化台湾会展形象，提升台湾会展业国际能见度。

(2)在产业服务方面，台湾将整合产业资源，协助扩大相关展览的规模。除了会展企业构建完整的运行、管理机制外，还将与旅游和交通方面结盟。结合周边人文与观光资源，提高会展的附加价值。

(3)开展会展业的人才认证培育计划。台湾在会展人才的培育上与大陆大相径庭。台湾没有专门的院校开设会展教育专业，台湾会展业的从业人员一般是外语、国际贸易、观光等专业出身，这些专业背景与会展业有着异曲同工的效应。如果台北当局在此基础上再实施人才认证培育计划、引进境外专业经验，为台湾会展业提供高素质人才，最终当然会提升台湾会展业国际竞争力。

(4)建立信息网以提升会展业的核心信息能力。建立会展产业信息流通平台与数据库，整合会展相关资源，吸引国际会展企业赴台投资办展。主要内容包括：建立台湾会议展览服务业入口网站；建立会议展览产业相关产业的行业数据库；奖励会展企业建立信息网及在线服务系统；为企业牵线搭桥，增强两岸经济互动和交流合作。

第三节　涉外会展人员出入境管理法律制度

一、中方人员出入境管理

根据《中华人民共和国出入境管理法》(以下简称《出入境管理法》)以及我国相关法律的规定,中国公民出入境时必须符合法定的条件和履行法定的程序。涉外会展也不例外,中国的组展商或者参展商需要离境到国外参加会展的,也必须依法办事。主要是遵守国家的进出境的法规。

(一)中国公民出入境的法定条件

1.须持有国务院主管机关或其授权的机关签发的有效护照或者其他有效证件出境、入境;中国公民因公务出境,由派遣部门向外交部或者外交部授权的地方外事部门申请办理出境证,并到对外开放的或者指定的口岸通行,接受边防检查机关的检查

2.须无禁止或者阻止条件存在。我国《出入境管理法》第八条规定,对以下几种人是禁止其出境的

(1) 刑事案件的被告人和公安机关或者人民检察院或者人民法院认定的犯罪嫌疑人;

(2) 人民法院通知有未了结民事案件不能离境的;

(3) 被判处刑罚正在服刑的;

(4) 正在被劳动教养的;

(5) 国务院有关主管机关认为出境后将对国家安全造成重大损失的。

我国《出入境管理法》第九条规定对以下几种人是阻止其出境的:

(1) 持用无效出境证件的;

(2) 持用他人出境证件的;

(3) 持用伪造或者涂改的出境证件的。

(二)中国公民出入境的法定程序

1.须进行签证。中国公民申办外国签证,无论是委托代办,还是自己直接办理,一般都需要经过下列几个法定程序:

(1)持有有效护照或者能够代替护照的有效证件;

(2)办理与申请事由相对应的各类证件,包括前往国的入境许可和我国公证机关出具的各类有关证明;

(3)取得外国签证申请表格,同时缴付本人近期二寸正面免冠半身照片,必须和护照上的照片一致;

(4)与前往国驻华大使馆或领事馆官员会见，有些国家规定，凡申请移民签证者必须面谈后才能决定；也有些国家规定，申请非移民签证也必须面谈；

(5)前往国大使馆或领事馆将填妥的各种签证申请表格和必要的证明材料，呈报其国内主管部门审查批准，有少数国家的使领馆有权直接发给签证，但仍须转报其国内备案；

(6)经前往国家的主管部门进行必要的审核后，将审批意见通知其驻华使领馆，如同意，即发给签证；如被拒绝入境，也会通知申请者本人；

(7)获得批准者向前往国驻华使领馆缴纳签证费用。

2.须从对外开放的或者指定的口岸出境、入境，向边防检查站出示中华人民共和国护照或者其他出境入境证件，填交出境、入境登记卡，接受查检

3.对违反《出入境管理法》的处罚。我国《出入境管理法》第十四条规定，对非法出境、入境、伪造、涂改、冒用、转让出境、入境证件的，公安机关可以处以警告或者10日以下的拘留处罚；情节严重、构成犯罪的，依法追究刑事责任

二、往来香港、澳门地区的出入境管理

(一)内地公民因私申请前往香港、澳门

根据我国公安部公布的《中国公民因私事往来香港地区或澳门地区的暂行管理办法》中规定，内地公民因私事前往香港、澳门，凭我国公安机关签发的前往港澳通行证或者往来港澳通行证，从指定的口岸通行；返回内地也可以从其他对外开放的口岸通行。指定的口岸：往来香港是深圳，往来澳门是拱北。港澳同胞来往于香港、澳门与内地之间，凭我国公安机关签发的港澳同胞回乡证或者入出境通行证，从中国对外开放的口岸通行。

1.内地公民因私事申请前往香港、澳门，须履行的手续：

(1)交验户口簿或者其他户籍证明；

(2)填写申请表；

(3)提交所在工作单位对申请人前往香港、澳门的意见；

(4)提交与申请事由相应的证明。

对经批准短期前往香港、澳门的内地公民发给前往港澳通行证。持证人应当在规定时间内前往后按期返回。

2.内地公民有下列情形的禁止申请去香港、澳门

(1)属于《中华人民共和国公民出境入境管理法》第八条规定情形的；

(2)不属于《中国公民因私事往来香港地区或澳门地区暂行管理办法》中第七条和第八条规定情形的；

(3)编造情况，提供假证明，欺骗公安机关出入境管理部门的。

（二）港澳同胞申请来内地

1.港澳同胞来内地的程序

港澳同胞来内地须申请领取港澳同胞回乡证。港澳同胞回乡证由广东省公安厅签发。申领港澳同胞回乡证须交验居住身份证明，填写申请表。

港澳同胞驾驶机动车辆来内地，应当按照广东省人民政府有关规定申请行车执照，驾驶人员还须向广东省公安厅出入境管理处申请驾驶港澳机动车辆来往内地的许可。

2.港澳同胞禁止入境的情形

港澳同胞有下列情形之一的，不发给港澳同胞回乡证或者入出境通行证：

（1）被认为有可能进行抢劫、盗窃、贩毒等犯罪活动的；

（2）编造情况，提交假证明的；

（3）精神病患者。

3.港澳同胞有下列情形之一的，边防检查站有权阻止出境、入境：

（1）未持有往来港澳通行证件，港澳同胞回乡证或其他有效证件的；

（2）持用伪造、涂改等无效的往来港澳通行证或者港澳同胞回乡证的，冒用他人往来港澳通行证件或者港澳同胞回乡证的；

（3）拒绝交验证件的。

（三）赴港澳地区举办经贸活动审批条件

根据《对外贸易经济合作部关于印发〈关于赴港澳地区举办经贸活动的审批管理办法〉的通知》规定，赴港澳地区举办经贸及展览活动，必须符合以下条件：

（1）外经贸部对赴港澳地区举办经贸活动实行年度总量控制。省、区、市级或国务院有关部委赴港澳的经贸活动，一般每二至三年轮流举办一次。省、区、市级以下单位单独举办，视同省、区、市级举办，占用省级赴港澳举办经贸活动的指标。

（2）参加活动的总人数一般不超过二百人。不得以挪用赴港经贸团组指标探亲、旅游、过境等方式安排人员赴港澳参加或举办经贸活动。不得以各种名义安排与经贸活动无关的人员随团赴港澳。如确需省部级领导干部参加，只限一个名额，并按国家规定的程序报批。

（3）主办单位只有在活动计划得到批准后才能开展相应的工作。未经批准不得对外披露、承诺，或与展览公司签订协议，或变相组团出访。活动计划一经批准，应严格执行。主办单位不得随意更改。如需要提前、推迟扩大规模或撤销，应报请外经贸部批准。

（4）赴港澳举办经贸活动要严格把好质量关，严禁假冒伪劣商品混入。

（5）办展单位要根据国家有关保密规定，做好展品、图片、资料、模型的审查工作,严防泄密。

(6)在时间安排上,赴港澳举办经贸活动要尽量与广州进出口商品交易会错开。

(四)在大陆举办对台湾省经济技术展览会的审批条件和程序

(1)适用于在中国大陆举办的对台湾经济技术展览会,包括:(1)海峡两岸的经济技术展览会;(2)对台湾出口商品交易会;(3)台湾商品展览会;(4)台湾厂商参展的国际性展览会、博览会;(5)台湾厂商参展的全国性展览会。

(2)中国台湾民间机构在中国大陆举办对台湾经济技术展览会,须联合或委托大陆具有主办资格的单位举办,在大陆的招商由大陆主办单位负责。

台湾的主办单位,应是具有相当规模和办展实力、信誉良好的展览机构、大型公司、经济团体或组织(包括经济贸易促进机构、同业公会、行业协会等)。

(3)举办对台湾经济技术展览会,不得出现"台湾独立"、"两个中国"、"一中一台"等政治问题。台湾厂商参展的宣传品、杂志、电子出版物等资料中不得有代表"中华民国"的字样、图片、音乐等。

(4)中国大陆与台湾联合举办的经济技术展览会,应冠以"海峡两岸"的名称;各省(市、区)与台湾省联合举办的经济技术展览会,则应分别冠以该省(市、区)与台湾省之名(如:"闽台××展览会"、"沪台××展览会"等)。

展品应符合国家知识产权保护法和国家产业政策,具有先进水平,有利于扩大海峡两岸经贸交流与合作。

(5)邀请台湾厂商参展的国际性及全国性展览会、博览会,应提交有关主管单位的批件、参展台湾厂商的名单(中文)、展品内容、展出面积等详细清单,并提前一个月申请报批;举办海峡两岸的经济技术展览会、对台湾商品交易会、台湾商品展览会,应提交展览会的筹备组织计划和方案、可行性研究报告、参展企业及其展品的有关情况等,并提前六个月申请报批。

(五)处罚规定

(1)持用伪造、涂改等无效的或者冒用他人的前往港澳通行证、往来港澳通行证、港澳同胞回乡证、入出境通行证的,除可以没收证件外,应视情节轻重,处以警告或5日以下拘留。

(2)伪造、涂改、转让前往港澳通行证、往来港澳通行证、港澳同胞回乡证、入出境通行证的,处10日以下拘留;情节严重、构成犯罪的,依照《中华人民共和国刑法》的有关条款的规定追究刑事责任。

(3)编造情况,提供假证明,或者以行贿等手段获取前往港澳通行证、往来港澳通行证、港澳同胞回乡证、入出境通行证,情节较轻的,处以警告或5日以下拘留;情节严重、构成犯罪的,依照《中华人民共和国刑法》的有关条款的规定追究其刑事责任。

三、外方人员出入境管理

外国人出入境问题，涉及一个国家的主权完整和严肃性。根据《中华人民共和国外国人入境出境管理法》的相关规定，外国人在我国出入境的必须遵守我国法律的规定，严格按照法定程序办理出入境手续，并接受我国有关部门的监管。

(一)对外国人出入境的管理规定

对于外国人进入中国领域，除按照我国法律法规办理外，还应该遵守一些国际公约、惯例等。如果该外国人所在国家同中国政府订有签证协议的国家的人员入境，按照协议执行；如果外国对中国公民入境、过境有专门规定的，中国政府主管机关可以根据情况采取相应措施。

1.外国人入境

外国人入境、过境和在中国境内居留，必须经中国政府主管机关许可。外国人入境、出境、过境，必须从对外国人开放的或者指定的口岸通行，接受边防检查机关的检查。

外国人入境，应当向中国的外交代表机关、领事机关或者外交部授权的其他驻外机关申请办理签证。在特定情况下，依照国务院规定，外国人也可以向中国政府主管机关指定口岸的签证机关申请办理签证。

外国人申请各项签证，应当提供有效护照，必要时提供有关证明。中国政府主管机关根据外国人申请入境的事由，发给相应的签证。

2.外国人出境

外国人出境时，应当凭本人有效护照或者其他有效证件。

有下列情形之一的外国人，不准出境：

(1)刑事案件的被告人和公安机关或者人民检察院或者人民法院认定的犯罪嫌疑人；

(2)人民法院通知有未了结民事案件不能离境的；

(3)有其他违反中国法律的行为尚未处理，经有关主管机关认定需要追究的。

有下列情形之一的外国人，边防检查机关有权阻止出境，并依法处理：

(1)持用无效出境证件的；

(2)持用他人出境证件的；

(3)持用伪造或者涂改的出境证件的。

(二)处罚规定

根据我国《外国人入境出境管理法》第二十九条规定，非法入境、出境的，在中国境内非法居留或者停留的，未持有效旅行证件前往不对外国人开放的地区旅行的，伪造、涂改、冒用、转让入境、出境证件的，县级以上公安机关可以处以警告、罚款或者十日以下拘留处罚；情节严重，构成犯罪的，依法追究刑事责任。对于上述行为情节严重的，公安部可以处以限期出境或者驱逐出境处罚。

第四节　涉外会展物流的出入境管理法律制度

一、一般会展物流的出入境管理

《中华人民共和国海关对进出口展览品监管办法》（以下简称《监管办法》）对涉及会展展品的出入境管理有如下规定：

（一）进出境展览品的种类及管理

1. 进出境展览品的种类

《监管办法》划定了进出口展览品包括：

(1)在展览会中展示或示范用的货物、物品；

(2)为示范展出的机器或器具所需用的物品；

(3)展览者设置临时展台的建筑材料及装饰材料；

(4)供展览品做示范宣传用的电影片、幻灯片、录像带、录音带、说明书、广告等。

展览品属海关同意的暂时进口货物，进口时免领进口许可证，免交进口关税和其他税费。进口展览品应当接受海关监管，按照本办法的规定办理海关手续。

2. 进出境展品的担保

展览品进境时，展览会主办单位，参展商或其代理人，应向海关提供担保。担保形式可为相当于税款金额的保证金，银行或其他金融机构的担保书，以及经海关认可的其他方式的担保。

3. 不能复运出境的货物，免征进口关税和进口环节税的条件

(1)在展出活动中能够代表国外货物的小件样品，包括原装进口的或在参展期间用进口的散装原料制成的仪器或饮料（不含酒精）的样品，但应符合以下条件：

①由参展商免费提供并在展出期间专供免费分送给观众个人使用或消费的；

②显系单价很小作广告样品用的；

③不适用于商业用途，且单位容量明显小于最小的零售包装容量的；

④食品及饮料的样品虽未按本项③规定的包装分发，但确系在活动中消耗

掉的。

(2)在展览会中专为展出的机器或器件进行操作示范所进口的并在示范过程中被消耗或损坏的物料。

(3)展出者为修建、布置或装饰展出台而进口的一次性廉价物品,如油漆,涂料及壁纸。

(4)参展商免费提供并在展出期间专门用于向观众免费散发的与活动有关的宣传性印刷品、商业目录、说明书、价目单、广告招贴、广告日历及未装框照片等。

(5)进口供各种国际会议使用或与其有关的档案、记录、表格及其他文件。

上述情况不适用于含酒精饮料,烟叶制品及燃料。

(二)进出境展览的条件和申报程序

1.进出境展览主体的条件

根据我国《监管办法》以及对外经济贸易合作部《关于出国(境)举办招商和办展等经贸活动的管理办法》的规定,进出境展览的主体必须具有组织招商招展能力和承担举办展览的民事责任能力,设有专门从事办展的部门或机构并有相应的展览专业(包括策划、设计、组织、管理及外语)人员,具有完善的办展规章制度,曾参与协办或承办5个以上较大规模的国际性展览会的展览公司或外经贸公司,省级经济贸易促进机构或行业(专业)协会、商会可获得主办资格。

境内个人不得从事出国办展活动,企业和其他组织未经批准不得从事出国办展活动。境外个人、企业和其他组织不得在中国从事出国办展活动。

2.对展品的限制

(1)不得有进口限制的物品;(2)展览会期间展出或使用的印刷品,音像制品及其他海关认为需要审查的物品,须由海关同意后,方能展出或使用。对我国政治、经济、文化、道德以及侵犯知识产权的印刷品和音像制品,不得展出或使用,并由海关根据情况予以没收,退运出境或责令展出单位更改后使用。

海关还可根据审批单位批准举办来华经济技术展览文件及主办单位对外签订的办展协议办理展品、卖品及宣传品的监管和通关手续。对于外贸总公司、工贸总公司举办的展出场地面积在500平方米以下的小型技术交流会、国外样品展示会,海关凭主办公司的对外协议办理展品、卖品及宣传品的监管和通关手续。

3.进出境展览的申报程序

(1)展览会的主办单位或其代理人应在展出地海关办理展览品进口申报手续。从非展出地海关进口的展览品,应当在进境地海关办理转关手续。主办单位或其代理人申报进口展览品时,应向海关提交展览品清单,清单内容填写应完

整,准确,并译成中文;

(2)对展览面积在1000平方米以上的对外经济技术展览会,实行分级审批管理。

①严格控制办展数量,避免重复浪费,鼓励和推动联合办展,鼓励举办专业性展览会。对同类展览,原则上在同一省、自治区、直辖市及副省级市,每年不超过2个。

②以国际展为名称的对外经济技术展览会,境外参展商必须占20%以上。

③组织招商招展必须以企业自愿为原则,不得通过行政干预招展;有关广告、宣传材料必须真实可靠。

④主办单位应在办展结束后一个月之内,按照对外贸易经济合作部规定的内容和要求,向审批单位提交展览情况的总结报告。

⑤审批部门要加强对主办单位、承办单位办展活动的管理,维护正常的办展秩序。对国务院部门(含中国国际贸易促进委员会)所属单位在外地主办的展览,由当地外经贸主管部门进行管理。

(3)对于转为正式进口的展览品,海关按照有关规定办理进口手续。展览会主办单位应及时向海关办理转为正式进口的展览品进口结关手续,负责向海关缴纳参展商或其代理人拖欠未缴的各项税费;

(4)展览会结束后,应向展出地海关办理海关核销手续

展览品实际复运出境时,展览会的主办单位或其代理人应向海关递交有关的核销清单和运输单据,办理展览品出境手续。对需运至其他设关地点复运出境的展览品,经海关同意后,按照海关对转关运输的有关规定办理转关手续。

(三)违反《中华人民共和国海关法》(以下简称《海关法》)和《中华人民共和国海关行政处罚实施条例》(以下简称《海关行政处罚实施条例》)的法律责任

我国《海关行政处罚实施条例》规定,进出口侵犯中华人民共和国法律、行政法规保护的知识产权的货物的,没收侵权货物,并处货物价值30%以下罚款;构成犯罪的,依法追究刑事责任。

需要向海关申报知识产权状况,进出口货物收发货人及其代理人未按照规定向海关如实申报有关知识产权状况,或者未提交合法使用有关知识产权的证明文件的,可以处5万元以下罚款。

随着我国涉外会展的数量增加,频率加快,有时可形成瞬间巨大的物流潮,如果不及时疏通,就可能形成阻塞,影响涉外会展的顺利进行。我国的许多地方开始创设一些在法律许可范围内的会展物品快速通关的做法,如上海就以2010年世博会为契机,成立首家一站式国际展览品进出境管理服务机构,实现对国际展览品的“统一报关、统一查验、统一仓储、统一监管”,此举将大大提高国际展览

品的通关和检验检疫速度。多数国际展览品具有入境周期短、种类繁多、来源国多等特点，传统的监管模式已经无法适应大规模国际展览品出入境的需求。今后国际参展商的货物到达上海口岸后，可以选择传统的报关运输方式将展品运往展览会场；也可以选择直接进入展品监管服务中心，在中心完成国际展品的预录入、报关、报检、查验和库存监管，通过一个订单、面对一个窗口完成全程委托服务，再由中心将货物送到展览会场，展览结束后也可以通过中心实现出口退运、转关转展或留购代理。

这种做法方便参展企业，有利于国际会展业的快速、健康发展。并为上海世博会期间展品的监管和服务积累经验。

二、资金流的出入境管理

资金包括各种货币，它是物的一种特殊表现形式。因而"资金流"也是物流的重要组成部分之一。涉外会展一般规模庞大，涉及面广，有时可能会涉及许多国家或者地区，更重要的是涉外会展交易时所涉及的外汇等货币资金额是非常巨大的，也即会展业外汇管理涉及一些购付汇项目，如境内居民购买非居民参展的零售商品和服务，向非居民机构和个人支付合作承办会展的佣金等，这样就形成了巨大的资金流。但它更多地体现在会展外汇收入管理方面，当然也包括非居民机构和个人在境内会展期间支付外汇的所有活动。

涉外会展业的资金流主要有以下几类：

(一)国内单位出国举办或参加各类经贸、科技会展的资金管理

国内单位出国举办或参加各类经贸、科技会展应严格按照经贸部(89)外经贸进出资字第160号文件(对外经济贸易部关于印发《在国外举办经济贸易展览会的审批管理办法》的通知)的规定办理审批手续。未经批准者，国家外汇管理局或其分局不予批准用汇，银行不予办理有关汇款手续。

国家外汇管理局于1989年5月25日发布《关于国内单位出国举办或参加展览会(博览会)外汇收支的管理规定》，对国内单位出国举办或参加展览会的外汇收支管理均作出详尽规定。

(1)国内单位举办或参加各类经贸、科技会展的，应以留成外汇或专项外汇支付国外有关费用，不得以出售展品收入抵付展览费用。参展单位应凭《出国参展费用开支预算表》及主办单位的付款通知到当地外汇管理分局办理外汇划拨或汇出手续。

(2)国内单位举办或参加上述展览会(博览会)，应以留成外汇或专项外汇支付国外有关费用，不得以出售展品收入抵付展览费用。参展单位应凭"出国参展费用开支预算表"及主办单位的付款通知到当地外汇管理分局办理外汇划拨或

汇出手续。

(3)凡由国内单位组团参展的,参展单位应以外汇额度配人民币汇给组团单位,当地外汇管理分局应对其需调出的外汇额度进行审查,对符合规定的,允许调出并在外汇额度调拨单备注栏注明“已扣出国指标”字样。若组团单位无额度账户,可持有关参展批件到当地外汇管理分局申请开立临时外汇额度账户。

(4)国内参展单位中的三资企业和经批准允许保留并使用现汇的单位可用现汇支付有关费用,组团单位报经当地外汇管理分局批准可开立临时现汇账户。

(5)组团单位对国内参展单位提供服务,只能收取手续费(或服务费)。

(6)出国举办或参加展览会(博览会),在展览会期间出售展品所得的外汇收入,一律调回国内并到银行结汇,按规定办理留成。展览会(博览会)结束后,参展单位须持填写的出境展品销售情况表、收汇凭证和国内银行结汇水单、出入境海关报关单复印件到当地外汇管理分局办理核销手续。

(二)非居民在参加境内涉外会展期间的资金管理

由于还没有系统、完备的法律规定,再加上管理层多且混乱,因此这部分资金的管理会存在许多调控的空间。比如,现有的涉外展览企业分属于外经贸委、商业、工业、科委、对外协作办公室、贸促会等职能部门,国际会议活动由外事办公室主管,形成会展业分散管理、政出多门的局面。而作为会展公司的内部,严重缺乏国际意识和高级专业经营管理人才,管理无序,相互间恶性竞争,造成会展市场的混乱,从而导致外管局的汇兑管理压力,还不能对经常项目汇兑进行限制,所以需要酝酿改革思路。

目前,外汇信用卡和现钞是非居民在参加境内会展期间使用的主要外币支付工具。它包括国外信用卡和境内商业银行发行的外汇信用卡,其交易集中在高级宾馆以及新建的一些高级商场。外汇信用卡使用中的突出问题,是外币清算速度较慢,特约商号较少且服务不够规范。而非居民携带现钞消费,则增加了持币风险,造成部分会展外汇收入体外循环和流入黑市。改进外币清算服务是完善会展综合服务环境的重要举措之一,能直接刺激非居民在境内的各项消费。因此,外汇局要加强同人民银行协作,促进和规范外卡市场发展,包括:加强“金卡”工程建设,规范和发展受理外卡业务的特约商号,增加外币清算币种和速度,降低交易扣率,延长服务时间等。同时应及时完善外币兑换点,加强外币现钞管理,及时为会展业外汇管理提供有效的政策法规保障。

第五节　涉外会展信息流的出入境管理

信息流是指信息的传播与流动,即人们采用各种方式来实现信息交流,从面对面的直接交谈直到采用各种现代化的传递媒介，包括信息的收集、传递、处理、储存、检索、分析等渠道和过程。

在涉外会展中，信息流的既有形又无形的特点显现比较突出。有形的信息流是指商家、客户直接洽谈，在展台上比较直观（看、听、嗅）感受信息的存在；无形的信息则是指利用现代化的传递媒介获取信息，例如电脑、网络等。

信息资源是企业最为重要的财富，是企业重要的创富资源。在现代商战中，谁掌握了最新信息，谁就取得获胜的主动权。建立企业积累信息资源的平台，是安全高效地聚集和实现信息资源价值的必然之选，是企业适应信息时代并保持持久竞争力的战略性基础设施建设。在会展行业与网络经济的不断融合过程中，建设城市与城市、国内与国外的高速信息通道，从而促进优势产业的迅速发展.是会展行业中实行信息流管理的重要课题。

在日益繁杂众多的信息交流过程中难免出现不利于国家、不利于企业的侵权违法行为，如何避免或者尽量多的保护信息的安全性、有效性，是我们必须面对的事实。一般来说，在涉外会展上对这些信息流的规范和保护，从法律的角度有两个层次的保护：一是设置法律作为保护屏障；二是自律和防范意识的提高。

一、信息流的法律保护屏障

（一）涉及商业秘密的法律保护

1. 商业秘密的概念

商业秘密是指一切不为公众所知悉，具有经济价值和实用价值，且权利人已采取了保密措施的经营信息和技术信息。商业秘密主要包含以下两类：一是技术秘密，指人们从经验中或技艺中得来的，能在实践中特别是在工业中应用的技术信息、技术数据或技术知识。技术秘密一般不能独成一体，而只能依附于某项专利或公开的技术，作为实施主要技术时必备的经验性技巧。二是经营秘密，指具有秘密性质的经营管理方法及与经营管理方法密切相关的信息和情报，如推销计划、客户名单、产品价格、销售网络、招标投标的标底等资料。

2. 商业秘密的构成要件

构成商业秘密的要件主要有：

（1）“不为公众所知悉”的秘密性。所谓秘密就是指不能从公共渠道获得，也不能向社会公开的信息。例如可口可乐的配方一直以来被社会各界猜测却始终不得要领，就充分体现了商业秘密的最基本的特征。

（2）“能为权利人带来经济利益”的价值性。商业价值性是指商业秘密能通过现在或将来的使用给权利人带来经济价值和竞争价值。

（3）“经权利人采取保密措施”的可保密性。保密性是商业秘密所具有的本质属性，是商业秘密得以存在的保证。权利人主观上有把该信息作为商业秘密保护的意图，客观上（实际上）采取了具体措施使知情者明知。权利人对某种特定信息采取保密措施，表明了其对该信息的占有意图；也表明其对该信息已作为秘密对待，不想与他人无条件分享的意愿。商业秘密的存在价值要依靠权利人的保密措施得以实现。否则，其被泄露的风险就会加大，一旦失密进入公有领域，就和普通信息没有区别，商业秘密的价值也就无从谈起。

3. 商业秘密的主要内容

（1）产品：企业自行开发的产品，既没有申请专利，也还没有正式投入市场之前，尚处于秘密状态，它就是一项商业秘密。即使产品本身不是秘密，它的组成部分或组成方式也可能是商业秘密。

（2）配方：工业配方、化学配方、药品配方等是商业秘密的一种常见形式，甚至化妆品配方，其中各种含量的比例也属于商业秘密。

（3）工艺程序：有时几个不同的设备，尽管其本身属于公知范畴，但经特定组合，产生新工艺和先进的操作方法，也可能成为商业秘密。

（4）机器设备的改进：在公开的市场上购买的机器、设备不是商业秘密，但是经公司的技术人员对其进行技术改进，使其具有更多用途或效率更高，那么这个改进也是商业秘密。

（5）研究开发的有关文件：记录了研究和开发活动内容的文件，这类文件就是商业秘密。如蓝图、图样、实验结果、设计文件、技术改进后的通知、标准件最佳规格、检验原则等，都是商业秘密。

（6）公司内部文件：与公司各种重要经营活动有关联的文件，也是商业秘密。如采购计划、供应商清单、销售计划、销售方法、会计财务报表、分配方案等都是企业的“商业秘密”。它们若被竞争对手知道，都会产生不良后果。

（7）客户情报：客户清单是商业秘密中非常重要的一个组成部分，若被竞争对手知悉，顾客将会受到引诱或骚扰，从而阻碍公司的正常活动。

（8）管理秘密：即组织生产和经营管理的秘密，特别是合理有效地管理各部门、各行业之间相互合作与协作，使生产与经营有效运行的经验性信息，如管理模式、公共技巧等信息。

4. 侵犯商业秘密的法律责任

（1）侵犯商业秘密的行政责任。侵犯商业秘密行为大多是不正当竞争行为，对社会经济秩序尤其是竞争秩序造成损害。因此我国《反不正当竞争法》规定，各级人民政府都有采取措施，制止不正当竞争行为的义务，为公平竞争创造良好的环境和条件。据此，县级以上工商行政管理部门对侵犯商业秘密行为享有认定处理权。侵权人对违法披露、使用、允许他人使用商业秘密将会给权利人造成不可挽回的损失的，应权利人请求，工商行政部门可以采用扣留侵权人非法获取的载有商业秘密的图纸、软件及有关资料，责令停止销售使用权力人商业秘密生产的产品等措施。对于侵犯商业秘密的，工商行政管理机关有权责令停止违法行为，并可视情节处以1万元以上20万元以下的罚款。对于侵权物品，或责令并监督返回，或监督侵权人销毁使用权利人商业秘密生产的、流入市场将会造成商业秘密公开的产品。

(2)侵犯商业秘密的民事责任。侵犯商业秘密行为的民事责任的承担方式，主要有停止侵害、排除妨害、赔偿损失、支付违约金、恢复名誉或荣誉等。损失赔偿额的确定要根据实际情况，受到侵害的经营者的损失赔偿额即为该损失额；损失额难以计算的，赔偿额为侵权人在侵权期间因侵权所获利润；损失额和利润额均难以计算的，应坚持客观、公平、合理的原则，参照同类经营者、同类技术的平均获利情况，确定赔偿数额。同时，侵权人还应当承担被侵害的经营者因调查侵权人侵犯其商业秘密的行为所支付的合理费用。

(3)侵犯商业秘密的刑事责任。根据新《刑法》第二百一十九条的规定，侵犯他人商业秘密的行为包括：(1)以盗窃、利诱、胁迫或者其他不正当手段获取权利人的商业秘密；(2)披露、使用或者允许他人使用以前项手段获取的权利人的商业秘密；(3)违反约定或者违反权利人有关保守商业秘密的要求，披露、使用或者允许他人使用其所掌握的商业秘密。上述行为给权利人造成重大损失的，构成侵犯商业秘密罪。处三年以下有期徒刑或者拘役，并处或单处罚金；造成特别严重后果的，处三年以上七年以下有期徒刑，并处罚金。

(二)《中华人民共和国保守国家秘密法(修订草案)》(以下简称《保密法》修行草案)的相关规定

根据《保密法》的规定，其内容主要有：

1.保守秘密的范围

《中华人民共和国保守国家秘密法实施办法》第四条规定的保密范围有：危害国家政权的巩固和防御能力；影响国家统一、民族团结和社会安定；损害国家在对外活动中的政治、经济利益；影响国家领导人、外国要员的安全；妨害国家重要的安全保卫工作；使保护国家秘密的措施可靠性降低或者失效；削弱国家的经济、科技实力；使国家机关依法行使职权失去保障。同时《保密法》还规定保密范围应当根据情况变化适时修订。可见其保密范围不是一成不变的。

2.国家秘密的级别

国家秘密的密级分为绝密、机密、秘密三级。绝密级国家秘密是最重要的国家秘密，泄露会使国家的安全和利益遭受特别严重的损害；机密级国家秘密是重要的国家秘密，泄露会使国家的安全和利益遭受严重的损害；秘密级国家秘密是一般的国家秘密，泄露会使国家的安全和利益遭受损害。此外，属于国家秘密的设备、产品的研制、生产、运输、使用、保存、维修和销毁，应当符合国家保密规定。

3.关于涉密信息系统管理的规定

《保密法》修订草案规定，涉密信息系统应当按照国家保密标准配备保密设施、设备。保密设施、设备应当与涉密信息系统同步规划，同步建设，同步运行。

对涉密信息系统的管理，任何组织和个人不得有下列行为：

(1)将涉密计算机、涉密存储设备接入互联网及其他公共信息网络；

(2)在未采取防护措施的情况下，在涉密信息系统与互联网及其他公共信息网络之间进行信息交换；

(3)使用非涉密计算机、非涉密存储设备存储、处理国家秘密信息；

(4)擅自卸载涉密信息系统的安全技术程序、管理程序；

(5)将未经安全技术处理的退出使用的涉密计算机、涉密存储设备赠送、出售、丢弃。

对国家秘密载体的管理，任何组织和个人不得有下列行为：

(1)非法获取、持有国家秘密载体；

(2)买卖、转送或者私自销毁国家秘密载体；

(3)通过普通邮政等无保密措施的渠道传递国家秘密载体；

(4)邮寄、托运国家秘密载体出境；

(5)未经有关主管部门批准，携带、传递国家秘密载体出境。

互联网和电信运营商、服务商发现公共信息网络所传输的信息涉及泄露国家秘密的，应当向公安机关、国家安全机关、国家保密行政管理部门报告，并根据公安机关、国家安全机关、国家保密行政管理部门的要求，删除泄露国家秘密的信息。

4.其他应当遵守《保密法》的行为

(1)机关、单位公开发布信息以及对涉及国家秘密的工程、货物、服务进行采购时，应当遵守保密规定。

(2)机关、单位对外交往与合作中需要提供国家秘密事项，或者任用、聘用的境外人员因工作需要知悉国家秘密的，应当报国务院有关主管部门或者省、自治区、直辖市人民政府主管部门批准，并与对方签订保密协议；

(3)举办会议或者其他活动涉及国家秘密的，主办单位应当采取保密措施，并对参加人员进行保密教育，提出具体保密要求。

5.关于禁止性行为

《保密法》修订草案还规定，有下列行为之一，依法给予处分；构成犯罪的，依法追究刑事责任：

(1)将涉密计算机、涉密存储设备接入互联网及其他公共信息网络的；

(2)在未采取防护措施的情况下，在涉密信息系统和互联网及其他公共信息网络之间进行信息交换的；

(3)使用非涉密计算机、非涉密存储设备存储、处理国家秘密信息的；

(4)非法复制、记录、存储国家秘密的；

(5)在未采取保密措施的有线和无线通信、互联网及其他公共信息网络中传递国家秘密的；

(6)在私人交往和通信中涉及国家秘密的；

(7)擅自卸载涉密信息系统的安全技术程序、管理程序的；

(8)将未经安全技术处理的退出使用的涉密计算机、涉密存储设备赠送、出售、丢弃的；

(9)非法获取、持有国家秘密载体的；

(10)通过普通邮政等无保密措施的渠道传递国家秘密载体的；

(11)非法买卖、转送或者私自销毁国家秘密载体的；

(12)邮寄、托运国家秘密载体出境或者未经有关部门批准，携带、传递国家秘密载体出境的。

上述行为尚不构成犯罪，且不适用处分的人员，由保密行政管理部门给予警告，并处 1000 元以上 5000 元以下的罚款；有违法所得的，没收违法所得。

6.违反《保密法》的法律责任

(1)机关、单位违反本法规定，严重危害国家秘密安全或者发生重大泄密案件的，由有关机关依法对直接负责的主管人员和其他直接责任人员给予处分；不适用处分的人员，由保密行政管理部门给予警告，并处 1000 元以上 5000 元以下的罚款。

(2)取得保密资质的企业事业单位违反保密资质管理规定的，由保密行政管理部门责令改正，处 5000 元以上 3 万元以下的罚款；有违法所得的，没收违法所得；情节严重的，撤销保密资质。

(3)未取得保密资质的企业事业单位擅自从事涉及国家秘密的经营活动的，由保密行政管理部门责令停止违法行为，处 1 万元以上 5 万元以下的罚款；有违法所得的，没收违法所得。

(4)我国《刑法》第二百八十二条规定，以窃取、刺探、收买方法，非法获取国家秘密的，处三年以下有期徒刑、拘役、管制或者剥夺政治权利；情节严重的，处三年以上七年以下有期徒刑。非法持有属于国家绝密、机密的文件、资料或者其他物品，拒不说明来源与用途的，处三年以下有期徒刑、拘役或者管制。

目前在我国保密工作处于泄密高发期，国家保密局局长夏勇在向全国人大常委会作关于保密法修订草案的说明时提到，其中计算机网络泄密发案数已占泄密案发总数的70%以上，并呈逐年增长趋势。针对泄密信息系统频繁泄密的严峻形势，《保密法》修订草案增加了相应的保密措施，即将涉密信息系统按照涉密程度分为绝密级、机密级、秘密级，实行分级保护。并对这一系统采取技术保护，规定涉密信息系统投入使用前，应当经设区的市级以上保密行政管理部门检查合格方可。

（三）涉外会展信息流严格监管的重要性

涉外会展是一个信息流聚集又迅速扩散的开放场所，怀有各种各样目的的人并存，不能排除专门搜集国家或者企业秘密的行为存在，因此针对信息流是否合理合法流通，须由我国海关及公安部门协同作战，共同监管。

1. 对于携带商业秘密和国家秘密载体通关的不法行为处理

携带商业秘密和国家秘密载体通关行为显然是违法行为，可根据不同情节构成不同的犯罪，构成走私罪或者间谍罪等。对于这些行为的查验应当由海关依法予以执行，对于构成犯罪行为的可移交公安机关处理。

根据我国《海关行政处罚实施条例》的规定，运输、携带、邮寄国家禁止进出境的物品进出境，未向海关申报但没有以藏匿、伪装等方式逃避海关监管的，予以没收，或者责令退回，或者在海关监管下予以销毁或者进行技术处理。

经过设立海关的地点，以藏匿、伪装、瞒报、伪报或者其他方式逃避海关监管，运输、携带、邮寄国家禁止或者限制进出境的货物、物品或者依法应当缴纳税款的货物、物品进出境的，按走私罪论处。

我国《刑法》规定，为境外的机构、组织、人员窃取、刺探、收买、非法提供国家秘密或者情报的，处五年以上十年以下有期徒刑；情节特别严重的，处十年以上有期徒刑或者无期徒刑；情节较轻的，处五年以下有期徒刑、拘役、管制或者剥夺政治权利。

2. 对于网络信息传递的合法与安全的监管

网络和信息安全是除网络自身安全以及服务提供安全外，还包括网络上的信息机密性、完整性、可用性以及相关内容安全的有害信息控制。网络与信息安全范围等同于广义的网络安全。随着信息网络技术的发明和应用，网络应用于商务、政务、文化等社会的各个领域，网络给整个社会的运转方式带来了巨大的变化，这些变化深刻地影响着人们的行为，同时也引起了各国对网络行为规范、监管和治理的重视。一方面网络给人类社会带来便捷、快速、低廉的信息传输功能，强大的信息共享和互动功能，自由开放的言论发表功能，数字产品的分销功能等。但与此同时，也带来网络侵权、国家机密和商业秘密被泄露、有害信息传播、网络传播权无序等缺点。因此，网络需要监督和管理，以使网络服务于社会发展。

尽管目前我国关于网络和信息安全的法律法规尚不健全，但是由网管部门和公安机关共同形成的网络监管体制在实践中已见成效，特别是对国家机密和商业秘密的信息的不法披露进行严格把关，正在发挥着网络警察的强大作用。海关的严格查验及公安部门的严格把关交织形成巨大的有形与无形的天罗地网，尽可能地保护国家机密不外泄，保护无论境内还是境外涉外会展中组展商与参展商的合法权益。

二、提高涉外会展各方当事人的自律和防范意识

自律就是遵循法度，自加约束。中国古代人就已经很崇尚自律，如《左传·哀公十六年》："呜呼哀哉！尼父，无自律。"唐张九龄《贬韩朝宗洪州刺史制》："不能自律，何以正人？"宋苏辙《西掖告词》之十五："朕方以恭俭自居，以法度自律，宜得慎静之吏，以督缮治之功。"明李东阳《石公墓志铭》："虽居官久，家无赢赀，亦以俭自律，不少变。"这些讲的是自律。而古人所云："知之难，不见人，在自见。"则讲的是自律意识。我们今天也可以把它延伸到法律意识。意识虽然是一个道德范畴，但是好的意识的维持和贯彻对于保持社会的安定秩序，发扬社会的传统美德是有着重要意义的。这种意识在市场经济环境中的另一侧面则体现为"诚实守信"。作为涉外会展各方当事人，无论是组展商、参展商，还是参观者都应该自律，遵纪守法，规范自己的行为，做讲诚信的人，避免诸如侵犯他人知识产权、进行不正当竞争行为、违反国家海关等法律法规、搜集他人或者国家秘密等行为的发生。

因此，涉外会展各方当事人应该不断提高自己的防范意识。对于自己的知识产权，包括专利、商标等要履行合法手续，争取相关保护。当事人的保密意识要加强，防范泄密，特别是在互联网上传递的信息一定采取相应措施保护其不受威胁。所有这些都为我们打造干净、有序、繁荣的涉外会展环境奠定良好的基础。

第六节 我国会展企业出境展览的条件与程序

一、我国会展企业出境展览的条件

(一)涉外会展从业人员需要进行资格认证

会展业作为现代服务业的重要部分，需要大量的优秀人才来推动和促进其发展，同时涉外会展又是一个专业性比较强的行业，它要求从业人员有一定的专

业知识和专业技能，会展办得成功与否与操办人的素质是密不可分的。因此对涉外会展的从业人员进行资格认证是很有必要的。目前，上海市会展行业协会共同推出的《上海市会展管理专业技术水平认证》(初级)、(中级)、(高级)工作在全国尚属首次，值得推广。实行会展从业人员资格认证制度，这无疑是提升会展管理水平的有效措施。

(二)会展企业出境展览的条件

出国办展是指境内法人(以下称“组展单位”)向国外经济贸易展览会主办者或展览场地经营者租赁展览场地，并按已签租赁协议有组织地招收其他境内企业和组织(以下称“参展企业”)派出人员在该展览场地上展出商品和服务的经营活动。

根据我国外交、外经贸工作需要，赴展国政治、经济情况，我国驻赴展国使领馆商务机构意见，赴某一国家、城市、展览会项目集中程度，展览会实际效果，组展单位上年度项目实施情况，以及对法律法规的遵守情况以及组展单位的资质等，凡符合条件的就可以办理出境展。

按照贸促会商务部关于修订《出国举办经济贸易展览会审批管理办法》的通知规定，组展单位应当具备以下条件：

(1)依法登记注册的企事业单位、社会团体、基金会、民办非企业单位法人，注册 3 年以上，具有与组办出国办展活动相适应的经营(业务)范围；

(2)具有相应的经营能力，净资产不低于 300 万元人民币，资产负债率不高于 50%；

(3)具有向参展企业发出因公临时出国任务通知书的条件；

(4)法律、法规规定的其他条件。

此外，如果以地方人民政府名义出国办展，由有关省、自治区、直辖市、计划单列市、副省级市、经济特区人民政府商务主管部门提出项目申请。除非友好省州、友好城市庆祝活动所必需，同一地方商务主管部门申请的项目一年内不应超过 2 个；以商务部名义出国办展，由受商务部委托的组展单位或商务部委派的机构提出项目申请。

二、我国会展企业出境展览的程序

出国办展须经中国国际贸易促进委员会审批(会签商务部)。组展单位应当向中国国际贸易促进委员会提出出国办展项目申请，项目经批准后方可组织实施。

(一)申请的提出

组展单位应以书面形式逐个提出项目申请。项目申请包括以下材料：

(1)项目申请报告；

(2)按规定填写的《出国举办经济贸易展览会申请表》原件及电子文本；

(3)我国驻赴展国使领馆商务机构同意函复印件。首次提出项目申请的组展单位,除应提供前款规定的项目申请材料外,还应提供以下材料：

①项目可行性报告及与国外展览会主办者或展览场地经营者联系的往来函件复印件；

②法人登记证书复印件(验证原件)；

③会计师事务所出具的验资报告、财务年度报告、资产负债表复印件；

④税务机关出具的完税证明原件；

⑤事业单位批准成立机关或社会团体、基金会、民办非企业单位业务主管单位出具的同意事业单位或社会团体、基金会、民间非企业单位出国办展的批准件原件；

⑥有因公出国任务审批权的部门和单位出具的同意向参展企业发出因公临时出国任务通知书的证明函原件。

(二)复核申请及材料

对于经批准的项目,组展单位还须至迟在展览会开幕前 2 个月向贸促会提出出国办展人员复核申请,包括以下材料：

(1)人员复核申请报告；

(2)按规定填写的《出国举办经济贸易展览会人员复核申请表》原件及电子文本；

(3)国外展览会主办者或展览场地经营者出具的展览场地使用权确认函复印件；

(4)保护知识产权工作方案和国外突发事件应急处理预案。贸促会在收到申请后 10 个工作日内作出是否复核的决定。符合规定的,核发《出国举办经济贸易展览会人员复核批件》,抄送相关部门;不符合规定的,说明理由。

(三)展品、外汇和人员出境监管

有关监管部门凭贸促会核发的《出国举办经济贸易展览会批件》,核发展品出境所需单证;出入境检验检疫机构凭贸促会核发的《出国举办经济贸易展览会批件》,办理展品查验手续。

海关根据出口展览品监管的有关规定,凭贸促会核发的《出国举办经济贸易展览会批件》及有关监管部门核发的展品出境所需单证,办理展品查验放行手续。

各级外汇管理部门和外汇指定银行凭贸促会核发的《出国举办经济贸易展览会批件》办理场地租用和展品运输外汇使用手续。

各级商务、外事、外汇管理部门和外汇指定银行凭贸促会核发的《出国举办经济贸易展览会人员复核批件》,办理参展人员出国、外汇使用手续。

案例分析

【案情简介】2004 年中国(南宁)国际汽车展本来是作为首届“中国一东盟博览会”的预演展会出现的,是继京、沪、穗之后第四个得到商务部支持的国际汽车展览会,得到中国机械工业联合会的大力支持,受到广西区政府、南宁市政府的高度重视。当时的媒体是这样报道的:“本届展会是由中国机械工业联合会等单位联合举办。此次车展已成为广西有史以来规模最大、权威性最强、档次最高并在汽车界、会展界享有较强影响力的国际性专业展会。本届汽车展也得到了世界上众多知名汽车生产厂家的大力追捧,劳斯莱斯、宾利、奔驰、宝马、保时捷、凯迪拉克等世界知名汽车厂商已与车展办公室确认参展。届时,30 多个世界品牌的数十辆世界名车将亮相南宁。国内大型汽车企业今年主打推出的新车也将在本次车展脱颖而出,猎豹、沃尔沃、双龙、哈飞等数十个国产品牌与世界名车争相辉映。”

这个原定为期 8 天的汽车展开幕式非常隆重,有重要领导出席,各方面反响也都不错。可是,就在第 3 天夜里,展览会的主要展品被撤离展览现场,第 4 天展馆门口即贴出紧急通知:“由于主要参展车辆撤展,本次车展自本日起不得不提前结束。因此,包括中国邮政和中国农业银行古城支行在内的各售票网点即日起停止售票。凡已购买观展门票的观众,请保管好门票以便退票。”

是什么原因导致这次所谓国际会展“流产”的?个中原因复杂,既有政府原因,也有企业自身的原因;一个是利益分配失衡,一个是经验不足,在其共同作用下,致使很多参展商蒙受不必要的经济损失。

【法律评析】纵观广西这次“车展”的“破产”,我们认为其存在以下几个法律问题:

第一,该车展名称为:“2004 年中国(南宁)国际汽车展”,并且号称是“在汽车界、会展界享有较强影响力的国际性专业展会”,但是实际上该会展既没国际机构参与、也没有国际参展价格定位,更没有国际区域报名地点,这实际上是一次违规操作行为。《国务院办公厅关于在我国境内举办对外经济技术展览会的管理办法的通知》(以下简称《通知》)第四条中的第二项明确规定:“以国际展为名称的对外经济技术展览会,境外参展商必须占 20%以上”,而该会展虽有国际名车登场,但那也是由广西“中联桂政公司”所提供,与外商参展完全是两码事。

第二,国家法律法规规定“组织招商招展必须以企业自愿为原则,不得通过行政干预招展;有关广告、宣传材料必须真实可靠。”但是广西从区到市,各级领导做足了功夫,虽没有强制各方参展,但是实际上他们的行为起到了误导参展商与消费者的作用。政府和相关机构参与“造势”，但具体办展的组织情况、协调工作没有过问，甚至出现问题时也未采取积极态度帮助参展商和消费者加以解决，影响了政府在公众面前的公信力。

第三，根据我国《民法通则》、《合同法》的规定，民事主体在参与民事活动时的法律地位一律平等，特别在市场经济环境中，更要秉承公平原则。因为只有地位的平等才能折射出涉外会展业的健康发展。而“2004年中国（南宁）国际汽车展”则怪相丛生：同作为汽车经销商，如果经营的是国产品牌车，想要参加车展需交纳昂贵的场地费；而一些经营国外品牌的汽车商来参展，不但不用交任何费用，还可获得昂贵出场费。如果这次会展有真正的国外参展商进场，该展会用这种方式区别对待参展商，还有可能涉及国家主权纷争的大问题。

【启示】涉外会展是一个提高区域知名度、为企业创造一个国际商品、技术交流的平台，原本是一件好事。若能有效利用这个工具，就会给本国、本地区、本企业带来名利双赢，否则将会失信于民，造成不良影响。广西这个“夭折”的“国际车展”就是一个值得借鉴、思考的案例。要把涉外会展做大做强，首先一定要严格依法办事，熟悉本行业的法律法规，在与国际接轨的经济活动中，特别要强调讲诚信，讲公平，照章办事。这样既提高了自己的形象和影响力，也会带来丰硕的回报。

复习思考题

1.什么是涉外会展？它与内展有什么不同？

2.“人流、物流、信息流”在涉外会展中的意义是什么？

3.如何正确疏导信息流？怎样防范国家秘密、商业秘密的外泄？

4.境内办国际会展的条件和程序有哪些？

5.企业出境办展的条件和程序都有哪些？

6.违反我国《海关法》行为的法律后果是什么？

第六章

会展消费者权益保护法律制度

学习目的

会展消费者权益是会展消费者依法享有的权利以及该权利受到法律保护时给会展消费者带来的利益。本章对会展消费者进行了界定,并介绍了会展消费者权益保护的基本法律规定和争议解决方法。

主要内容

- 会展消费者概述
  会展消费者的定义
  会展消费法律关系的产生及其构成要素
- 消费者权益保护法概述
  消费者权益保护运动
  我国消费者权益保护法律体系
- 会展消费者权利与会展经营者的义务
  会展消费者的权利
  会展经营者的义务
- 会展消费者权益争议与法律责任
  会展消费者权益争议
  损害会展消费者权益的法律责任

第一节　会展消费者概述

一、会展消费者的定义

(一)消费者的概念及其法律特征

我国《消费者权益保护法》中界定的消费者，是指为生活消费需要购买、使用商品或者接受服务的社会成员。

据此法律规定，我国消费者具有以下法律特征：

(1)消费者的消费性质属于生活消费：消费者的生活消费包括两类，一是物质资料的消费，如衣、食、住、行、用等方面的物质消费。二是精神消费，如旅游、文化教育等方面的消费。

(2)消费者的消费客体是商品和服务：商品，指的是与生活消费有关的并通过流通过程推出的那部分商品，不管其是否经过加工制作，也不管其是否为动产或不动产。服务，指的是与生活消费有关的有偿提供的，供潜在和现实消费者所使用的任何种类的服务。

(3)消费者的消费方式包括购买、使用商品和接受服务：关于商品的消费，即购买和使用商品，既包括消费者购买商品用于自身的消费，也包括购买商品供他人使用或使用他人购买的商品。关于服务的消费，不仅包括自己付费自己接受服务，而且也包括他人付费自己接受服务。不论是商品的消费还是服务的消费，只要其有偿获得的商品和接受的服务是用于生活消费，就属于消费者。

(4)消费者的主体包括公民个人和进行生活消费的单位：生活消费主要是公民个人(含家庭)的消费，而且对公民个人的生活消费是保护的重点。但是，生活消费还包括单位的生活消费，因为在一般情况下，单位购买生活资料最后都是由个人使用，有些单位还为个人进行生活消费而购买商品和接受服务。

(二)会展消费者的定义

广义的会展消费应当包括会展经济所带动的各种生产和生活消费。狭义的会展消费仅指消费者在展览会、展销会等场所进行生活消费的行为。适用《消费者权益保护法》的，仅限于狭义的会展消费行为。

会展消费者一般是指在商贸类展览会上，为个人(含家庭)生活消费需要购买、使用商品或接受服务的人。

这一概念包含以下三层意思：

(1)会展消费者是自然人。展览是由一系列要素有机联系在一起的一个系统，构成这个系统的基本要素是参展商、展览组织者、展览场地、市场和消费者。

这个展览系统中的消费者，既包括生产消费者，也包括生活消费者。所谓会展消费者，是生活消费者，指因非商业性目的而购买商品、使用商品或接受服务的自然人。所谓非商业性目的就是仅限于购买者的生活消费，而不是用于转卖或营业。

(2)会展消费者购买、使用的商品或接受的服务是由会展经营者提供的。凡是标明具体时间、地点和名称的每一次展览活动，即算做一个展览会。如果对展览会进行分类，可以分为以下两类，一是商贸类展览会：凡是以促进贸易成交、技术交流、经济合作、项目投资、服务推广等商贸性目标为主的展览会，即为商贸类展览会。一是公益类展览会：除商贸类展览会以外，以展示成就、公益宣传、公众教育等为主要目的，或者根据政治、外交等方面需要举行的专门性展览会，为公益类展览会。一般来说，商贸类展览会由会展经营者提供的商品和服务构成会展消费者的消费行为。

(3)会展消费者购买商品或接受服务的消费行为发生在商贸类展览会举办过程中。从展览业收入来看，由展览组织者收入和展览场馆的收入两部分组成。展览组织者收入指的是通过销售参展面积、参观门票、展会广告等获得的收入，以及得到的商业赞助等。展览场馆的收入是指展览场馆通过出租展览场地以及组织展览会或其他商业性活动所获得的收入。从举办一个展览的客户关系来说，场地商的客户是组展商，组展商的客户是参展商，参展商的客户是参观者。场地商靠出租场地赚钱，组展商主要靠招募参展商赚取利润，而参展商要靠吸引参观者进行交易。在这里，场地商、组展商、参展商作为会展经营者一方，而对于会展消费者来说，商贸类展览会是一个特定的消费场所。

二、会展消费法律关系的产生及其构成要素

(一)展览的交换原理

展览特别是经济贸易展览是一种特殊的流通媒介。从流通性质上看，展览与批发、零售等流通媒介相同。通过展览，买主和卖主签约成交，做成买卖。但是，展览也有其特殊性，有别于其他流通媒介。不论是外贸、商业、期货等，本身都是交换过程中的一个环节，不论是形式上(商业和贸易)还是意义(期货)上的常规交换，要先买进商品，再卖出去。而展览则不是交换的中间环节，它只为卖主和买主提供环境，由买卖双方直接达成交换。展览的交换原理如下图所示：

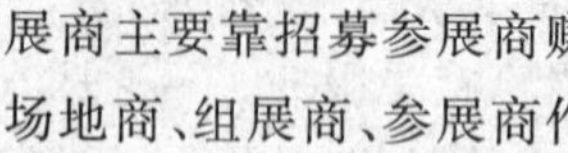

(资料来源：《会展概论》马洁 刘松萍 编著)

从企业营销的角度看，展览会作为促销工具，刺激公众的消费和购买欲望；作为直销的一种形式，可以直接将展品销给观众。

事实上，直销是我国经济贸易类展览会的一个重要特点。国际上的展会通常只是洽谈与成交，而我国的展会大多数具有展销性质，观众在展会上既可洽谈和成交，也可现场采购少量商品或单个商品，而众多的普通观众成为买家的销量并非比专业观众订单的购买量少。因此，国外比较注重的是专业观众，因此举办专业展会是大多数国家的特点。而我国举办的著名展会，如广交会是一个综合展会，其既注重专业观众，也接纳大批普通观众。

(2)会展消费法律关系的产生及其构成要素

会展经营者与会展消费者之间法律关系的产生，主要有两种方式：一是通过双方之间的协议而缔结的买卖合同法律关系；一是基于会展经营者未履行法定或约定义务而产生的侵权法律关系。

这种法律关系的三个基本构成要素是：

(1)会展消费法律关系的主体：会展消费者和会展经营者。

(2)会展消费法律关系的客体：会展经营者提供的商品或服务。

(3)会展消费法律关系的内容：会展消费法律关系主体依法享有的权利和承担的义务。

无论会展经营者与会展消费者之间的法律关系是以何种方式产生的，由于会展经营者与会展消费者之间不可能完全平等的经济地位及不对称的信息来源，必然导致处于核心地位的会展经营者既是商业活动的经营者，又是公共场所管理者，因而应承担一定的责任与义务。

第二节　消费者权益保护法概述

一、消费者权益保护运动

国际消费者运动发端于19世纪末的美国，1891年，在美国纽约成立全美第一个保护消费者权益的组织——纽约消费者协会。1898年，美国成立了世界上第一个全国性的消费者组织——消费者联盟，极大地推动了美国的消费者运动。1960年，美国、英国、荷兰、澳大利亚、比利时等五国在荷兰海牙成立了国际消费者组织联盟(IOCU)。中国消费者协会于1987年成为该联盟的正式成员。1983年，国际消费者组织联盟将每年的3月15日定为“国际消费者权益日”。从1983年以来，每年3月15日，全球各地的消费者组织都举行大规模的活动，宣传消费者的权利，显示消费者的强大力量。自20世纪70年代以来，国际消费者运动已经不仅仅局限于立法保护，而是侧重于向广度和深度发展，使得消费者保护制度更加完善。许多发达国家制定了保护消费者权益的基本法，并与各种保护消费者权益的具体法律制度相配套，形成了比较完善的消费者保护制度和法律体系。消费者权益的保护范围不仅涉及到消费者的人身健康与安全，而且涉及到消费交易的公平、消费环境的改善以及消费者的社会角色等各个方面。

我国消费者权益运动始于20世纪80年代初。十一届三中全会以后，我国由传统闭锁的计划经济开始向社会主义市场经济发展，商品经济社会普遍存在的消费者问题也逐渐暴露出来，市场上出现了大量的假冒伪劣产品，坑蒙拐骗消费者的现象屡屡发生，而作为个体的消费者又无力自助且诉之无门。在这种情况下，争取和保护消费者权益的运动就自发的展开了。1983年，石家庄新乐县成立了第一个消费者组织——新乐消费者协会。1984年，广州市消费者委员会亦告成立。同年12月，经国务院批准，全国性消费者组织——中国消费者协会在北京成立。到2009年初为止，全国县级以上的消费者组织已经建立了3279个。消费者基层组织已深入乡村城市。从目前情况来看，我国消费者组织以消费者协会为主，它是依法成立的对商品和服务进行社会监督的保护消费者合法权益的社会团体。各级消费者组织都是独立的法人，有的在当地的民政部门注册，有的在当地的人事部门注册，在当地党组织、政府、人大、政协，以及工商局等政府主管部门的领导下，开展着保护消费者合法权益的工作。其主要职能有：①向消费者提供消费信息和咨询服务；②参与有关行政部门对商品和服务的监督、检查；③就有关消费者协会合法权益的问题，向有关行政部门反映、查询，提出建议；④受理消费者的投诉，并对投诉事项进行调查、调研；⑤投诉事项涉及商品和服务质量问题的，可以提请有关鉴定部门鉴定，鉴定部门应当告知鉴定结论；⑥就损害消费者合法权益的行为，支持受损害的消费者提起诉讼；⑦对损害消费者合法权益的行为，通过大众传播媒介予以揭露、批评。

各级人民政府对消费者协会履行职责应当予以支持。

二、我国消费者权益保护法律体系

(一)消费者权益保护法的概念

消费者权益保护法，从概念上讲它是有广义和狭义之分的。从狭义的角度看，我们所说的消费者权益保护法是指1993年10月31日颁布、1994年1月1日起施行的《中华人民共和国消费者权益保护法》。从广义的角度看，消费者权益保护法是调整在保护公民消费权益过程中所产生的社会关系的法律规范的总称，即凡是保护消费者权益的法律，都可以称之为消费者权益保护法。

(二)保护消费者权益的相关法律

为了保护消费者合法权益,国家出台了一系列法律法规,比如说1993年颁布了《中华人民共和国消费者权益保护法》,相继颁布的《中华人民共和国产品质量法》、《中华人民共和国价格法》、《中华人民共和国反垄断法》、《中华人民共和国食品安全法》等几十部法律法规中,都有保护消费者合法权益的内容。这些立法构成了一套比较完善的具有中国特色的保护消费者权益的法律体系,从各方面切实保障我国消费者的合法权益。

(1)《消费者权益保护法》是消费者维护自身权益最有力也是最常用的武器。按照该法规定,消费者在购买、使用商品或接受服务时享有人身和财产安全权利、知悉权、选择权、公平交易权、损害赔偿权、结社权、知识权、社会监督权、人格尊严和民族风俗习惯受尊重权等9项权利。经营者负有接受监督、提供真实信息、明码标价等10项义务。该法的颁布实施,是我国第一次以立法的形式全面确认消费者的权利。此举对保护消费者的权益,规范经营者的行为,维护社会经济秩序,促进社会主义市场经济健康发展具有十分重要的意义。

(2)《中华人民共和国产品质量法》(以下简称《产品质量法》)规定了生产者、销售者对产品质量应承担责任、义务及因其产品质量对用户、消费者造成损失,应承担的损害赔偿责任。

(3)《中华人民共和国食品卫生法》(以下简称《食品卫生法》)适用于一切食品,食品添加剂、食品容器、包装材料和食品用工具、设备、洗涤剂、消毒剂;也适用于食品的生产经营场所、设施和有关环境。对违反本法的行为,任何人都有权检举和控告。

(4)《中华人民共和国药品管理法》(以下简称《药品管理法》)。医药商品是一种特殊商品,直接关系到人民大众的身体健康和生命安全。该法对假药进行了界定,并明确了对生产、销售或配制假药行为的处罚手段。

(5)《中华人民共和国价格法》(以下简称《价格法》)。消费者若因经营者的价格违法行为而多付价款的,或因经营者违反明码标价规定等行为受损的,可以依照此法要求退还多付部分;对造成的损害,可以要求对方依法承担赔偿责任。

(6)《中华人民共和国广告法》(以下简称《广告法》)规范广告行为,保护消费者权益,是国家主管部门的职责。作为消费者,也可根据此法的有关条款保护自身权益不受侵犯。

(7)《中华人民共和国反垄断法》(以下简称《反垄断法》)自2008年8月1日起施行,反垄断法规定的垄断行为包括:经营者达成垄断协议;经营者滥用市场支配地位;具有或者可能具有排除、限制竞争效果的经营者集中。《反垄断法》规定,具有市场支配地位的经营者,不得滥用市场支配地位,排除、限制竞争。《反垄断法》明确，国务院设立反垄断委员会，负责组织、协调、指导反垄断工作，履行以下五大职能：研究拟订有关竞争政策；组织调查、评估市场总体竞争状况，并发布评估报告；制定、发布反垄断指南；协调反垄断行政执法工作；国务院规定的其他职责。国务院规定的承担反垄断执法职责的机构（国务院反垄断执法机构）依照本法规定，负责反垄断执法工作。

(8)《中华人民共和国食品安全法》（以下简称《食品安全法》）是保证食品安全，保障公众身体健康和生命安全的法律，2009 年 2 月 28 日第十一届全国人民代表大会常务委员会第七次会议通过了《食品安全法》，对食品安全监管体制、食品安全标准、食品安全风险监测和评估、食品生产经营、食品安全事故处置等各项制度进行了补充和完善。针对多头监管、政出多门的现状，《食品安全法》规定，国务院设立食品安全委员会。该委员会作为高层次的议事协调机构，对食品安全监管工作进行协调和指导。同时，食品安全法还进一步明确了各部门的职责。《食品安全法》规定，国家建立食品安全风险监测和评估制度，对食源性疾病、食品污染以及食品中的有害因素进行监测，对食品、食品添加剂中生物性、化学性和物理性危害进行风险评估。在总结“三鹿事件”教训的基础上，《食品安全法》特别明确，要对食品添加剂加强监管。食品添加剂应当在技术上确有必要且经过风险评估证明安全可靠，方可列入允许使用的范围，严禁往食品里添加目录以外的物质。《食品安全法》还就统一食品安全国家标准以及保健食品、食品广告等的监管作了规定。此外，《食品安全法》还加大了对违法行为的处罚力度。

(9)《民法通则》是调整平等主体间财产关系和人身关系的法律，而消费者与商家或提供服务的其他主体也是一种平等主体间的财产关系。

(10)《刑法》主要是通过惩罚制假售劣来保护消费者权益的。

此外，其他法律法规中的相关内容都适用于消费者权益的保护。

第三节 会展消费者权利与会展经营者的义务

一、会展消费者的权利

会展消费者既具有消费者的属性，又有其自身特点，因此具有其自身的权利。会展消费者权利，是指法律规定或确认的会展消费者为生活消费需要在商贸类展览会上购买、使用商品或者接受服务时，依法为或不为一定行为，以及要求会展经营者或其他有关主体为或不为一定行为的法律资格。

根据我国《消费者权益保护法》规定，消费者享有以下权利：保障安全权、知悉真情权、自主选择权、公平交易权、依法求偿权、依法结社权、获取知识权、获得尊严权、监督批评权。

(一)保障安全权

会展消费者在参加会展时，享有人身、购买的商品、接受的服务等方面安全的权利。对会展业来说，它要求会展经营者提供的场所、展台在保安、消防等方面具有安全性。参展商提供的展品及服务必须符合安全标准。具体而言，包括以下几个方面：

1.提供的场地要符合消防安全的规定

公安部颁布了《机关、团体、企业、事业单位消防安全管理规定》，概括起来，与会展业有关的内容主要有：

(1)根据规定，展览馆、商场、会堂等公众聚集场所属于消防安全重点单位。这些单位的法定代表人是单位的消防安全责任人，单位还要根据需要确定本单位的消防安全管理人。这些单位每年至少对每名员工进行一次消防安全培训，培训的内容应当包括组织、引导在场群众疏散的知识和技能。至少每半年进行一次演练，并结合实际，不断完善预案。

(2)实行承包、租赁或者委托经营、管理时，产权单位应当提供符合消防安全要求的建筑物，消防车通道、涉及公共消防安全的疏散设施和其他建筑消防设施应当由产权单位或者委托管理的单位统一管理。

(3)单位应当保障疏散通道、安全出口畅通，并设置符合国家规定的消防安全疏散指示标志和应急照明设施，保持防火门、防火卷帘、消防安全疏散指示标志、应急照明、机械排烟送风、火灾事故广播等设施处于正常状态。

(4)举办集会、焰火晚会、灯会等具有火灾危险的大型活动的主办单位、承办以及提供场地的单位，应当在订立的合同中明确各方的消防安全责任。应当在具备消防安全条件后，向公安消防机构申报对活动现场进行消防安全检查，经检查合格后方可举办。

2.场地设施、治安环境要符合安全的需要

会展场所除了展台设计和搭建的新颖和独特外，还必须强调展台搭建的环保、安全问题，安全搭建展台的方法很多，使用搭建系统组件是其中主要的一种。现在的参展商都希望自己的展台有一种与众不同、出人意料的效果，这样一来就使得现代化展会中的展台甚至展会本身都进入了一个高标准搭建的时代。不管是两层楼的展台还是一面跨度非常大的展示墙，它的搭建的每个部件和部件之间连接的强度以及各种力量之间的平衡都必须提供高标准的安全保障。

在会展场所治安方面，我国目前尚无专门的法律法规进行规范，只有相关的法律法规参照执行。如《中华人民共和国治安管理处罚条例》以及地方性会展场所治安管理办法。

例如广州市协作办公室、市工商局、市外经贸局于2005年发布《关于加强广州市会展业管理的意见》，其中关于会展活动场所安全问题，有以下规定：在我市（广州）举办会展活动，会展承办单位需按照有关规定提前到市公安机关提出举办申请，在公安机关的指导下落实安全保卫措施。会展场馆要按照市政府有关规定在场馆内安装监控系统。承办单位提前申报并制定疏散预案，展馆内消防通道、搭建材料、用火用电问题要严格按照有关消防规定，加强会展期间场馆的管理。要提前设置交通指引和道路引导标识，划定好停车区域。会展场馆方应当制定安全防范工作制度，组建安全保卫机构，配备专职保安人员。会展活动属大型群众性活动的，举办单位和会展场馆方应当按照《大型群众性活动安全管理条例》的规定获得公安部门的安全许可，并做好各项安全工作。会展展台搭建委托方应当与展台搭建单位签订展台施工安全责任书，明确双方权利义务。建设管理部门应当加强对展台安全的监督和检查。建设管理部门在监督检查中发现搭建的展台存在安全隐患的，应当向展台搭建单位提出，展台搭建单位应当及时进行整改。

3.为保障会展消费者安全权的实现，参展商提供的商品要符合安全的要求

（1）提供的商品或服务应当符合保障人体健康和人身、财产安全的国家标准或者行业标准。

（2）对于暂时没有标准的，应当保证符合人身健康、财产安全的要求。

（3）对可能危及人体健康和安全的商品或服务，要事先向消费者作出真实和明确的警示，并标明或说明正确使用商品或接受服务的方法；

（4）发现提供的商品或服务有严重的缺陷，即使消费者采用正确使用方法仍可能导致危害的，应及时告知消费者，并采取切实可行的防止危害发生的措施。

（二）会展消费者的知情权

会展消费者的知情权是指会展消费者在购买、使用商品或者接受服务时，有知悉商品的真实情况和服务的真实情况的权利。所谓“知悉”包括两层含义：一是在消费者不明了的情况下有权主动询问，了解其所购买、使用商品的真实情况；二是向消费者提供的商品或者服务应当真实地记载或说明该商品或者服务的情况，不经消费者询问即可使消费者一目了然。所谓“真实”，也同样包含两层含义：一是全面、正确的有关某商品或者服务的情况，既不避实就虚，也不编造谎言。二是诚实可信不带有任何欺诈的情节。

（三）会展消费者有自主选择权

消费者面对众多的商品和服务提供者时，有自主选择商品或服务的权利。自主选择权的内容包括：会展消费者有权自主选择商品或服务的经营者；有权自主选择商品品种或服务方式；有权自主决定购买或不购买任何一种商品、接受或

不接受任何一项服务；在自主选择商品或服务时，有权进行比较、鉴别和挑选。

(四)会展消费者有公平交易权

公平交易是市场经济的一项准则，它是指交易双方在交易中均可获得相当利益的交易。为实现这项权利，会展消费者有权要求商品和服务符合国家规定的质量标准；有权要求商品或者服务的价格应与其价值大体相符；有权要求计量正确；有权拒绝强制交易。

(五)会展消费者有损害赔偿请求权

赔偿是指当事人因自己的行为对他方造成损害时应承担补偿对方损失的民事责任。损害可以是财产上的损失，也可以是非财产损失。消费者的损害赔偿请求权包括人身损害赔偿请求权和财产损害赔偿请求权。

在会展消费领域，消费者因购买、使用商品或接受服务而致人身损害时，可依法向有关会展经营者求偿。根据法律规定，经营者应当支付医疗费、护理费、误工费等；造成残疾的，还应当支付残疾者生活自助用具费、生活补助费、残疾赔偿金以及由其扶养的人所必须的生活费等；造成死亡的，应当支付丧葬费、死亡赔偿金以及由其生前抚养的人所必须的生活费等。

会展消费者因购买、使用商品或接受服务而致财产损害时，可依法向有关会展经营者请求损害赔偿。财产损害，包括财产的直接损害，也包括财产的间接损害。根据法律规定，经营者应当按照消费者的要求，以修理、重作、更换、退货、补足数量、退还货款或者赔偿损失等方式承担民事责任。

会展消费者的损害赔偿请求权的基础是违约和侵权两种。消费者购买使用商品或接受服务，就是与经营者订立消费合同。经营者对于提供的商品或服务承担瑕疵担保责任。关于民事赔偿，依照《民法通则》的规定，以过错的存在作为归责的理由是一般原则，奉行的是"无过错即无责任"的归责原则。但对于产品导致损害的民事责任的承担上，是不以生产者或者经营者的过错为归责原则的。是不问生产者或者经营者有无过错的归责原则，即严格责任原则，或无过错责任原则。即使经营者、生产者在商品生产、销售和提供服务时，没有损害他人的故意或者过失，但是只要损害确实存在，并且损害与经营者、生产者提供的商品或者服务之间有因果关系，经营者、生产者就难逃其责。在产品侵权责任中适用无过错追究责任原则，有助于加强对受害人的保护。

(六)消费者有结社权

在消费领域，消费者与经营者的关系，从法律上看是平等的，但双方的经济地位在实际上并不平等。第一，消费者是分散的，而经营者大多是有组织的，消费者在评议力量、承受能力方面，无法与经济力量雄厚的经营者抗衡。第二，随着科学技术的发展，商品和服务日趋复杂化，交易方式日趋多样化，消费者越来越难以掌握商品和服务的有关知识。我国《宪法》规定，公民有言论、集会、出版、结社、游行、示威的自由。消费者行使结社权的重要途径是建立自己的社会团体。它使消费者能够从分散、弱小走向集中和强大，并通过集体的力量改变自己的弱者地位，以与实力雄厚的经营者抗衡，最大限度地实现消费者的各种权利。

（七）消费者有获得有关知识的权利

获得有关知识权是指消费者享有获得有关消费和消费者权益保护方面的知识的权利。根据《消费者权益保护法》第十三条及其他有关法律、法规的规定，获得有关知识权应该包括以下几方面的内容：①从国民教育中获得消费者权益保护的基本知识；②在消费过程中获得与商品、服务密切相关的知识与信息；③在维护自身权利过程中，获得有关消费者权益保护方面的专业法律知识，增强维权意识和能力；④在处理消费问题时，获得有关的消费咨询和服务。

（八）消费者享有维护尊严权

消费者享有尊严权意味着消费者人格权不受侵犯。会展经营者应该尊重会展消费者的民族风俗习惯，不得对消费者进行侮辱、毁谤、非法搜查身体及物品，不得限制其人身自由。

（九）消费者享有对商品和服务以及保护消费者权益工作进行监督的权利

监督批评权是指消费者享有对商品和服务以及保护消费者权益工作进行监督的权利。消费者有权检举、控告侵害消费者权益的行为和国家机关及其工作人员在保护消费者权益工作中的违法失职行为，有权对保护消费者权益工作提出批评、建议。

二、会展经营者的义务

（一）会展经营者与消费者进行交易时应该遵循的基本原则

会展经营者主要包括会展举办者、参展商及各类为会展提供服务的其他单位或组织。消费者权益保护法以消费者利益为核心，根据我国《民法通则》关于民事法律行为的规定及《消费者权益保护法》第四条的规定，会展经营者在与会展消费者进行交易时，遵循自愿、平等、公平、诚实信用的原则。

1. 自愿原则

自愿原则的具体内容有：消费者有权自主决定是否与经营者进行交易，经营者不得强卖或强行服务；消费者有权自主选择商品和服务，包括自主选择经营者，自主选择商品品种或服务方式，自主决定购买或者不购买任何一种商品、接受或者不接受任何一项服务；经营者与消费者之间的交易关系以双方的真实意思表示一致为基础，任何以欺骗、胁迫、强制手段进行交易的行为均与此原则相悖。

2.平等原则

平等原则是商品经济的本质要求，具体内容有：经营者与消费者法律地位平等，不存在从属关系；经营者与消费者的交易是一种民事活动，要符合民事法律的规定，不得恃强凌弱。

3.公平原则

公平原则的具体内容包括：经营者与消费者进行交易，在享有权利和承担义务上不能显失公平，更不能一方只享受权利，而另一方只承担义务；消费者有权获得质量保障、价格合理、计量正确等公平交易的条件；在消费者因购买、使用商品或者接受服务受到人身、财产损害时，有权获得赔偿。

4.诚实信用原则

诚实信用原则的具体内容包括：经营者在提供商品和服务过程中和在其之后，都要讲诚实、守信用，不欺诈，不采取违法手段牟取利益，遵守公认的社会商业道德；经营者与消费者在交易过程中应当恪守诺言，信守合同，严格依法履行义务。

(二)会展经营者的义务

根据法律规定，权利就是法律关系主体所享有的作出某种行为的可能性，也就是法律对法律关系主体作出一定行为的许可和保障；消费者享有权利，依赖于义务人对义务的承担，义务就是法律关系的主体所承担的某种行为的必要性，也就是意味着法律对经营者的一种约束。简单地说，消费者享有的法定权利，就是经营者应尽的法定义务。

会展经营者的义务包括以下几点：

(1)经营者向消费者提供商品或者服务，应当依照《中华人民共和国产品质量法》和其他有关法律、法规的规定履行义务。经营者和消费者有约定的，应当按照约定履行义务，但双方的约定不得违背法律、法规的规定。

(2)经营者应当听取消费者对其提供的商品或者服务的意见，接受消费者的监督。

(3)经营者应当保证其提供的商品或者服务符合保障人身、财产安全的要求。对可能危及人身、财产安全的商品和服务，应当向消费者作出真实的说明和明确的警示，并说明和标明正确使用商品或者接受服务的方法以及防止危害发生的方法。经营者发现其提供的商品或者服务存在严重缺陷，即使正确使用商品或者接受服务仍然可能对人身、财产安全造成危害的，应当立即向有关行政部门报告和告知消费者，并采取防止危害发生的措施。

(4)提供真实信息的义务。经营者应当向消费者提供有关商品和服务的真实信息，不得作引人误解的虚假宣传。真实的信息是消费者自主选择商品或服务的前提和基础，经营者不得以虚假宣传误导甚至欺骗消费者。对消费者关于质量、使用方法等问题的询问，经营者应作出明确的、完备的、符合实际的答复。此外，商店提供商品应明码标价，即明确单位数量的价格，以便于消费者选择，同时防止经营者在单位数量或重量价格上随意更改。经营者对消费者就其提供的商品或者服务的质量和使用方法等问题提出询问，应当作出真实、明确的答复。

(5)经营者应当标明其真实名称和标记。租赁他人柜台或者场地的经营者，应当标明其真实名称和标记。经营者的名称和标记，其主要功能是区别商品和服务的来源。如果名称和标记不实，就会使消费者误认，无法正确选择喜欢或信任的经营者。在发生纠纷时，则无法准确地确定求偿主体。对租赁柜台或场地的行为，该条强调承租方有义务标明自己的真实名称和标记，目的在于区分承租方和出租方，一旦发生责任问题，便于确定责任承担者。

(6)经营者提供商品或者服务，应当按照国家有关规定或者商业惯例向消费者出具购货凭证或者服务单据；消费者索要购货凭证或者服务单据的，经营者必须出具。

(7)保证质量的义务。经营者有义务保证商品和服务的质量。该义务体现在两个方面：第一，经营者应当保证在正常使用商品或者接受服务的情况下其提供的商品或者服务应当具有的质量、性能、用途和有效期限；但消费者在购买该商品或者接受服务前已经知道其存在瑕疵的除外。第二，经营者以广告、产品说明、实物样品或者其他方式表明商品或者服务的质量状况的，应当保证提供的商品或者服务的实际质量与表明的质量状况相符。

(8)履行"三包"或其他责任的义务。经营者提供商品或者服务，按照国家规定或者与消费者的约定，承担包修、包换、包退或者其他责任的，应当按照规定或者约定履行，不得故意拖延或者无理拒绝。这里的包修、包换、包退就是人们常说的"三包"。国家对少数商品(主要是涉及大多数消费者利益及关系人身、财产安全的商品)实行三包，目的在于促使企业重视提高产品质量，切实保护用户和消费者的人身、财产安全。

(9)不得单方作出对消费者不利规定的义务。经营者不得以格式合同、通知、声明、店堂告示等方式作出对消费者不公平、不合理的规定，或者减轻、免除其损害消费者合法权益应当承担的民事责任。格式合同是经营者单方拟定的，消费者或者只能接受，而无改变其内容的机会；或者只能拒绝，但却无法实现或难以实现消费需求，当该经营者处于独家垄断时更是如此。经营者作出的通知、声明、店堂告示等亦属于单方意思表示，侧重于保护经营者的利益。因此，在上述情况下，经营者的格式合同、通知、声明、店堂告示等含有对消费者不公平、不合理规定的，或者减轻、免除其损害消费者合法权益应当承担民事责任的，其内容无效。

(10)经营者不得对消费者进行侮辱、诽谤,不得搜查消费者的身体及其携带的物品,不得侵犯消费者的人身自由。

第四节　会展消费者权益争议与法律责任

一、会展消费者权益争议

(一)会展消费者权益争议的概念

会展消费者权益争议是一种民事纠纷,是会展消费者与会展经营者在买卖商品、接受和提供服务过程中,因权利义务关系而产生的纠纷。争议的当事人一方是会展消费者,另一方是会展经营者。在受害方多为会展消费者的情况下,如果争议得不到解决,会展消费者的权益无法实现。因此,依法合理解决会展消费者权益争议就成了实现会展消费者合法权益的重要条件和必要保障。

(二)解决争议的途径

《消费者权益保护法》在第六章就消费者与经营者之间"争议的解决"做出了专门规定,主要涉及解决争议的途径和确定责任承担者的规则两方面内容,结合会展业实际,会展消费者和会展经营者可以采用以下几种途径解决纠纷:

1.与经营者协商和解

会展消费者和会展经营者,可以在互谅互让的基础上,根据法律、法规的具体规定或双方的约定,结合争议形成的原因、事实、后果等因素,通过摆事实、讲道理等协商方式,使双方就争议达成和解。协商和解的方法具有成本低、解决问题快、有利于继续合作等优点。

2.请求消费者协会调解

会展消费者与会展经营者发生争议而又不能自行解决时,可以请求消费者协会从中调解。消费者和经营者在消费者协会的主持下,遵循自愿与合法的原则,根据事实和法律,分清责任,互谅互让,最后达成解决争议的协议。

3.向有关行政部门申诉

会展消费者与会展经营者发生消费者权益争议后,可以向有关行政部门提出申请和请求,要求依法处理。会展消费者可以根据商品或服务的性质以及侵害事由向工商、物价、商检、卫生等有关行政监督部门申诉,有关行政部门应当根据各自的职责范围及时查处。行政部门解决争议的方法,主要有行政调解和行政裁决两种。当事人对行政裁决不服的,可以向上级行政机关申请复议,或直接向人民法院起诉。

4.依仲裁协议提请仲裁机关仲裁

会展消费者与会展经营者根据事先签订的或者争议发生后达成的书面仲裁协议，可以将消费者权益争议提交给仲裁机构裁决。申请仲裁以双方的仲裁协议为依据，凡符合仲裁条件的，无论是否经过了协商、调解、申诉，消费者均可申请仲裁。仲裁机构的裁决是终极裁决，当事人应自觉履行。

5.向人民法院提起诉讼

会展消费者向有管辖权的人民法院提起诉讼，要求人民法院依法解决消费者权益争议，维护自己的合法权益。人民法院依照诉讼程序进行审理，最后就争议的问题做出判决。

二、损害会展消费者权益的法律责任

(一)确定责任承担者的规则

在解决消费者争议的过程中，责任承担者的确定与选择极为关键；它关系到消费者求偿权能否实现或在多大程度上实现的问题。只有找准责任承担者，向其明确提出索赔，才能获得赔偿。为此，《消费者权益保护法》在第三十五条至第三十九条就如何确定责任承担者规定了一系列的规则。概括起来有如下七条：

1.销售者的先行赔付规则

消费者在购买、使用商品时，其合法权益受到损害的，可以向销售者要求赔偿。销售者赔偿后，属于生产者的责任或者属于向销售者提供商品的其他销售者的责任的，销售者有权向生产者或者其他销售者追偿。

2.生产者与销售者的连带责任规则

消费者或者其他受害人因商品缺陷造成人身、财产损害的，可以向销售者要求赔偿，也可以向生产者要求赔偿。属于生产者责任的，销售者赔偿后，有权向生产者追偿；属于销售者责任的，生产者赔偿后，有权向销售者追偿。此时，销售者与生产者被看做一个整体，对消费者承担连带责任。

3.接受服务时的规则

消费者在接受服务时，其合法权益受到损害时，可以向服务者要求赔偿。

4.发生企业变更时的规则

企业的变更是市场经济活动中常见的现象。为防止经营者利用企业变更之机逃避对消费者应承担的损害赔偿责任，《消费者权益保护法》规定：消费者在购买、使用商品或者接受服务时，其合法权益受到损害，因原企业分立、合并的可以向变更后承受其权利义务的企业要求赔偿。

5.出现营业执照借用情况时的规则

出租、出借营业执照或租用、借用他人营业执照是违反工商行政管理法规的行为。《消费者权益保护法》规定:使用他人营业执照的违法经营者提供商品或者服务,损害消费者合法权益的,消费者可向其要求赔偿,也可以向营业执照的持有人要求赔偿。

6.举办展览会或发生柜台租赁时的规则

通过展销会、出租柜台销售商品或者提供服务,不同于一般的店铺营销方式。为了在展销会结束后或出租柜台期满后,使消费者能够获得赔偿,《消费者权益保护法》规定,消费者在展销会、租赁柜台购买商品或者接受服务,其合法权益受到损害的,可以向销售者或服务者要求赔偿。展销会结束或者柜台租赁期满后,也可以向展销会的举办者、柜台的出租者要求赔偿。展销会的举办者、柜台的出租者赔偿后,有权向销售者或者服务者追偿。

7.发生虚假广告时的规则

广告对消费行为的影响是众所周知的。为规范广告行为,《广告法》、《消费者权益保护法》均对虚假广告作了禁止性规定。《消费者权益保护法》规定,当消费者因虚假广告而购买、使用商品或者接受服务时,若合法权益受到损害,可以向利用虚假广告提供商品或服务的经营者要求赔偿。广告的经营者发布虚假广告的,消费者可以请求行政主管部门予以惩处。广告的经营者不能提供经营者的真实名称、地址的,应当承担赔偿责任。

(二)损害会展消费者权益的法律责任

《消费者权益保护法》作为民商法的组成部分,采用民事、行政、刑事三种责任综合并用的责任制度。因此,会展经营者及其他行为人违反《消费者权益保护法》及其他有关会展消费者权益保护的法律、法规,损害会展消费者合法权益的,应当根据不同情况,承担相应的民事责任、行政责任和刑事责任。

1.民事责任

《消费者权益保护法》第七章分别就侵犯人身权的民事责任、侵犯财产权的民事责任以及授权适用其他法律、法规所涉及的民事责任做出了具体规定。

(1)侵犯人身权的民事责任

根据《消费者权益保护法》第四十一条至第四十三条的规定,经营者侵犯消费者人身权应当承担的民事责任包括三方面内容:①经营者提供商品或者服务,造成消费者或者其他受害人人身伤害的,应当支付医疗费、治疗期间的护理费、因误工减少的收入等费用;造成残疾的,还应当支付残疾者生活自助用具费、生活补助费、残疾赔偿金以及由其抚养的人所必需的生活费等费用。②经营者提供商品或服务,造成消费者或其他受害人死亡的,应当支付丧葬费、死亡赔偿金以及由死者生前抚养的人所必需的生活费等费用。③经营者侵害消费者的人格尊严或侵犯了消费者的人身自由的,应当停止侵害,恢复名誉、消除影响、赔礼道歉，并赔偿损失。

(2)侵犯财产权的民事责任

根据《消费者权益保护法》第四十四条至第四十九条的规定，经营者侵犯消费者财产权应当承担的民事责任包括六方面内容：①经营者提供商品或者服务，造成消费者财产损害的，应当按照消费者的要求，以修理、重作、更换、退货、补足商品数量、退还货款和服务费用或者赔偿损失等方式承担民事责任。消费者与经营者另有约定的，按照约定履行。②对国家规定或者经营者与消费者约定包修、包换、包退的商品，经营者应当负责修理、更换或者退货；在保修期内再次修理仍不能正常使用的，经营者应当负责更换或者退货；对包修、包换、包退的大件商品，消费者要求经营者修理、更换、退货的，经营者应当承担运输等合理费用。③经营者以邮购方式提供商品的，应当按照约定提供，未按照约定提供的，应当按照消费者的要求履行约定或者退回货款，并应当承担消费者必须支付的合理费用。④经营者以预收款方式提供商品或者服务的，应当按照约定提供，未按约定提供，应当按照消费者的要求履行约定或者退回货款，并应当承担预付款的利息和消费者必须支付的合理费用。⑤依法经有关行政部门认定为不合格的商品，消费者要求退货的，经营者应当负责退货。⑥经营者提供商品或者服务有欺诈行为的，应当按照消费者的要求增加赔偿，增加赔偿的金额，为消费者购买商品的价格或者接受服务的费用的一倍。

(3)授权适用其他法律、法规所涉及的民事责任

依据《消费者权益保护法》第四十条的规定，除该法另有规定的以外，经营者提供商品或服务有下列行为之一的，应当按照我国《中华人民共和国产品质量法》和其他有关法律、法规的规定，承担民事责任：①商品存在缺陷；②不具备商品应当具备的使用性能而在出售时未说明的；③不符合在商品或者其包装上注明采用的商品标准的；④不符合商品说明、实物样式等方式表示的质量状况的；⑤生产国家明令淘汰的商品或者销售失效、变质的商品的；⑥销售的商品数量不足的；⑦服务的内容和费用违反约定的；⑧对消费者提出的修理、重作、更换、退货、补足商品数量、退还货款和服务费用或者赔偿损失的要求，故意拖延或者无理拒绝的；⑨法律、法规规定的其他损害消费者权益的情形。

2.行政责任

《消费者权益保护法》第五十条明确规定了对损害消费者权益的责任人追究行政责任的法定情形，主要包括：①生产、销售的商品不符合保障人身、财产安全要求的；②在商品中掺杂、掺假，以假充真、以次充好，或者以不合格商品冒充合格商品的；③生产国家明令淘汰的商品或者销售失效、变质商品的；④伪造商品的产地，伪造或者冒用认证标志、名优标志等质量标志的；⑤销售的商品应当检

验、检疫而未检验、检疫或者伪造检验、检疫结果的；⑥对商品或者服务作引人误解的虚假宣传的；⑦对消费者提出的修理、重作、更换、退货、补足商品数量、退还货款和服务费用或者赔偿损失的要求，故意拖延或者无理拒绝的；⑧侵害消费者人格尊严或者侵犯消费者人身自由的；⑨法律、法规规定的对损害消费者权益予以处罚的其他情形。

经营者有上述情形之一，若《产品质量法》和其他有关法律、法规对处罚机关和处罚方式有规定，则依照这些法律、法规的规定执行；若上述法律、法规未作规定，则由工商行政管理部门责令改正，可以根据情节单处或者并处警告、没收违法所得、处以违法所得 1 倍以上 5 倍以下的罚款，没有违法所得的，处以 1 万元以下的罚款，情节严重的，责令停业整顿，吊销营业执照。

经营者对上述处罚决定不服的，可以自收到处罚决定之日起 15 日内向上一级机关申请复议，对复议决定不服的，可以自收到复议决定书之日起 15 日内向人民法院提起诉讼，也可以直接向人民法院提起诉讼。

3. 刑事责任

根据《消费者权益保护法》的有关规定，对经营者及其他有关的违法主体追究刑事责任的情况主要包括以下几种：①经营者提供商品或者服务，造成消费者或者其他受害人人身伤害或者死亡，构成犯罪的，依法追究刑事责任。②以暴力、威胁等方式阻碍有关行政部门工作人员依法执行职务的，依法追究刑事责任；拒绝、阻碍有关行政部门工作人员依法执行职务，未使用暴力、威胁方法的，由公安机关依照《中华人民共和国治安管理处罚条例》的规定处罚。③国家机关工作人员有玩忽职守或者包庇经营者侵害消费者合法权益的行为的，由其所在单位或者上级机关给予行政处分；情节严重，构成犯罪的，依法追究刑事责任。

案例分析

【案情简介】2008 年 4 月 25 日上午，敦煌首届中华风味美食节暨服装服饰展销会隆重开幕，展销会以独具特色的风味小吃及价廉物美的商品深受消费者的欢迎，对促进地方经济的发展、推动集镇人气集聚、方便消费者起到了积极的作用。为规范商品展销会秩序，保护消费者合法权益，敦煌市工商局采取了多项措施对展销会进行了规范化监督管理。

一是规范展销会经营主体资格。敦煌市工商局从确认办展、参展单位市场主体资格入手，要求各参展单位严格按照国家工商总局《商品展销会管理办法》的规定，向工商部门提交相关证明和文件进行登记，取得《商品展销会登记证》后，方可发布广告开展招商活动。

二是加强展销会市场监督。依法对展销活动进行事前、事中、事后全程监控，展销会开幕当天，敦煌市工商局组织执法力量，依法对展销活动进行监督管理，监督侧重于举办主体是否具有举办资格、是否依法履行职责、是否有欺诈消费者等不正当行为，并对展销会中部分商户销售的仿名牌服装、三无副食品要求下架处理。

三是强化行业自律。敦煌市工商局积极引导督促展销会主办方与参展单位签定《商品质量责任书》，要求他们加强内部管理，落实商品质量责任，不发虚假广告。并在展销活动期间落实专门人员，就商品质量、广告发布等经营情况，开展经常性的自查活动，发现问题，及时整改。

四是诚信经营注重消费者维权。敦煌市工商局要求主办方在展销会上建立消费者维权监督联络站，及时受理消费者的投诉，解决处理各类消费纠纷，通过诚信管理，将对全市会展经济有序、规范、蓬勃发展起到积极作用。

资料来源：敦煌市工商局

【法律评析】随着会展经济的发展，由此带来的问题也越来越多。比如，责任不清，展销会主办者与参展商及商品生产者之间缺乏规范的合同约定，责任、义务不明确，出现纠纷时，参展商、消费者权益得不到保护，难以追究相关责任；虚假宣传，部分展览公司进行招商时，广告宣传随意夸大展会的规模、档次，为追求轰动效应，擅自在名称上加“中国”、“中华”、“全国”、“国际”等字样，导致展会规模、参展商品名不副实，参展商、消费者无法辨别展会的真实规模和性质；跟会风普遍，档次高、规模大、较成熟的大型展会举办期间或举办前后，往往有规模较小的同类型展会同时举办，主办单位、参展商、参展商品良莠不齐，严重影响大型展会的正常秩序。针对这种情况，敦煌市工商局在本地商品展销会开始之前，从确认办展、参展单位市场主体资格入手进行监督，要求各参展单位严格按照国家工商总局《商品展销会管理办法》的规定，向工商部门提交相关证明和文件进行登记，取得《商品展销会登记证》后，方可发布广告开展招商活动。展会期间，工商部门派专人驻扎现场，对广告宣传、服务承诺、商品质量、消费纠纷等问题，实行跟踪监督，及时纠正，重大倾向性问题及时向上级主管部门报告。这样做，对会展消费者合法权益的保护、我国会展业声誉的维护起着十分重要的作用。

【启示】工商局是商品展销会行政监督管理部门，在把好商品展销会准入关的同时，还要加强商品展销会商品质量监管，加大展销会市场巡查力度，严厉查处以展销会为名销售假冒伪劣商品、价格欺诈等违法行为。在监督管理过程中，具体可以完善以下几个方面的制度：

1. 健全责任监管机制

明确会展场地出租方、主办方及参展方三方的责任，推行参展商预付赔偿保证金、先行赔偿等保护消费者权益的制度，确保在三方发生经济纠纷时，能及时维护消费者和经营者的合法权益。同时要求各展会场馆签订场地租赁协议时对举办单位进行资格审查，加强与工商部门的沟通和信息交流，避免审查不严造成不必要的损失。

2.强化知识产权保护

加强日常巡查工作，以保护驰名、著名商标及涉外商标为重点，严厉打击利用展销会销售假冒商品的违法行为。对于服装类直销商品要求提供商标注册证、销售证明、生产厂家营业执照等材料，对直接涉及消费者身心健康的食品、药品、保健品、农产品等商品要求提供产品检验合格证明、卫生许可证、生产加工许可证等有关材料，不能提供的不予销售。

3.规范促销宣传广告

对展销会期间的广告依照法律法规的要求严格进行审批，未经工商行政管理机关审批不得擅自发布广告，要求提交文件及证件必须真实有效，广告内容必须符合实际。严格规范参展方促销手段，禁止通过夸大功效、编造获奖资质、谎称名人主持等宣传方式误导消费者。

4.完善举报投诉途径

要求会展主办方建立消费投诉处理机制，自查自纠，及时化解消费纠纷，依法维护消费者的合法权益。针对参展商对消费者投诉处理不得力的行为，辖区工商所及时采取预警举措，并责令整改。对于展销会期间因强买强卖、虚假标示、以次充好等违法行为被投诉的，一经查实，予以严厉查处。

（资料来源：全椒人民政府主办网站）

复习思考题

1.简述会展消费者的概念及其含义。

2.会展消费法律关系是通过什么途径产生的？其构成要素有哪些？

3.会展消费者有哪些权利？

4.会展经营者有哪些义务？

5.什么是会展消费者权益争议？其解决途径有哪些？

6.简述损害会展消费者权益的法律责任。

第七章

会展业市场管理法律制度

学习目的

了解市场的概念和特征，了解会展业市场的范围不仅仅局限在会展的具体场所，而且联结了商品经济发展过程中产、供、销、消各方，各种利益关系错综复杂，形成跨时间、跨空间的既具体又抽象的大市场。掌握会展业市场管理的法律规制、会展业市场管理中存在的违法行为的种类及内容，正确理解对会展业市场的管理应是多方面，全方位的监督管理，违反会展业市场管理法律法规时应该承担的法律责任。

主要内容

● 会展业市场管理概述

市场的概念和特征

会展业市场管理概述

● 对不正当竞争行为的规制

不正当竞争行为的概念、特征和种类

会展业不正当竞争行为的表现

不正当竞争行为的法律责任

● 会展业产品质量规制

产品与产品质量概述

因产品质量瑕疵的侵权行为所导致的法律责任

● 会展业广告管理

广告与广告法

广告法的禁止性规定

会展业违反广告法禁止行为的主要表现

违反广告法应承担的法律责任

第一节　会展业市场管理概述

一、市场的概念和特征

(一)市场的概念

市场的概念有广义与侠义之别。侠义的市场,是指买卖商品的场所,是买卖双方购买和销售商品,在一起进行交易活动的地方。用物理学观点看,也可以理解为:它是商品经济运行的载体或现实表现。广义的市场,是指商品交换关系的总和,是商品生产者和商品消费者之间各种经济关系的汇合,它甚至是一种无形的空间,随着社会分工越来越细,商品经济越来越发达,市场的范围和容量就越扩大,因而市场通过信息反馈,直接影响着人们生产什么、生产多少以及上市时间、产品销售状况等。它联结了商品经济发展过程中产、供、销各方,为产、供、销各方提供交换场所、交换时间和其他交换条件,以此实现商品生产者、经营者和消费者各自的经济利益。

(二)市场的特征

1.多元化

现代市场,小到城市、乡村,大到国家、区域,其种类繁多,层次各不相同,比如按产品的自然属性划分,可分为商品市场、金融市场、劳动力市场、技术市场、信息市场、会展市场、房地产市场等;按市场范围和地理环境划分,可分为国际市场、国内市场、城市市场、农村市场等;按消费者类别划分,可分为中老年市场、青年市场、儿童市场、男性市场、女性市场等。这些均为生产者和消费者提供了更广阔的空间。

2.自由化

当然这里的自由化是一个经济范畴的概念,是"意思自治"法律理念在市场经济中的一个体现。"意思自治"源于古罗马法,其精髓在于:市场的主体——当事人有权依其自我意志作出自由选择,当事人的自我意志是约束其契约关系的准则,当事人可以而且应该对依其自我意志作出的选择负责。"只有在自己有意识的活动过程中,那种选择行为才能被称为自由。"根据"意思自治"原则,法无明文禁止即为自由。也就是说只要不违反法律、法规的强制性规定和公序良俗,国家就不得限制和干预民事主体依据民事基本法律享有的财产自由和人身自由。所以自由的市场经济衍生了"契约自由"、"意思自治"的法律理念;自由贸易的权利奠定了市场交易自由化的基础。

3.竞争化

竞争是一种较量和角逐，是一种市场的淘汰机制，是指商品生产者和经营者为争夺有利的生产条件和市场条件，通过市场的优胜劣汰而展开的竞争以获取最大利益的行为。竞争是市场经济环境中的一种激励机制，在众多大小不等的企业、参差不齐的品牌中，引入竞争机制，有利于净化市场、发展优秀品牌、淘汰无竞争力的企业和劣质产品，也即优胜劣汰。其目的就是建立起良性循环的市场环境，最终仍然是提高广大社会成员的物质、文化需求。

4.规范化

虽然市场自由化理念不断地深入人心、市场竞争的不断白热化，但并不等于市场可以无序，市场规范主要靠法律来进行调控。市场规范是指用来调整市场主体之间的经济关系和行为关系的各种法律规范的总称。市场的调节一般情况下由两方面实现，一是以具有强制性的法律法规为主导来调整市场，还有一个就是“约定俗成”的行为规范。约定俗成的规则是长期以来人们在进行交易时所形成的，能够自觉遵守的交易习惯，它比较古老，但却切实可行。法律不可能面面俱到，当出现法律没有触及到的问题时，由市场本身衍生出来的行为规则可以对其起到一个很好的补充作用。约定俗成规则的特点，往往是人们能够自觉遵守，例如诚实信用、公平合理、童叟无欺等就是由人民群众经过长期市场经济、社会实践所确定形成的。所以市场的有序性是平等竞争和公平交易，保护生产经营者和消费者合法权益的保证。

二、会展业市场管理概述

市场管理是作为一个法律概念呈现的。什么是管理？管理就是监督、规范、矫正。所谓市场管理法就是国家对市场进行监督、规范、矫正过程中所发生的各种社会关系的法律规范的总称。任何一个国家和地区，其市场都不是自发形成、自我管理的。因为商人所追求的目标是利润最大化，在这个追逐过程中存在很多破坏性的行为，例如，不正当竞争、不守诚信、以次充好、弄虚作假等，这些行为将对市场的稳定和良性建设起阻滞作用。因此对市场进行管理和规范是非常必要的。

历来市场的法律规则主要分为市场交易法和市场管理法这两个重要方面，市场的交易法则由《合同法》等法律来调整，在此不加赘述。相对来说，市场的管理法则是一个比较庞大的体系，值得探讨。

有人把市场分为完全竞争化的市场和垄断的市场，很显然，完全竞争的市场是比较理想化的市场，很难在现实中实现。但是完全垄断的市场在现代社会又无法生存，所以就全球经济市场来看，应该处于一个不完全的竞争市场。在这种环境中，对市场的管理也就出现多元化，就是既有竞争，又存在垄断；既有自由经济，又有政府干预。特别是我国在市场经济的进程中，一边向先进国家学习其管理经验，一边还保留有一些特色的管理模式，比如在会展业市场的管理中，强调了政府对会展市场起主导作用的管理模式，很多的会展都是由政府牵头，招商引资。在我国形成了以政府为主导，企业为龙头的会展市场。

这种市场模式有其合理性与不足。首先，我国会展业起步比较晚，这个市场有待于进一步培育，强调政府对会展市场起主导作用在这个阶段是必要的，可以借助政府的力量及资源开拓会展市场，也便于与世界会展业展开竞争。其次，会展市场毕竟最终要按市场经济规律办事，即无论什么企业或行业都必须在参与市场竞争的过程中，通过优胜劣汰发展壮大。它不仅锻炼了企业，增强企业的竞争能力，而且体现政府管理市场的智慧。

市场竞争涉及许多的范畴，如不正当竞争、产品质量、消费者权益保护、商品价格、广告等各种行为，这些行为都与经济活动有着密切的关系。会展业市场也会面临诸如此类的问题，如会展市场是否存在不正当竞争行为，是否存在产品质量问题，是否侵犯了消费者合法权益，以及广告的规范等问题。了解对这些行为的法律规制，无论对会展业市场管理者，还是会展市场的参与者都是有益并且有利的。

第二节　对不正当竞争行为的规制

一、不正当竞争行为的概念和特征

(一)不正当竞争行为的概念

我国《反不正当竞争法》第二条第二款明确规定："本法所称不正当竞争，是指经营者违反本法规定，损害其他经营者的合法权益，扰乱社会经济秩序的行为。"在此，经营者是指从事商品经营或者营利性服务的法人、其他经济组织和个人。与不正当竞争相对应的是正当竞争。所谓正当竞争，是指经营者在经营活动中遵守诚实信用、公平等民商法基本原则和一般商业道德规则而进行的竞争。正当竞争的特点有以下 4 点。

(1)平等性。正当竞争是一种平等竞争，即参加竞争的各方具有平等的法律地位和平等的权利和义务，不存在有任何特权的竞争。

(2)自由性。从理论上来说，正当竞争应当是一种自由竞争，既充分维护自身的竞争自由，也不妨碍他人的竞争自由。

(3)诚实公平性。正当竞争是一种符合诚实信用原则的竞争,各经营者靠自己的经济实力进行的竞争,如以先进的技术、优等的质量、合理的价格、周到的服务、良好的信誉等参与竞争。

(4)守法性。即遵守法律和社会公认的商业道德习惯的竞争。正当竞争必然是一种有利于社会经济繁荣和发展的竞争。通常情况下所说的竞争都是指正当竞争。而不正当竞争则是违背法律和商业道德习惯,违反民商法基本原则,损人利已,非法排挤或限制对手,扰乱社会经济秩序的行为。

(二)不正当竞争行为的特征

不正当竞争行为的特征,主要表现在以下四个方面:

1.侵权性

由于不正当竞争者采用假冒、垄断、商业贿赂等行为,不同程度地损害了其他经营者的合法权益,使得其他经营者不能在公平竞争的环境下参与经营,其实是与市场经济规律和基本出发点相悖的。一般而言,任何通过不正当竞争手段所获得的交易机会和竞争优势,都会损及其他诚实经营者的合法权益,因此其首先具有民事侵权性。

2.违法性

不正当竞争是经营者违反有关法律规定,采取不正当手段从事市场交易的行为,因而具有违法性。不正当竞争者采取不正当手段从事市场交易,违反了自愿、平等、公平、诚实信用原则或违反了公认的商业道德,损害了其他经营者的合法权益,扰乱了社会经济秩序,根据我国《反不正当竞争法》的规定,各级人民政府应当采取措施,制止不正当竞争行为,为公平竞争创造良好的环境和条件。国家鼓励、支持和保护一切组织和个人对不正当竞争行为进行社会监督。对于不正当竞争行为我国已经形成了一个自上而下狙击的大网,同时也说明其违法性所在。

3.社会危害性

不正当竞争行为的社会危害性是非常大的。这种行为是一种以侵害相关竞争对手合法权益为直接目标的行为,其后果是阻碍了市场竞争机制的良性运行,造成了市场的混乱,扰乱了社会经济秩序;阻碍技术进步和社会生产力的发展;损害其他经营者的正常经营和合法权益,使守法经营者蒙受物质上和精神上的双重损害。有些不正当竞争行为,如虚假广告和欺骗性有奖销售,还可能损害广大消费者的合法权益;此外,不正当竞争行为还有可能给我国的对外开放政策带来消极影响,严重损害国家利益。

4.应受惩罚性

对于不正当竞争行为,我国《反不正当竞争法》已经做出规定要给予处罚。

《反不正当竞争法》第二十条规定:“经营者违反本法规定,给被侵害的经营者造成损害的,应当承担损害赔偿责任,被侵害的经营者的损失难以计算的,赔偿额为侵权人在侵权期间因侵权所获得的利润;并应当承担被侵害的经营者因调查该经营者侵害其合法权益的不正当竞争行为所支付的合理费用。被侵害的经营者的合法权益受到不正当竞争行为损害的,可以向人民法院提起诉讼。”此外,我国《反不正当竞争法》还用了许多条款对各种具体的不正当竞争行为进行处罚,体现了国家打击不正当竞争行为的决心和力度。

二、不正当竞争行为的种类

根据我国《反不正当竞争法》规定,不正当竞争行为有以下几种形式:

(一)假冒行为

经营者在市场经营活动中,以种种不实手法对自己的商品或服务作虚假表示、说明或承诺,或不当利用他人的智力劳动成果推销自己的商品或服务,使用户或者消费者产生误解,扰乱了市场秩序、损害同业竞争者的利益或者消费者利益的行为。假冒行为主要表现为:

(1)经营者假冒他人的注册商标,擅自使用知名商品特有的名称、包装、装潢,以不正当手段从事市场交易,损害竞争对手。

(2)擅自使用知名商品特有的名称、包装、装潢,或者使用与知名商品近似的名称、包装、装潢,造成和他人的知名商品相混淆,使购买者误认为是该知名商品。

(3)擅自使用他人的企业名称或者姓名,引人误认为是他人的商品。

(4)在商品上伪造或者冒用认证标志、名优标志等质量标志,伪造产地,对商品质量作引人误解的虚假表示。

(二) 引人误解虚假宣传行为

虚假宣传行为是指经营者利用广告和其他方法,对产品的质量、性能、成分、用途、产地等所作的引人误解的不实宣传。宣传主要是通过广告业来进行的,但也可通过商品信息发布会、商品展销会、产品说明书等方式进行。以广告或其他方式销售商品,是现代社会最常见的促销手段。但各类虚假广告和其他虚假宣传,或乱人视听,有害社会主义精神文明;或直接误导用户及消费者,使其作出错误的消费决策,引发了大量社会问题;或侵犯其他经营者,特别是同行业竞争对手的合法利益,造成公平竞争秩序的混乱。

《反不正当竞争法》第九条规定,经营者不得利用广告或者其他方法,对商品的质量、制作成分、性能、用途、生产者、有效期限、产地等作引人误解的虚假宣传。广告的经营者不得在明知或者应知的情况下,代理、设计、制作、发布虚假广告。

（三）滥用权力的行为

政府及其所属部门不得滥用行政权力，限令他人购买其指定的经营者的商品，限制其他经营者正当的经营活动。政府及其所属部门不得滥用行政权力，限制外地商品进入本地市场，或者本地商品流向外地市场。

公用企业或者其他依法具有独占地位的经营者，不得限令他人购买其指定的经营者的商品，以排挤其他经营者的公平竞争。

（四）侵犯商业秘密行为

所谓商业秘密是指不为公众所知悉、能为权利人带来经济利益、具有实用性并经权利人采取保密措施的技术信息和经营信息。商业秘密是当事人脑力劳动的成果，商业秘密权是权利人拥有的一种无形财产权，是受法律保护的知识产权。侵犯商业秘密行为是指行为人采取不正当手段获取、披露、使用权利人的商业秘密，或者违反合同约定擅自允许他人使用别人的商业秘密的行为。

我国《反不正当竞争法》第十条规定，经营者不得采用下列手段侵犯商业秘密：

(1)以盗窃、利诱、胁迫或者其他不正当手段获取权利人的商业秘密；

(2)披露、使用或者允许他人使用以前项手段获取的权利人的商业秘密；

(3)违反约定或者违反权利人有关保守商业秘密的要求，披露、使用或者允许他人使用其所掌握的商业秘密。第三人明知或者应知前款所列违法行为，获取、使用或者披露他人的商业秘密，视为侵犯商业秘密。

（四）商业诋毁行为

所谓商业诋毁也称商业诽谤，是指经营者捏造、散布虚伪事实，损害竞争对手的商业信誉、商品声誉的行为。商誉是社会公众对市场经营主体名誉的综合性积极评价。它是经营者长期努力追求，刻意创造，并投入一定的金钱、时间及精力才取得的。良好的商誉本身就是一笔巨大的无形财富。行为人主要是通过捏造、散布虚伪事实的手段对竞争对手进行商业诋毁的。所谓捏造和散布虚伪事实是指行为人无中生有地向不特定的人或者特定的用户和经营者传播不实之词。行为人之所以这样做，是为了达到诋毁别人，从中渔利的目的。经营者实施毁人信誉的行为，给被侵害的经营者造成损害的，应当承担损害赔偿责任。同时，被侵害的经营者也可根据《民法通则》第一百二十条的规定要求行为人停止侵害，恢复名誉，消除影响和赔礼道歉，并赔偿损失。

（五）商业贿赂行为

商业贿赂是指经营者为争取交易机会，暗中给予交易对方有关人员和能够影响交易的其他相关人员以财物或其他好处的行为，如给与钱财或提供旅游、度假、提供物的使用权、免费考察等。商业贿赂行为损害了其他经营者的合法权益，扰乱了社会经济秩序，同时它更加损害消费者利益，因为经营者会把商业贿赂的成本最终都转嫁到消费者身上。

一般情况下，经营者销售或者购买商品，可以以明示方式给对方折扣，可以给中间人佣金。经营者给对方的折扣、给中间人的佣金，应当如实入账。接受折扣、佣金的经营者也必须如实入账。这种做法也是一种交易习惯，是合理合法的。但是商业贿赂则不然，它实际上是经营者在账外暗中给予购买方单位或者个人回扣而不入账的行为。

《反不正当竞争法》第八条规定，经营者不得采用财物或者其他手段进行贿赂以销售或者购买商品。在账外暗中给予对方单位或者个人回扣的，以行贿论处；对方单位或者个人在账外暗中收受回扣的，以受贿论处。

（六）不正当有奖销售行为

不正当有奖销售是指经营者在销售商品或提供服务时，以欺骗或其他不正当手段，附带提供给用户和消费者金钱、实物或其他好处，作为对交易的奖励。

根据《反不正当竞争法》第十三条和《关于禁止有奖销售活动中不正当竞争行为的若干规定》，不正当有奖销售行为有以下几种：

(1)采用谎称有奖或者故意让内定人员中奖的欺骗方式进行有奖销售；

(2)利用有奖销售的手段推销质次价高的商品；

(3)抽奖式的有奖销售，最高奖的金额超过五千元；

(4)谎称有奖销售或对所设奖的种类，中奖概率，最高奖金额，总金额，奖品种类、数量、质量、提供方法等作虚假不实的表示；

(5)故意将设有中奖标志的商品、奖券不投放市场或不与商品、奖券同时投放，或者故意将带有不同奖金金额或奖品标志的商品、奖券按不同时间投放市场；

(6)其他欺骗性有奖销售行为。

（七）低于成本价的销售行为

低于成本价的销售行为也称低价倾销行为，是指经营者以排挤竞争对手为目的，以低于成本的价格销售商品的行为。

低价倾销的行为有以下特点：

(1)行为的主体是经营者，而且在绝大多数情况下，是大型企业或在特定市场上具有经营优势地位的企业；

(2)经营者客观上实施了低价倾销行为；

(3)经营者低价倾销行为的目的是排挤竞争对手，以便独占市场，或者更多地占有市场份额。

但是有以下情形之一的，不属于不正当竞争行为：

(1) 销售鲜活商品；

(2) 处理有效期限即将到期的商品或者其他积压的商品；

(3) 季节性降价；

(4) 因清偿债务、转产、歇业降价销售商品。

(八)串通招标投标行为

国家工商行政管理局《关于禁止串通招标投标行为的暂行规定》中将串通招标投标行为定义为：串通招标投标，是指招标者与投标者之间或者投标者与投标者之间采用不正当手段，对招标投标事项进行串通，以排挤竞争对手或者损害招标者利益的行为。

在招、投标的经济活动中，当事人为了私利，经常会相互勾结，实施一些排挤竞争对手的不公平竞争的行为，例如，招标者在公开开标前，开启标书，并将投标情况告知其他投标者，或者协助投标者撤换标书，更改报价；招标者向投标者泄露标底；投标者与招标者商定，在招标投标时压低或者抬高标价，中标后再给投标者或者招标者额外补偿；招标者预先内定中标者，在确定中标者时以此决定取舍；招标者和投标者之间其他串通招标投标行为等。

串通招标投标行为的危害性极大，它不仅破坏了市场的正当竞争秩序，而且它也是导致腐败的重要根源。目前国家采取一系列的立法措施，打击串通招标投标行为。例如《反不正当竞争法》第十五条规定："投标者不得串通投标，抬高标价或者压低标价。投标者和招标者不得相互勾结，以排挤竞争对手的公平竞争。"同时在招投标中应用信息化技术，最大限度地保证信息公开透明。只有引入更多的竞争者，才是抑制招投标过程的腐败现象的一剂良药。

三、会展业不正当竞争行为的表现

从国内外会展业发展的历程来看，创意、运营、品牌和团队被称为会展业发展的四大核心要素，在市场经济发展十分成熟的发达国家，展览业是门槛非常高的行业，通过竞争和淘汰，往往在一个行业内就只剩下一两个大型展览了，而我国许多行业则存在百花齐放、过度竞争的局面。

在上述四大核心要素中创意是非常重要的一环，在对市场进行全面的调研基础上，形成一个好的创意并加以推广，是把展会看成客户的营销工具来帮助客户达到营销目标的基础；运营则是展会从招展到最后实施的全过程的成功管理，是组展单位综合实力最全面的体现；品牌是一个展览的生命，也是参展商和参观人员投入的时间和资源最重要的保障；团队不仅是一个展览公司长期发展的基础，更是客户能够得到的服务的全部体现。

然而，在实施这四个核心要素时，往往会遇到一些障碍，比如侵犯知识产权的行为，比如不正当竞争行为等问题，形成了阻碍整个行业进一步发展的巨大挑战。在今天的展览行业中，许多不具实力的展览公司不是投入精力去调研新的行业，往往是抄袭别人成功展览的创意和定位，同时在运营上以基于不全面服务的低价进行竞争，以临时组成的草台班子应付客户，最终不仅自己在市场中丧失了信誉，是竞争的失败者，而且使客户在这些活动上投入的巨资也付之东流，并且引发一系列的纠纷。

为进一步规范会展市场的秩序，维护展览企业、展商、客商的合法权益，遏制不正当竞争行为，加强行业自律，营造公平竞争的市场环境，全国各地纷纷制定了一些地方性的会展业的自律公约，以促进会展业健康、有序、快速发展。

根据我国《反不正当竞争法》的规定，不正当竞争行为的形式多种多样，但是具体到会展业的不正当竞争行为主要有以下几种：

(一)假冒行为

在会展过程中，经营者假冒他人的注册商标、擅自使用知名商品特有的名称、包装、装潢或者造成和他人的知名商品相混淆，使购买者误认为是该知名商品；假冒他人专利证号或者产品；擅自使用他人的企业名称或者姓名的；在商品上伪造或者冒用认证标志、名优标志等质量标志，伪造产地，对商品质量作引人误解的虚假表示；冒用品牌展会的名称，进行会展活动的，均属于假冒行为。

(二)商业诋毁行为

经营者故意捏造、散布虚伪事实和信息，损害竞争对手的商品声誉。一些不法行为人通过各种渠道散步谣言，诋毁其他竞争者的商品声誉，在市场和消费者中造成不良影响，借以打击竞争对手，从而取得更多的市场份额。

(三)侵犯商业秘密行为

商业秘密是一个企业发展的核心技术支持，事关企业兴衰、员工命运的大事。会展市场有时就是一个各行各业高、精、尖技术的集散地，同时也是一个间谍战、商战的战场。各路人马汇聚一堂，人员素质参差不齐，组展商、参展商以及参观者目的各不相同，难免会有一些专门从事商业间谍的人出现。有的以盗窃、利诱、胁迫或者其他不正当手段获取权利人的商业秘密；有的违反约定或者违反权利人有关保守商业秘密的要求，披露、使用或者允许他人使用其所掌握的商业秘密；还有的披露、使用或者允许他人使用以不正当手段获取的权利人的商业秘密等。广义侵犯商业秘密行为也包括窃取他人技术、经营模式的模仿行为等。其结果往往是破坏会展业的商业秩序，颠覆人们参展的信心，使方兴未艾的会展业遭受打击。

(四)引人误解虚假宣传行为

在会展的过程中，许多商家会借机宣传自己的产品，推出许多广告，因而，会展业的广告大战在所难免。其中不乏优秀的、深受消费者喜爱的产品及广告，甚至不少消费者是通过广告认识商品的。也正是看到这种商机，一些不法经营者制作出不切实际的、虚假的、引人误解的广告欺骗其他经营者和消费者。有许多会展都遭遇过因虚假宣传导致纠纷的案件发生，这是引人深思的。

可见，会展业不正当竞争行为的危害性是巨大的。所以国家和相关部门及每一个参与者都应该提倡文明办展、诚信经营、遵守法律法规和行规行约，自觉维护展览行业形象，反对并制止弄虚作假，欺骗参展商、采购商和消费者利益的行为。

四、不正当竞争行为的法律责任

（一）行政责任

行政责任，是行政法律责任的简称，是指由行政执法机关（监督检查部门）对不正当竞争行为进行的行政处罚，包括罚款、没收违法所得等。分为行政处分和行政处罚两类。

行政处分是对国家工作人员及由国家机关委派到企业事业单位任职的人员的行政违法行为，给予的一种制裁性处理。行政处分的种类包括警告、记过、降级、降职、撤职、开除。

行政处罚是指国家行政机关及其他依法可以实施行政处罚权的组织，对违反行政法律、法规、规章，尚不构成犯罪的自然人、法人及其他组织实施的一种制裁行为。

针对不正当竞争行为的当事人承担的行政责任主要是行政处罚。《反不正当竞争法》规定的行政处罚有如下几种：

（1）强制行为人停止不正当竞争行为。比如强制停止虚假广告宣传行为、停止以低于成本的价格销售商品等。

《反不正当竞争法》第二十四条规定，经营者利用广告或者其他方法，对商品作引人误解的虚假宣传的，监督检查部门应当责令停止违法行为，消除影响，可以根据情节处以一万元以上二十万元以下的罚款。广告的经营者在明知或者应知的情况下，代理、设计、制作、发布虚假广告的，监督检查部门应当责令停止违法行为，没收违法所得，并依法处以罚款。

（2）没收非法所得。对假冒名优商品、商标、擅自使用知名商品特有的名称、包装、装潢、制作、发布虚假广告等行为，所得利润，应予以没收。

（3）处以罚款。对擅自制作知名商品特有的名称、包装、装潢，对采用财物或其他手段进行贿赂，对违反规定的有奖销售，对侵犯他人商业秘密等不正当竞争行为给予金额不等的罚款。

(4)吊销营业执照。不正当竞争行为者经教育不改,给他人造成经济损失或其他影响的,可以吊销其营业执照。

我国《反不正当竞争法》第二十一条规定:“经营者假冒他人的注册商标,擅自使用他人的企业名称或者姓名,伪造或者冒用认证标志、名优标志等质量标志,伪造产地,对商品质量作引人误解的虚假表示的,依照《中华人民共和国商标法》、《中华人民共和国产品质量法》的规定处罚。”

经营者擅自使用知名商品特有的名称、包装、装潢,或者使用与知名商品近似的名称、包装、装潢,造成和他人的知名商品相混淆,使购买者误认为是该知名商品的,监督检查部门应当责令停止违法行为,没收违法所得,可以根据情节处以违法所得一倍以上三倍以下的罚款;情节严重的,可以吊销营业执照。

(二)民事责任

民事责任,是指自然人、法人或其他经济组织,违反合同或其他法律规定的民事义务,不法侵害他人合法权益所应当承担的民事法律后果。它主要是一种民事救济手段,旨在使受害人被侵犯的权益得以恢复。

民事责任具有以下主要特征:

(1)民事责任以民事义务为基础,是违反民事义务的行为人应该承担的法律后果。当民事义务的承担者不履行约定的或者法定的义务时,必须因自己的行为付出一定的代价,这种代价就是承担法律后果。

(2)民事责任以恢复被侵害人的权利为目的。民事责任主要是弥补受害人的损失。法律责任具有惩罚功能、补偿功能和预防功能,不同类型法律责任的功能也有所不同。民事责任通过由义务人补偿受害人的损失来实现,因此,一般不具有惩罚性。

(3)民事责任具有法律上的强制性。民事责任主要是违反民事法律规范的人对民事权利受到侵害的人承担责任。任何一种法律责任都具有强制性,民事责任也不例外。凡是违反法律规定或者当事人约定的,义务人都必须为自己的行为承担法律责任,如果当事人不履行义务,那么权利人一方可要求人民法院采取强制性措施保障自己的合法权益。

(4)民事责任是一种以财产为主要内容的法律责任。民事责任发生的原因有两大类(违约和侵权)。民事责任的种类也很多,但是其结果绝大多数表现为义务人对受害人的经济损失的赔偿,少数情况下也有精神损害赔偿,而精神损害赔偿最终也体现为财产责任。

我国《民法通则》关于承担民事责任的方式,规定了有十种:停止侵害;排除妨碍;消除危险;返还财产;恢复原状;修理、重作、更换;赔偿损失;支付违约金;

消除影响、恢复名誉;赔礼道歉。承担民事责任的方式,可以单独适用,也可以合并适用。

根据《反不正当竞争法》的规定,假冒其他企业的注册商标,擅自使用知名商品持有的名称、包装、装潢等,以排挤竞争对手为目的以低于成本的价格销售商品,商业诽谤行为,侵犯他人商业秘密等行为,受害人均可要求侵权行为人承担民事责任。民事责任的承担形式包括:受害的经营者有权请求违法经营者停止侵害和赔偿损失。还可要求其消除影响、恢复名誉。

行为人的不正当竞争行为给他人造成经济损失的,行为人应当给予经济赔偿。赔偿的数额,以被侵害人实际发生的可计算的实际损失为限。如果损失难以计算,赔偿额为侵权人在侵权期间因侵权所获得的利润。除此之外,侵害人还应当承担被侵害的经营者因调查该经营者侵害其合法权益行为所支付的合理费用。

(三)刑事责任

刑事责任作为法律责任中最严厉的一种制裁措施,它给犯罪人留下的是一种犯罪的烙印,它是限制犯罪分子人身自由甚至剥夺其生命的一种最严厉的刑罚。

依照刑事法律的规定,刑事责任是指针对犯罪的行为及其他影响犯罪社会危害性程度的案件事实,犯罪人应当承担而国家司法机关也强制犯罪人接受的刑法上的否定评价,它是犯罪人应当承担而国家司法机关也应当强迫犯罪人接受的刑罚处罚。

刑事责任主要具有如下特征:

(1)强制性。刑事责任是国家强制犯罪人因其犯罪行为而引起的法律责任。

(2)专属性。刑事责任只能够对犯罪个人和犯罪单位适用,具有专属性,不能转移,不可替代。

(3)严厉性。刑事责任在法律责任中性质最为严重,否定评价最为强烈,制裁后果最为严厉。

(4)联系性。刑事责任体现了犯罪者与国家之间的社会关系。刑事责任的施加者是国家,刑事责任的承担者是犯罪人。

不正当竞争行为情节严重,造成重大损失的,应当承担刑事责任。我国《刑法》规定,销售伪劣商品,采用贿赂手段以销售或购买商品,情节严重,构成犯罪的,依法追究刑事责任;监督检查部门工作人员,滥用职权,玩忽职守和徇私舞弊,构成犯罪的依法追究其刑事责任。捏造并散布虚伪事实,损害他人商业信誉、商品声誉给他人造成重大损失或者有其他严重情节的,处二年以下有期徒刑或者拘役,并处或者单处罚金。广告主、广告经营者、广告发布者违反国家规定,利用广告对商品或者服务作虚假宣传，情节严重的，处二年以下有期徒刑或者拘役，并处或者单处罚金。投标人相互串通投标报价，损害招标人或者其他投标人利益，投标人与招标人串通投标，损害国家、集体、公民的合法利益情节严重的，处三年以下有期徒刑或者拘役，并处或者单处罚金。侵犯商业秘密给权利人造成重大损失的，处三年以下有期徒刑或者拘役，并处或者单处罚金。造成特别严重后果的，处三年以上七年以下有期徒刑，并处罚金。

这些法律规定对反不正当竞争行为形成强大的规制作用，体现了国家对不正当竞争行为的打击是坚决的，对维护市场竞争秩序的态度是明确的。

第三节　会展业产品质量的规制

一、产品与产品质量概述

(一)产品与产品质量的概念

1.产品的概念

产品的概念有狭义与广义之分。狭义的产品也称实体商品，是指生产者加工生产的、消费者实际使用的、具有物理意义上的可见物。我国《产品质量法》明确规定，产品是指经过加工、制作，用于销售的产品。产品的广义概念是指任何可以用来满足人们某种需要或者欲望的东西，包括有形的产品与无形的产品。有形产品主要指狭义的产品，而无形产品则包括服务和智力成果。智力成果也有人称为“精神产品”。在此我们研究的是狭义的产品。

2.产品质量的概念

产品质量是指产品满足用户使用要求所应具有的特性。不同产品的特性各不相同，简单地说，产品的质量主要体现在其技术指标上。有瑕疵的产品，其质量肯定都是达不到技术指标的产品。所谓瑕疵产品，是指产品存在危及人身、财产安全的不合理的危险；如果产品有保障人体健康和人身、财产安全的国家标准和行业标准的，是指不符合该标准。现代社会，产品种类繁多，有工业产品、农业产品、生活用品、服装、食品等等。每一项产品都会有自己的技术标准，达到此标准的，就可以认定为质量好的，反之则是质量差的。所以技术标准是衡量产品质量的重要条件。质量标准是根据产品的使用要求、经济适用性和生产可能性综合制定的。

(二)产品质量的特征

1.安全性

产品不存在危及人身、财产安全的因素，即产品在正常的操作使用过程中，不发生人身伤害和危害环境的保证程度即为安全性。

2.适用性

所谓适用,在这里是指产品可以满足人们生产、生活需要,满足人们物质文化的需求。产品应当具备的这种使用性能是其最基本的质量特征,也是产品之所以诞生的意义所在。如果一个产品不能被适用,或达不到设计目标,就不是一个好的产品。

3.地域性

产品的地域性特征是指产品在不同的地域内满足不同需要的特性,即产品的适用范围。例如,有些化肥,在一些地方是合格产品,但是在另一些地方,有可能因与该地方的土壤成分不符,导致农作物减产,从而可能被判定化肥的质量有问题。这就是产品质量的地域性所包含的内容。此外,由于我国产品质量目前评判标准较多,如国家标准、省部级标准、地方性标准、行业标准等,既体现了其标准的地域性特征,同时也形成标准难以把握的难题。

4.维修性

任何产品都有一定寿命,即产品有效使用的年限,并且在使用过程中也会存在损耗,因此产品是否能够维修也成为其质量的特征之一。那些一次性消费品,并不是这个时代的宠儿,其对环境的危害以及对有限资源的再利用都是不利的。许多产品的售后服务均体现了这个特征。

5.消费者认知和满意度

这是近年来逐步被广泛认可的一个产品质量的特征。一个产品的质量好坏,除了上述基本特征外,最重要还要看消费者的认知程度和满意度,如果消费者都不认识该产品,或者消费者对该产品都不满意,那么其质量一定存在问题。质量好的产品,在消费者中会有口碑,会无形中起到产品的生产者或者销售者意想不到的宣传作用。

(三)产品质量对会展业健康发展的意义

产品质量不合格,不仅不会给生产者带来效益,反而会造成不良影响,使产品的生产者和销售者遭受声誉和经济的双重打击。会展是给各行各业提供产品展示与宣传的平台,包括会展本身,其质量与声誉也是该会展是否有诚信,能否顺利发展的保证。会展业要抓的产品质量问题概括起来有两类,一是参展商品的质量,另一就是会展本身的品牌。产品质量存在瑕疵,对会展业的影响也是很大的,加强产品质量的监督和管理对会展业的发展,有着重要意义。

1.产品质量是企业的生命

在商品经济中,企业生存与发展的基本条件与保证是看其能否向市场提供满足用户需要的优质产品。该产品既包括物质产品,也包括精神产品。企业竞争主要就是表现为产品质量的竞争，质量不好的产品，就会失去市场。

2.质量是提高社会效益和企业经济效益的基本途径

质量好就是以低的制造成本和使用成本，向用户提供性能好、寿命长、可靠性高的产品。因此，质量好就意味着有好的社会效益。同时，产品质量好会提高企业的竞争力和市场占有率，从而提高企业经济效益。

3.重视产品质量是企业文明生产、提高企业管理水平的根本要求

产品质量是企业管理的综合反映，抓产品质量就像是抓住了企业管理的“牛鼻子”，提高产品质量的过程，就是加强企业管理，提高企业管理水平的过程。

4.会展业的产品就是品牌效应

会展业应该保证自己的品牌，提高自己的信誉度和知名度，要做大做强会展品牌，才是会展业发展的根本。因此，品牌是根本，质量是保障。

二、因产品质量瑕疵的侵权行为所导致的法律责任

根据我国《产品质量法》的规定，行为人因产品质量瑕疵所导致的法律责任主要有行政责任、民事责任和刑事责任三类。《产品质量法》在法律责任部分大都涉及行政责任，如罚款、没收、吊销营业执照等；对因产品不符合质量标准给消费者造成损失的，产品的生产者、销售者应承担民事责任，如停止侵害、恢复原状、赔偿损失(包括精神损失和物质损失)等；对情节严重的违法行为，按照规定追究其刑事责任，如罚金、没收财产、有期徒刑、无期徒刑或者死刑。

(一)生产、销售不符合保障人体健康和人身、财产安全的产品

从保障广大人民群众生命财产安全角度出发，任何产品都必须保证使用安全。既要保证人身安全，也要保证财产安全，一旦有对人体和财产造成危害的情况发生，其社会的负面影响很大，也是法律所不能容忍的。对这类产品所采取的措施是责令停止生产、销售，没收违法生产、销售的产品，并处违法生产、销售产品(包括已售出和未售出的产品，下同)货值金额等值以上三倍以下的罚款；有违法所得的，并处没收违法所得；情节严重的，吊销营业执照；构成犯罪的，依法追究刑事责任。

(二)在产品中掺杂、掺假，以假充真，以次充好

在国内不少展会上，有些参展商会将一些掺杂、掺假，以次充好的产品摆上展台，一旦其他经营者、销售者或者消费者购买，就会给其带来不必要的经济损失。我国《产品质量法》规定的处罚是：对其责令停止生产、销售，没收违法生产、销售的产品，并处违法生产、销售产品货值金额50％以上三倍以下的罚款；有违法所得的，并处没收违法所得；情节严重的，吊销营业执照；构成犯罪的，依法追究刑事责任。

(三)销售失效、变质的产品

销售失效、变质的产品,其危害性更大、更直接,特别是对人体,使用或者服用该产品,对人体造成的伤害有的可能是致命的。对这类行为规定应责令停止销售,没收违法销售的产品,并处违法销售产品货值金额二倍以下的罚款;有违法所得的,并处没收违法所得;情节严重的,吊销营业执照;构成犯罪的,依法追究刑事责任。

(四)伪造产品产地,伪造或者冒用他人厂名、厂址、认证标志

厂名、厂址是企业成立必须具备的基本要素,也是企业注册登记的重要条件,而原产地名称、认证标志则属于企业的知识产权,未经许可,任何个人和单位都不得侵犯。对于那些伪造产品产地、伪造或者冒用他人厂名、厂址、认证标志的,主要令其承担行政责任,责令改正,没收违法生产、销售的产品,并处违法生产、销售产品货值金额等值以下的罚款;有违法所得的,并处没收违法所得;情节严重的,吊销营业执照。

我国《产品质量法》除对生产者和经营者的行为加以规制外,还对产品质量检验机构、认证机构以及各级人民政府的行为加以限制,《产品质量法》第五十七条规定:"产品质量检验机构、认证机构伪造检验结果或者出具虚假证明的,责令改正,对单位处五万元以上十万元以下的罚款,对直接负责的主管人员和其他直接责任人员处一万元以上五万元以下的罚款;有违法所得的,并处没收违法所得;情节严重的,取消其检验资格、认证资格;构成犯罪的,依法追究刑事责任。"第六十五条规定:"各级人民政府工作人员和其他国家机关工作人员有下列情形之一的,依法给予行政处分;构成犯罪的,依法追究刑事责任:(一)包庇、放纵产品生产、销售中违反本法规定行为的;(二)向从事违反本法规定的生产、销售活动的当事人通风报信,帮助其逃避查处的;(三)阻挠、干预产品质量监督部门或者工商行政管理部门依法对产品生产、销售中违反本法规定的行为进行查处,造成严重后果的。"

第四节　会展业广告管理

一、广告与广告法

(一)广告的概念和特征

1. 什么是广告

广告有广义和狭义之分。广义的广告包括非经济广告和经济广告。非经济广告指不以盈利为目的的广告,如政府行政部门、社会事业单位乃至个人的各种

公告、启事、声明等;狭义的广告仅指经济广告,又称商业广告,是以盈利为目的的广告,是指商品经营者或者服务提供者承担费用,通过一定媒介和形式直接或者间接地介绍自己所推销的商品或者所提供的服务的商业广告。狭义的广告是商品生产者、经营者和消费者之间沟通信息的重要手段,是在生产者或服务者与消费者之间架起的桥梁,也是企业占领市场、推销产品、提供劳务的重要形式。本书阐述的是经济广告。

2.广告的特征

广告不同于一般大众传播和宣传活动,主要表现在:

(1)广告是商品的生产者或经营者将某一商品的信息,传送给众消费者的一种传播工具;

(2)广告是有偿性的,广告要通过媒介做宣传,才能广而告之,达到宣传、销售商品的目的,因此媒介要按照市场行情加以收费;

(3)广告是有目的、有计划的,是连续的;

(4)广告是通过制作新颖、独特、有创意的文字、数字、画面或者故事情节打动消费者,吸引消费者购买其产品的。

广告也因此具备了这样的功能:第一,广告可以传递信息,沟通产需,能帮助消费者认识和了解各种商品的功效,起到传递信息,沟通产销的作用。第二,激发需求,增加销售。一则好的广告,能起到诱导消费者的兴趣和感情,引起消费者购买该商品的欲望,直至促进消费者的购买行动。第三,促进竞争,开拓市场。有很多产品,特别是新开发的产品,让公众接受它的最主要的渠道就是各种类型的广告。消费者往往是通过广告认识产品的,我国《商标法》关于驰名商标认定的问题就规定,认定驰名商标应当考虑下列因素:(1)相关公众对该商标的知晓程度;(2)该商标使用的持续时间;(3)该商标的任何宣传工作的持续时间、程度和地理范围……。这说明宣传的力度到位,公众知晓的范围广泛,再加上质量过关,那么产品就可能更多地占领市场。第四,丰富生活,陶冶情操。好的广告,实际上就是一件精美的艺术品,不仅真实、具体地向人们介绍了商品,而且让人们通过对作品形象的观摩、欣赏,引起丰富的生活联想,树立新的消费观念,增加精神上美的享受,并在艺术的潜移默化之中,产生购买欲望。

(二)广告法的概念和特征

1.广告法的概念。

广告法的概念众说不一,有人认为,广告法是由国家制定并由国家强制力保证实施的,调整国家、法人、其他经济组织及个人之间广告法律关系的法律规范的总和。本书作者则认为该概念太宽泛,包括的范围太广,并没有清楚地介绍广告法调整的对象和特点。本书认为,广告法是由国家制定并认可的,调整广告管理者、媒介、及通过媒介联系的商品生产者、销售者和消费者之间各种社会关系的法律规范的总和。

2.广告法具有如下特征

(1)广告法是由国家制定或认可的规范性法律文件；

(2)广告法调整一定范围的社会关系。广告法调整的社会关系有几层:广告的管理机关、媒介、商品的生产者、销售者、消费者。其社会关系涉及面广,牵涉的各方利益错综复杂,广告法旨在调整相互之间的关系,规范人们的行为,以期达到稳定市场秩序的目的；

(3)广告法是调整广告关系的法律规范的总和。从这个意义上讲,广告法是一个广义概念,即凡是与广告管理、广告媒介,以及通过广告相连的产、销、消之间的法律关系均由广告法来调整。

二、广告法的禁止性规定

所谓禁止性法律规定,是指不得为之的行为,即不允许做。法律的强制性体现在对人们行为的一种拘束,分为几个层次:一是不可以做、不得做,即禁止行为。如犯罪行为、利用广告坑害消费者的行为等;另一是可以做的行为,但是可以做的行为也不是完全随心所欲,也必须在法律许可的范围内去行为。如食品、药品的生产、销售必须符合法律规定的条件方可进行,否则就是非法生产和销售。

为防止广告商与生产者、销售者串谋采用虚假广告坑害消费者,对于那些在广告活动中的不法行为,我国《广告法》作出如下禁止性规定：

(一)一般禁止性条款

《广告法》第七条规定,广告内容应当有利于人民的身心健康,促进商品和服务质量的提高,保护消费者合法权益,遵守社会公德和职业道德,维护国家的尊严和利益。广告不得有下列情形：

(1)使用中华人民共和国国旗、国徽、国歌；

(2)使用国家机关和国家机关工作人员的名义；

(3)使用国家级、最高级、最佳等用语；

(4)妨碍社会安定和危害人身、财产安全,损害社会公共利益；

(5)妨碍社会公共秩序和违背社会良好风尚；

(6)含有淫秽、迷信、恐怖、暴力、丑恶的内容；

(7)含有民族、种族、宗教、性别歧视的内容；

(8)妨碍环境和自然资源保护；

(9)法律、行政法规规定禁止的其他情形。

（二）药品、医疗器械广告的禁止

药品、医疗器械质量的好坏与人们身心健康关系密切，作为生产企业与销售企业必须保证其产品质量。《广告法》对药品、医疗器械的禁止性规定主要有：

（1）含有不科学的表示功效的断言或者保证的；

（2）说明治愈率或者有效率的；

（3）与其他商品、医疗器械的功效和安全性比较的；

（4）利用医药科研单位、学术机构、医疗机构或者专家、医生、患者的名义和形象作证明的；

（5）麻醉药品、精神药品、毒性药品、放射性药品等特殊商品，不得做广告；

（6）药品广告的内容必须以国务院卫生行政部门或者省、自治区、直辖市卫生行政部门批准的说明书为准。国家规定的应当在医生指导下使用的治疗性药品广告中，必须注明“按医生处方购买和使用”。

（三）农药广告的限制

为了规范农药市场，保障农业生产的安全性，我国法律从实体上和程序上，都对农药的安全生产和使用作出了比较严格的规定。针对农药的广告宣传，我国《广告法》第十七条规定，农药广告不得有下列内容：

（1）使用无毒、无害等表明安全性的绝对化断言的；

（2）含有不科学的表示功效的断言或者保证的；

（3）含有违反农药安全使用规程的文字、语言或者画面的；

（4）法律、行政法规规定禁止的其他内容。例如，根据《中华人民共和国农药管理条例》、《中华人民共和国农药管理条例实施办法》、《中华人民共和国工业产品生产许可证管理条例》和国家实行生产许可证制度工业产品目录规定，农药实行生产许可制度，由国务院工业产品生产许可证主管部门发给工业产品生产许可证（标志为 QS，编号为 10 位数）方可生产销售。广告内容必须与农业行政主管部门批准签发的《农药广告审查表》和农药广告审查批准文号内容、农药登记证号内容一致，不得扩大范围。未经国家农业部登记的农药，禁止刊登、播放、设置、张贴广告。

（四）烟草广告的禁止

所谓烟草广告是指烟草制品生产者或者经营者发布的，含有烟草企业名称、标识，烟草制品名称、商标、包装、装潢等内容的广告。

2003 年 11 月 10 日，中国加入了《世界卫生组织烟草控制框架公约》，从某种意义上讲，该公约是向烟草制造、销售，以及消费行为的宣战书。该公约认为，决心优先考虑其保护公众健康的权利，认识到烟草的广泛流行是一个对公众健康具有严重后果的全球性问题，呼吁所有国家就有效、适宜和综合的国际应对措施开展尽可能广泛的国际合作。

虑及国际社会关于烟草消费和接触烟草烟雾对全世界健康、社会、经济和环境造成的破坏性后果的关注，严重关注全世界，特别是发展中国家，卷烟和其他烟草制品消费和生产的增加，以及它对家庭、穷人和国家卫生系统造成的负担。

认识到科学证据明确确定了烟草消费和接触烟草烟雾会造成死亡、疾病和残疾，以及接触烟草烟雾和以其他方式使用烟草制品与发生烟草相关疾病之间有一段时间间隔，还认识到卷烟和某些其他烟草制品经过精心加工，藉以引起和维持对烟草的依赖，它们所含的许多化合物和它们所产生的烟雾具有药理活性、毒性、致突变性和致癌性，并且在主要国际疾病分类中将烟草依赖单独分类为一种疾病。

承认存在着明确的科学证据，表明孕妇接触烟草烟雾是儿童健康和发育的不利条件，深切关注全世界的儿童和青少年吸烟和其他形式烟草消费的增加，特别是开始吸烟的年龄愈来愈小，震惊于全世界妇女和少女吸烟及其他形式烟草制品消费的增加，因此有必要在世界范围内进行禁烟的立法与实践活动。

我国《广告法》对于烟草的禁止性规定是：禁止利用广播、电影、电视、报纸、期刊发布烟草广告。禁止在各类等候室、影剧院、会议厅堂及体育比赛场馆等公共场所设置烟草广告。烟草广告中必须标明“吸烟有害健康”。

（五）虚假广告的禁止

所谓虚假宣传，是指在市场交易中，经营者利用广告或者其他方法，对其商品或者服务做出与实际情况不符的公开宣传，导致或足以导致购买者产生误解的行为。

由于各种原因，例如消费者自身知识储备的限制、管理层面信息不透明等，使得消费者在广告活动中长期处于弱势地位，对广告中的内容，只能被动地接受。因受虚假广告的误导而购买了不实产品，且在使用过程中导致消费者的精神、身体以及财产损失的案例比比皆是，说明了虚假广告的社会危害性相当大。若对这种行为不制止，不防范，必将给消费者和正常的市场秩序带来不容忽视的损害和破坏。

我国《广告法》对虚假广告的禁止性规定主要有以下几点：

(1)广告中对商品的性能、产地、用途、质量、价格、生产者、有效期限、允诺或者对服务的内容、形式、质量、价格、允诺有表示的，应当清楚、明白。广告中表明推销商品、提供服务附带赠送礼品的应当标明赠送的品种和数量。

(2)广告使用数据、统计资料、调查结果、文摘、引用语，应当真实、准确，并表明出处。

(3)广告应当具有可识别性，能够使消费者辨明其为广告。大众传播媒介不得以新闻报道形式发布广告。通过大众传播媒介发布的广告应当有广告标记，与其他非广告信息相区别，不得使消费者产生误解。

(4)广告涉及专利产品或者专利方法的，应当标明专利号和专利种类。未取得专利权的，不得在广告中谎称取得专利权。禁止使用未授予专利权的专利申请和已经终止、撤销、无效的专利做广告。

(5)食品、酒类、化妆品广告内容必须符合卫生许可的事项，并不得使用医疗用语或者易与药品混淆的用语。

三、会展业违反广告法禁止行为的主要表现

会展业不同于其他行业，其特点是人员集中——产品生产者、销售者、消费者、管理者集中；产品与服务集中——会展期间各个相关企业的产品汇聚一堂、琳琅满目，比较集中地满足人们选择产品与服务的需求；时间集中——会展期间时间比较短，在有限的时间内需要尽力交易，签订合同，购买物品。因此广告的效应得到了充分的体现，往往在会展期间，各种各样的广告铺天盖地，目不暇接，这里面难免鱼龙混杂，需要人们有一定的辨别意识和维权意识。

会展业违反广告法禁止行为的主要是虚假广告，夸大宣传。一般情况下广告宣传有两种途径：一是在展位、展会由参展商自力宣传；另一是通过各种媒介进行宣传。为了达到销售目的，商品的生产者、销售者不惜代价做宣传，进行激烈竞争，本无可厚非。但是有些产品生产者和销售者则采用不法手段，借助媒体进行虚假的夸大宣传，侵害消费者和其他民事主体的合法权益。虚假广告可以分为 4 种。

1. 欺诈性虚假广告

欺诈性虚假广告是指虚拟、捏造子虚乌有的事实或者肆意歪曲、隐瞒事实真相的广告。其主要表现是：

(1)广告中有关商品或服务的性能、经销(产)地、用途、标准、价格、质量、经销(产)者、有效期、承诺等与商品或服务的实际情况不一致；

(2)未经国家法定机构鉴定、审查批准并授予认证等级、荣誉称号等证明，谎称商品或服务达到规定的标准，获得专利、优质称号、生产经营许可证、商标注册证等；

(3)谎称转让或传授的技术以及出售的技术资料具有实用经济价值。

2. 夸张性虚假广告

夸张性虚假广告是指滥用不切实际的夸张之词，对所推销的商品或服务进行虚假宣传，误导消费者高估其商品或服务的质量、功效等，从而达到促销目的的广告。具体表现形式为：

(1)擅自改变商品或服务的获奖级别、颁奖部门或扩大获奖范围;

(2)擅自超越特种商品和服务(如药品、医疗、化妆品、保健品等)的广告审批范畴,夸大其功效。

3.假冒性虚假广告

假冒性虚假广告是指采用假冒他人的注册商标、知名品牌、研究成果、企业名称等手段对商品或服务作虚假宣传的广告。具体表现形式是:

(1)假冒畅销知名产品的注册商标或企业名称;

(2)假冒他人的科研成果,为自己的产品贴金。

4.误导性虚假广告

误导性虚假广告是指采用不确切的,非法定机构统计的信息资料对商品或服务作引人误解的虚假宣传的广告。行为人故意使广告用语意思表达不明确,模棱两可,误导消费者和其他购买商。同时利用人们相信荣誉、排位的心理,采取乱评比、乱排序等手段欺骗消费者。

四、违反广告法应承担的法律责任

违反广告法应承担的法律责任是指产品的生产者、经营者、广告经营者、广告发布者因违反广告法应承担的法律后果。按照法律关系的规范性、惩罚性特征,违反广告法的禁止性规定的行为均应根据不同的情况给予承担不同法律责任的处罚。承担违反广告法的法律责任有三大类:行政责任、民事责任、刑事责任。

(一)行政责任

(1)利用广告对商品或者服务作虚假宣传的,由广告监督管理机关责令广告主停止发布、并以等额广告费用在相应范围内公开更正,消除影响。并处广告费用一倍以上五倍以下的罚款;对负有责任的广告经营者、广告发布者没收广告费用,处以广告费用一倍以上五倍以下的罚款;情节严重的;依法停止其广告业务。

(2)发布虚假广告的,由广告监督管理机关责令负有责任的广告主、广告经营者、广告发布者停止发布、公开更正,没收广告费用,可以并处广告费用一倍以上五倍以下的罚款。

(3)违反《广告法》第十四条至第十七条、第十九条规定发布药品、医疗器械、农药、食品、酒类、化妆品虚假广告的,或者为法律、行政法规禁止生产、销售的商品、服务设计、制作、发布广告的,广告监督管理机关责令负有责任的广告主、广告经营者、广告发布者改正或者停止发布,没收广告费用,可以并处以广告费用一倍以上五倍以下的罚款;情节严重的,依法停止其广告业务。

(5)利用广播、电影、电视、报纸、期刊发布烟草广告的,由广告监督管理机关责令负有责任的广告主、广告经营者、广告发布者停止发布,没收广告费用,可以并处广告费用一倍以上五倍以下的罚款。

(6)未经广告审查机关审查批准发布广告的，由广告监督机关责令负有责任的广告主、广告经营者、广告发布者停止发布，没收广告费用，并处广告费用一倍以上五倍以下的罚款。

(7)广告主提供虚假证明文件的，由广告监督管理机关处一万元以上十万元以下的罚款。伪造、变更或者转让广告审查决定文件的，由广告监督管理机关没收违法所得，并处一万元以上十万元以下的罚款。

(8)广告监督管理机关和广告审查机关的工作人员玩忽职守、滥用职权、徇私舞弊的，给予行政处分。

行政责任的主要承担方式为：罚款、没收违法所得、扣押、颁布禁制令、行政处分等行政责任形态。

(二)民事责任

(1)发布虚假广告，欺骗和误导消费者，使购买商品或者接受服务的消费者的合法权益受到损害的，由广告主依法承担民事责任。

(2)广告经营者、广告发布者明知或者应知广告虚假，仍设计、制作、发布的，应当依法承担连带责任。

(3)广告经营者、广告发布者不能提供广告主的真实名称、地址的，应当承担全部民事责任。

(4)社会团体或者其他组织，在虚假广告中向消费者推荐商品或者服务，使消费者的合法权益受到损害的，应当依法承担连带责任。

(5)广告主、广告经营者、广告发布者违反本法规定，有下列侵权行为之一的，依法承担民事责任：

①在广告中有损未成年人或者残疾人的身心健康的；

②假冒他人专利的；

③贬低其他生产经营者的商品或者服务的；

④广告中未经同意使用他人名义、形象的；

⑤其他侵犯他人合法民事权益的。

民事责任的具体承担方式主要有：停止损害、恢复原状、赔礼道歉、消除影响、损害赔偿等民事责任形态。

(三)刑事责任

1.虚假广告罪与诈骗罪

在广告中作虚假宣传是一种诈骗行为，但是这种行为究竟构成虚假广告罪还是诈骗罪，应当从行为人的目的进行探讨。如果虚假广告只是一种手段，其目的是为了非法占有公私财物，则构成诈骗罪；如果虚假言辞只是夸大商品效能，欺骗和误导消费者,目的是为了推销商品,则构成虚假广告罪。

虚假广告罪的构成要件有:

(1)本罪的客体是侵犯了广告市场管理制度和不特定消费者的合法权益。

(2)本罪客观方面表现为违反国家规定,利用广告对商品或者服务作虚假宣传;

(3)本罪主体是广告主、广告经营者、广告发布者,既可以是自然人,也可以是单位;

(4)本罪主观方面必须是故意,即明知利用广告对商品或者服务作虚假宣传的行为会扰乱市场秩序,损害消费者的权益,还希望或者放任这种结果的发生;

我国《刑法》第二百二十二条规定,广告主、广告经营者、广告发布者违反国家规定,利用广告对商品或者服务作虚假宣传,情节严重的,处二年以下有期徒刑或者拘役,并处或者单处罚金。

诈骗罪的构成要件有:

(1)客体要件。本罪侵犯的客体是公私财物所有权。诈骗罪侵犯的对象,仅限于国家、集体或个人的财物,而不是骗取其他非法利益。

(2)客观方面要件。本罪客观上表现为使用欺诈方法骗取数额较大的公私财物。行为人实施了欺诈行为,使被害人产生错误认识,并作出行为人所希望的财产处分,因此,不管是虚构、隐瞒过去的事实,还是现在的事实与将来的事实,只要具有上述内容的,就是一种欺诈行为。因此欺诈行为是本罪客观要件最重要的内容。

(3)主体要件。本罪主体是一般主体,凡达到法定刑事责任年龄、具有刑事责任能力的自然人均能构成本罪。

(4)主观方面要件。本罪在主观方面表现为直接故意,并且具有非法占有公私财物的目的。

我国《刑法》第二百六十六条规定,诈骗公私财物,数额较大的,处三年以下有期徒刑、拘役或者管制,并处或者单处罚金;数额巨大或者有其他严重情节的,处三年以上十年以下有期徒刑,并处罚金;数额特别巨大或者有其他特别严重情节的,处十年以上有期徒刑或者无期徒刑,并处罚金或者没收财产。本法另有规定的,依照规定。

2.违反《广告法》一般禁止性规定,情节严重,构成犯罪的,依法追究刑事责任

3.广告主提供虚假证明文件发布广告,构成犯罪的,依法追究刑事责任

4.广告监督管理机关和广告审查机关的工作人员玩忽职守、滥用职权、徇私舞弊构成犯罪的,依法追究刑事责任

案例分析

【案情简介】原告的亲属林志圻在乘坐被告生产的日本三菱吉普车时，因前挡风玻璃在行驶途中突然爆裂而被震伤致猝死。原告认为我国法律规定，生产者应当对其生产的产品负责，经营者应当保证其提供的商品或者服务符合保障人身、财产安全的要求。据此请求判令被告对林志圻之死承担责任，给原告赔偿丧葬费、误工费、差旅费、鉴定费、抚恤金、教育费、生活补助费等共计人民币 50 万元。

被告某玻璃生产厂认为，他们的玻璃产品经两次鉴定，并送国家建材局安全玻璃质量监督检验中心（以下简称国家质检中心）的分析测试，都认为事故车的挡风玻璃是在受到较大外力冲击的情况下爆破的。无论是《中华人民共和国产品质量法》第二十九条第一款（修订后的条款为第四十一条第一款），还是《中华人民共和国消费者权益保护法》第三十五条第二款都规定，产品生产者对消费者承担赔偿责任，要同时具备两个严格的前提条件：第一，必须是产品存在缺陷；第二，必须是因产品存在的缺陷造成人身或财产损害。事实已经证明，发生事故的车辆不存在产品质量问题，也就是说不存在产品缺陷，因此谈不上因产品缺陷造成损害。原告的诉讼请求没有事实根据和法律依据，应当驳回。

一审法院经审理后认定：《中华人民共和国民法通则》第一百零六条第二款规定："公民、法人由于过错……侵害他人财产、人身的，应当承担民事责任。"本案查明的事实不能证明被告三菱公司在林志圻死亡问题上有过错，林志圻的死亡与三菱公司无必然的因果关系。原告要求三菱公司赔偿因林志圻死亡所遭受的损失，没有事实根据和法律依据。据此判决：驳回原告要求被告三菱公司赔偿损失人民币 50 万元的诉讼请求。

原告不服一审判决提起上诉。二审经审理后查明：事故发生后，被告三菱公司即将破损玻璃封存。应车主单位的要求，被告将破损玻璃的照片寄回日本国内玻璃的生产厂家进行鉴定，并判断为受外强力致破损，实验均满足规格要求。车主单位对此不予以认可，要求被告将封存的玻璃交北京中国建筑材料科学研究院国家进出口商检局安全玻璃认可的实验室进行鉴定。但是被告却擅自将玻璃运回国内，交玻璃生产厂家进行鉴定，鉴定结论为：挡风玻璃本身不存在品质不良现象，破损系由外部原因造成。后车主单位委托国家质检中心进行鉴定。国家质检中心出具的报告称："由于所提供的样品是从原吉普车上拆卸后经过多次运输，已经相当破损，无法从上面切取作强度实验所需的试验片。我中心只能结合委托方提供的玻璃破损照片进行推断、分析，从玻璃破碎的塌陷形式看，能够造成此种破坏状态的力来自外部。"

二审法院认为:根据《产品质量法》的相关规定,因产品缺陷致人身损害应承担无过错责任,无需证明生产者有过错。此外产品是否存在缺陷的举证责任应由生产者承担。本案中玻璃生产厂家虽经两次鉴定,但由于生产厂家不是法定的鉴定机构且生产厂家具有利害关系,该两份鉴定结论均不具法律效力。国家质检中心的鉴定是在前挡风玻璃从日本运回中国后已失去检验条件的情况下,仅凭照片和相当破碎的玻璃实物得出的推断性分析结论,并且没有说明致前挡风玻璃突然爆破的外力是什么,对本案事实没有证明力,故不也不予采信。本案唯一证明产品是否存在缺陷的物证——爆破后的前挡风玻璃,车主单位在与被上诉人三菱公司约定封存后,曾数次提出要交国家质检中心检验鉴定。三菱公司承诺后,却不经车主单位许可,擅自将玻璃运往日本。后虽然运回中国,但三菱公司无法证明运回的是原物,且玻璃此时已破碎得无法检验。三菱公司主张将与事故玻璃同期、同批号生产出来的玻璃提交给国家质检中心进行实物鉴定,遭上诉人的反对。由于种类物确实不能与特定物完全等同,上诉人的反对理由成立。在此情况下,举证不能的败诉责任理应由三菱公司承担。据此,二审判决撤销一审判决,判令被上诉人(原审被告)于判决生效后 30 日内支付上诉人(原审原告)各项损失计 496901.9 元。

【法律评析】本案涉及两方面的法律问题:一是产品质量责任的归责原则,即实行过错责任还是无过错责任;二是举证责任的分配及证据的采信。

在产品质量责任的归责原则上,按我国《民法通则》的规定应实行无过错责任,即不要求产品生产者对造成的损害具有过错,只要证明其生产的产品存在缺陷、有受损害事实且产品缺陷与损害事实之间有因果关系即可。一审法院认为根据民法通则第一百零六条的规定,适用过错责任的做法明显有误。这是该判决无法回避的一处硬伤,也是该判决遭推翻的直接原因。但是这并不是本案的实质所在。本案一审判决之所以被推翻,更主要的原因在于举证责任的认定及证据的审查认定上。

从举证责任分配上分析,一审与二审不同之处在于:一审认为证明产品存在缺陷的责任应由原告承担,这一认定应该说是符合谁主张谁举证的法定举证责任分配原则的;二审则认为根据产品质量法的立法原意,在实行无过错责任的情形下,应由被告承担举证责任,证明其产品不存在缺陷,否则即认定其产品有缺陷。这一认定是根据举证责任倒置理论而来的。从举证责任倒置的理论及相关规定分析,法官可以根据案件的特殊情形,在考查双方当事人的举证能力、举证条件等因素的情形下决定举证责任倒置,将本应由一方当事人承担的举证责任分配给对方当事人。

从证据的审查认定上分析,一审对于被告提供的两份鉴定结论及原告申请的鉴定结论均予以认可，并最终判决原告败诉。而二审则对该三份证据全部否定，并且，根据其所认定的举证责任最终判决由被告方承担举证不能的败诉责任。应该说，二审对证据的审查认定更合理或者说更具有社会妥当性。因为，倾向弱者应是民法、民事诉讼的基本价值理念，从保护弱者的角度考量，二审的认定更具合理性。

【启示】在现实生活中，我们有可能遇到形形色色产品质量问题带来的烦恼，本案给我们的启示主要有：第一，学习掌握一些法律知识对于我们维权非常有必要；第二，我国民事法律确立了民事责任的三个归责原则，即过错责任、无过错责任、公平责任，不同的侵权行为应承担不同的责任，因此归责原则的适用意义重大；第三，在维权过程中证据的使用，包括人民法院对证据的采信是案件能否取胜的关键。从此种意义上看，在实行法官自由心证的证据审查制度下，证据的审查认定不可避免地带有很大的主观随意性，司法的复杂性可见一斑。

复习思考题

1. 会展业市场管理的含义是什么？
2. 什么是不正当竞争？它有哪些危害性？
3. 不正当竞争的主要表现有哪些？
4. 《反不正当竞争法》规定不正当竞争行为的法律责任有哪些？
5. 因产品质量瑕疵的侵权行为所导致的法律责任有哪些？
6. 产品质量对会展业健康发展的意义是什么？
7. 什么是广告？广告法的禁止性规定有哪些？
8. 会展业违反广告法禁止性规定的主要表现是什么？
9. 违反广告法应承担的法律责任有哪些？

第八章

会展业经济纠纷及其解决

学习目的

会展业已成为继旅游、房地产之后又一个崛起的"无烟产业"、"朝阳产业"，而且比旅游和房地产业更具魅力。但是，在目前的快速发展中，我国会展业还存在着不少问题，纠纷矛盾不断。通过本章的学习，了解经济纠纷特别是会展业经济纠纷与民事纠纷的关系，了解解决经济纠纷的途径及法律规定，掌握民事诉讼的概念、特点、原则及内容，基本能够运用民事诉讼原理，通过诉讼渠道处理一些简单的民事纠纷案件。

主要内容

- 经济纠纷概述
  - 经济纠纷与民事纠纷
  - 会展业经济纠纷发生的原因
  - 经济纠纷的类型
- 解决民事纠纷的方式
  - 自力救济
  - 社会救济
  - 公力救济
- 经济纠纷调解
  - 经济纠纷调解的概念
  - 经济纠纷调解的特征
  - 会展中经济纠纷调解的适用
- 经济仲裁
  - 经济仲裁的概念、特征

经济仲裁的历史发展与现实意义
经济仲裁的适用
- 经济纠纷的诉讼
民事诉讼的概念、特征和种类
我国民事诉讼的管辖
会展经济纠纷案件的管辖和审理

第一节　经济纠纷概述

一、经济纠纷与民事纠纷

(一)纠纷的概念

纠纷是指社会主体之间由于趋利的一种纷争状态。社会主体主要是指自然人、社会组织(包括法人、社会团体、政府机构、其他经济组织等),在这些复杂主体的交往过程中,难免有些冲突。这些冲突包括政治的、经济的、情感的、宗教的、文化艺术的等等。因此,就纠纷而言,它是一个广义的概念。可以说,只要有社会共同体存在,各种纠纷就无时不在、无处不在。

纠纷是分不同领域和程度的。从法律层面看,纠纷的领域概括起来有几大类:行政的、民事的(包括经济的)和刑事的;从程度上,即当事人应当承担的法律后果的程度看,经济的和民事的以及行政的纠纷程度偏轻,一般只须承担损害赔偿、罚款没收等责任,而刑事的则偏重,通常应当承担限制人身自由,甚至剥夺生命的责任。本书仅研究经济纠纷与民事纠纷。

(二)民事纠纷

民事纠纷,又称为民事冲突、民事争议,是指平等主体之间发生的,以民事权利义务为内容的社会纠纷。民事纠纷具有以下特点:

1.民事纠纷的主体之间法律地位平等

所谓法律地位平等是指民事主体在进行民事活动时,他们之间不是上下级隶属关系,彼此都享有独立、平等的法律人格。无论自然人、法人还是其他组织,法律赋予各民事主体的权利义务都是平等、均衡的。因此,在民事纠纷中,他们之间也不存在服从与隶属的关系,仍然处于平等的地位。

2.民事纠纷是对民事权利义务分配与承担的纷争

民事主体之间的争议,源于他们之间的民事权利义务关系的分配与承担。当事人认为分配不均时往往引发争执,所以民事权利义务的争议构成民事纠纷的内容,如果超出这个范围,则不属于民事纠纷。

3.民事纠纷解决途径具有多样性

由于民事主体的法律地位平等的特点，使得民事主体在解决纠纷的方式上具备了多种选择的基础。基于私法自治原则，民事主体针对民事纠纷时可以选择自力救济或者公力救济的方式处理。自力救济包括和解；社会救济包括调解、仲裁等；公力救济主要指民事诉讼。

4.民事纠纷内容具有广泛性

民事纠纷既有人身性质的，又有财产性质的，更有生活琐事。诸如：侮辱诽谤、侵犯隐私；所有权的纷争、邻里矛盾、离婚、继承、债务纠纷、合同履行争议、民事责任认定等等，包罗万象，繁琐复杂，几乎包括了人们生活中的各个方面的问题，只要没有升级到刑事犯罪的层面，都可以划分到民事纠纷的范畴。

(三)经济纠纷

经济纠纷是指在民事活动中，民事主体基于经济原因所发生的民事权利与民事义务关系的争议。经济纠纷是民事纠纷的组成部分，是民事纠纷中与经济关系密切的权利和义务的分配与承担而形成的纷争。

经济纠纷与民事纠纷虽是完全不同的两个概念，但是二者既有着密切的联系，又存在明显的区别。其联系在于，经济纠纷属于民事纠纷的范畴，例如在纠纷解决方法之一的诉讼中，所采用的都是民事诉讼程序；又如，过去人民法院均设有“经济审判庭”，专职审理一些经济纠纷类案件，现在这些“经济审判庭”已退出历史舞台，所有的民事纠纷，包括经济纠纷一律纳入民事审判庭进行审理。此举均说明了，在我国经济纠纷与民事纠纷的关系是非常紧密的。此外还有一共同点，就是无论经济纠纷还是民事纠纷，最终行为人所承担的法律后果基本都是财产责任。其区别主要在于，民事纠纷的外延比较大，既包括经济纠纷，也包括普通债权债务、房地产权、知识产权、损害赔偿、离婚、继承、收养等纠纷。经济纠纷的范围比较狭窄，主要是民事主体基于经济原因所发生的民事权利与民事义务关系的争议，如因合同的签订、合同的履行、违约责任的承担等纠纷。

二、会展业经济纠纷发生的原因

(一)会展业市场化进程与当今市场经济的发展不匹配

在我国，政府主导会展业的现状令人堪忧。这也是容易产生矛盾纠纷的原因之一。首先，在这种模式下，政府是最大利益团体，特别是一些地方政府为了当地的所谓经济发展、GDP的指标，可以利用手中的公权力，去强势推行一些不切实际的会展，有许多的重复办展、互相攀比，有的甚至变相成了政府项目、市长工程。这些行为与市场经济发展的准则是相悖的，市场是否健康发展，不是看政府的直接介入程度，相反，政府作为经济主体的程度越低越好，因为市场是各民事主体公平竞争的一个平台，民事主体的法律地位是一律平等的，而政府手中公权力在握，难免在市场交易中发生垄断行为，影响市场健康发展。

其次，有些会展政府是所有者，但是通过委托方式将经营权交由一些公司经营，表面上是公司行为，可是由于有政府背景，这些公司往往行事武断霸道，引发不少争议。例如，参展商未交场租费的就扣押留置其展品的行为比比皆是，从而导致类似的纠纷不断、官司不断。按照我国《民法通则》、《中华人民共和国担保法》的规定，留置他人的财产是有严格法定条件的：第一，须债权人依合同的约定占有债务人的动产。也可阐述为债权人合法地占有债务人的财产，是留置权成立的基本要件；首先，留置权的主体为债权人，债务人和其他第三人均不得行使留置权；其次，留置权的客体为债务人的财产，并且是动产，不动产不得实施留置；再次，留置权行使的范围由法律确认，并且局限性较大，仅限于因保管合同、运输合同、加工承揽合同发生的债权，债权人才有留置权，否则，所有的“留置”都是非法的；第二，须债权的发生与该动产有牵连关系。所谓牵连关系是指，债权人对动产的留置权与债务的产生是基于同一法律关系发生的，如加工承揽合同，承揽人因定作人不交付加工费用，有权留置定作人送交的加工定作物。否则不能成立留置权；第三，债务必须已届清偿期。留置权的成立须以债权已届清偿期，债务人未清偿债务为要件，如果债权尚未到清偿期，债权人不能对债务人的财产行使留置权。只有在债权已届清偿期，债务人仍不履行其债务时，债权人才可以将其合法占有的债务人的动产留置。可见，没有法律依据留置他人财产的行为是非法的。

综上，会展业市场化进程越快，与世界先进水平接轨的可能性就越大，政府的介入就应该越少。一切按市场经济规律办事，会展行业需要发展，怎么发展，如何做强都由市场说了算，政府应该逐步退出其主导地位，做好市场的管理者角色即可。

（二）规范会展业市场的法律法规不完善

会展业市场庞大，不仅会展本身繁荣了市场，而且带动了相关产业和行业的发展。尤其是交通、旅游、邮政、电信、餐饮、宾馆、金融、保险、商贸、广告、装潢业受益更大，有的甚至成倍地增长，这也是会展业这些年被广泛追捧的重要原因。从这个意义上讲，会展业在一定范围内拉动了内需，促进了就业。

但是作为一新兴的产业，会展业在发展过程中存在明显的不足，特别是法制环境缺乏成熟配套设施，而法律又永远是滞后于社会发展的。这也是容易引起经济纠纷产生的重要原因之一。会展业市场法律法规不完善的缺陷表现在：

1. 没有统一的调整会展市场管理的法规

虽然国务院颁布了《关于在我国境内举办对外经济技术展览会的管理办法

的通知》、商务部、国家工商总局、国家版权局、国家知识产权局颁布并实施了《展会知识产权保护办法》以及外经贸部颁布了《在祖国大陆举办对台湾经济技术展览会暂行管理办法》等法规，但绝大多数都是以“通知”、“办法”、“规定”的形式出现的，因此其内容的规范效应和震慑力就可想而知了。并且这些法规均属于行政法规、部门法规，其特点是零星、分散、各部门执行起来不顺畅，同时也会给当事人带来许多认识和理解上的误区和麻烦。另外，对于调整会展业市场的大环境的诸多社会关系来说，没有立法机关的统一立法来规范已经明显不足。

2.多数行政法规没有罚则，可操作性比较差

关于法规不统一的问题，虽然国务院、各部委出台了一些行政法规，但多以通知、办法等形式出现，更重要的是这些通知和办法中几乎没有罚则，其可操作性比较差。表面上看，立法存在缺失，行政管理机关无可作为，但事实上，这种局面恰恰反映出一个问题：不作为反而是最大的作为，即政府的的权力因无法可依而被放大。往往导致在会展市场中的许多不合理、不合法现象，往往由行政机关随意处置了事。同时，这些可操作性差的情况还表现在与其他法律法规的衔接上存在一定的差距。例如，商务部、国家工商总局、国家版权局、国家知识产权局颁布的《展会知识产权保护办法》第二十六条规定：“在展会期间假冒他人专利或以非专利产品冒充专利产品，以非专利方法冒充专利方法的，地方知识产权局应当依据专利法第五十八条和第五十九条规定进行处罚。”但是该规定没有明确当这种行为出现后，地方知识产权局的处罚与当事人到人民法院进行诉讼之间如何衔接。

这种情况的普遍性使得许多展会由一些不具实力的私人公司或会展“穴头”操办，会展销售稍不顺利，经济纠纷就会发生。例如，未经许可侵犯他人知识产权现象；假冒他人知名商标、虚假宣传现象；恶意磋商、不讲诚信现象；拖欠场租以至于扣押展品现象；售假卖假一跑了之现象等。由此而引发许多不必要的经济纠纷，扰乱了市场经济秩序，给人民法院平添了许多诉累。

（三）商业道德、行规行约的辅助制约机制缺失

道德是人类社会特有的，以善恶为标准的社会评价，是依靠人们内心信念、传统习惯以及社会舆论等行为准则来调整人与人之间社会关系的行为规范的总和。

调整道德关系的行为准则，就是道德规范。与法律规范不同的是，道德规范不具有强制性，是依靠传统习惯和社会舆论的意识形态，由人们自觉行为来实现；而法律规范则具有强制性，是通过国家强制力来实现的。

道德规范是法律规范不可缺失的补充剂，二者相辅相成共同构建一个国家、一个社会和谐的秩序。道德规范充斥着社会的各个角落，各行各业都有自己的道德规范。有不少道德规范具有悠久的历史印迹。如古人云：“内得于己，外施于人”、“君子爱财，取之有道”，即是说，做人对自己要提高觉悟，对别人要助人为

乐；人人都喜爱钱财，但是获取钱财时要遵守一定的规范，不能坑蒙拐骗，要童叟无欺，这才是真君子。这些浅显的道德规范至今仍然可以成为市场经济活动中的行为准则，成为我们分辨是非的重要标准。

所谓行规行约是指各个行业在市场经营活动中，按照本行业的特点，制定和实施本行业约定俗成的交易习惯以及道德规范的行为准则。行规行约的倡导和组织者是行业协会。

行规行约是行业协会自主管理、自我发展、自我约束的基本制度。行规行约由行业企业共同制定、共同遵守。其性质包括两个方面：一是自我约束，二是相互约束。行规行约依靠行业企业自觉遵守，共同维护，并从中受益，提高凝聚力，振兴行业；违反行规行约则会损害行业和多数企业利益，应受到道义谴责和行规行约惩处。

各行各业建立健全行规行约规范约束企业行为，自觉接受广大人民群众、消费者的监督已成共识。但是目前行规行约对本行业企业的约束、规范能力还远未达到理想状态。在会展市场中，弄虚作假，欺骗消费者，侵犯他人知识产权等行为，仍然是会展业一大公害，亟待整治。因此，加强行业协调自律，提高行业整体素质，搞好统筹协调，克服多头办展、重复办展、资源分散、价格多轨制等不合理的现象，创造公平、公开、公正的会展市场环境和竞争秩序。一方面要加强法制观念的深化和制裁措施的健全，另一方面还应该强化行规行约，提高人们自觉遵守市场游戏规则，自觉履行义务的意识。

（四）会展业管理水平与国际先进国家和地区相比存在差距

伴随着中国政府近年来出台的一系列促进展览业对外开放政策措施的贯彻落实，中国展览业的国际化程度进一步提高，会展业国际化进程进一步加快。国际展览巨头通过合作办展、设立合资公司等形式，大举进军中国会展业。例如，中美两国携手打造的消费电子博览会——2005 中国国际消费电子博览会（SINOCES）在青岛成功举办；中德两国长期在中国联合主办“中国国际五金展”（CIHS）等，都标志着“让行业走向世界，把世界拉近中国”的高水平、国际化会展平台搭建成功。

与国际会展业巨头相比，无论在规模还是管理上，我国会展业都存在很大差距，甚至于不能与香港会展业相比。存在的差距涉及的范围主要有：会展业内部管理，包括展馆、展台设计、合同签订、税务、汇兑、物流等；其副产品包括：交通业管理、宾馆业管理、旅游业、服务业管理等，如果管理不到位，极易引起纠纷。例如，一些参展企业往往不敢把最新的产品带到会展中去，以免被人拍照模仿。而且一旦发现侵权纠纷，也不能在参展期间很快得到解决，因为展期短，且许多参展商路途遥遥，甚至在国外，纠纷发生时企业也费时费力，得不偿失。另外，抄袭者常常在商品的外型结构、颜色等方面做文章，但由于展会没有和知识产权局、商标局等部门配合实施知识产权保护工作，主办方对如何界定侵权行为并不清楚。所以纠纷出现时，主办方只能起协调作用，大多以“大事化小，小事化无”的态度进行调解，结果不少国外的参展商非常担心自己的利益受损，从而取消了参展计划，这无疑降低了展会的原创性与含金量，在相当程度上影响了我国会展业的国际化进程。

三、经济纠纷的类型

根据我国《民法通则》有关民事责任的规定，民事和经济纠纷的类型主要有两类：违约行为和侵权行为。

(一)违约行为

1.违约行为的概念和种类

违约行为是指当事人违反合同约定义务的行为。违约行为的具体表现主要有以下几种：

(1)预期违约。预期违约又叫先期违约、事先违约，是指当事人一方在合同规定的履行期到来之前，明示或者默示其将不履行合同的行为。就预期违约而言，它破坏的是信赖关系的基础，导致一方当事人因信赖对方能够履行而支付一定的准备履行的费用的损失，因而应承担违约的法律责任。

(2)不履行。不履行是指在合同履行期届满时，合同当事人完全不履行自己的合同义务，分为“根本违约”和“拒绝履行”。由于当事人一方迟延履行债务或者有其他违约行为，致使不能实现合同目的的行为称“根本违约”；而履行期届满，债务人又无正当理由拒绝履行合同义务的行为被称作“拒绝履行”。

(3)迟延履行。是指合同当事人违反了履行期限约定的行为。包括债务人的给付迟延和债权人的受领迟延。给付迟延，是指债务人在履行期限到来时。能够履行而没有按期履行债务。其构成要件为：须有债务存在；履行须为可能；须债务履行期已届满；须因可归责于债务人的事由而未履行；须无法律上的正当理由，例如不可抗力。受领迟延是指债权人对债务人的履行应当受领面不受领。其构成要件为：须有债权存在；须债务人的履行要求债权人协助；须债务履行期已届满且债务人已履行或提出履行；须债权人未受领给付，且迟延受领无正当理由。

(4)不适当履行。是指当事人交付的标的物不符合合同规定的质量要求，也就是说履行具有瑕疵。我国《合同法》第一百一十一条，“质量不符合约定的，应当按照当事人的约定承担违约责任。对违约责任没有约定或者约定不明确的，依照本法第六十一条的规定仍不能确定的，受损害方根据标的的性质以及损失的大小，可以合理选择要求对方承担修理、更换、重作、退货、减少价款或者报酬等违约责任。”根据该规定，权利人在对方当事人不适当履行的情况下，应当按照合同的约定确定责任；如果合同没有作出明确规定或者规定不明确，权利人可以根据具体情况，选择各种不同的补救方式和责任形式。

2.违约责任的概念和特征

违约责任是指合同当事人一方或者双方不履行合同义务或未适当履行合同义务所应承担的民事法律后果。

违约责任具有以下特征：

(1)违约责任是一种民事责任。民事责任是民事主体在民事活动中，因违反约定的义务或者实施民事违法行为，依据民法规定所应承担的民事法律后果。民法通则规定了民事责任的形式主要有违约责任和侵权责任两种。

(2)违约责任是当事人因违反合同约定而致的民事责任。合同一旦有效成立，当事人应当按照约定全面履行自己的义务，否则，当事人就必须承担继续履行、采取补救措施或者赔偿损失等违约责任。《合同法》第一百二十条还规定，当事人双方都违反合同的，应当各自承担相应的责任。

(3)违约责任只限于财产性法律责任。依我国《合同法》的规定，违约责任形式包括继续履行、采取补救措施、损害赔偿金、违约金、定金等五种形式，均属于财产责任。

3.违约责任的归责原则

我国《合同法》第一百零七条规定：“当事人一方不履行合同义务或者履行合同义务不符合约定的，应当承担继续履行、采取补救措施或者赔偿损失等违约责任。”该规定确认了我国对违约行为采取的是实行严格责任归责原则。所谓严格责任归责原则，是指一方当事人不履行或者不适当履行合同义务给另一方当事人造成损害，就应当承担违约责任。与过错责任原则不同的是，过错责任原则要求受害人就对方的过错承担举证责任，而严格责任归责原则则不以违约方的主观过错作为其承担违约责任的依据，非违约方无须就违约方的过错承担举证责任。当违约行为发生后，违约方即应当承担违约责任。

4.违约责任的构成要件

根据上述违约责任的归责原则，本书作者认为，违约责任的构成要件只有两个：一是有违约行为，二是没有法定或约定的免责条款。免责条款，是指合同当事人约定的排除或者限制其将来可能发生的违约责任的条款。法定的免责条款主要是不可抗力，如自然灾害、战争、政府禁令等。约定的免责条款，是根据当事人的“意思自愿原则”签订的任意性免责条款。但是我国《合同法》第五十三条规定：“合同中的下列免责条款无效：(1)造成对方人身伤害的；(2)因故意或者重大过失造成对方财产损失的。”

5.缔约过失责任

缔约过失是指当事人违反先合同义务，于缔约之际具有过失，从而导致合同不能成立，或者合同虽然成立，但不符合法定的生效条件而被确认无效、被变更或被撤销，给对方造成损失时所应承担的民事责任。所谓先合同义务是指缔约当事人因签订合同而相互接触磋商，至合同有效成立之前，双方当事人依诚实信用原则负有协助、通知、告知、保护、照管、保密、忠实等义务。我国《合同法》规定，如果因当事人违反先合同义务，给他人造成损失的，应当承担“缔约过失”的民事责任。我国《合同法》规定，当事人在订立合同过程中有下列情形之一，给对方造成损失的，应当承担损害赔偿责任：(1)假借订立合同，恶意进行磋商；(2)故意隐瞒与订立合同有关的重要事实或者提供虚假情况；(3)有其他违背诚实信用原则的行为。

由于会展的目的性很强，无论组展商、参展商，其参与的目的就是为了更加多地签订合同，销售产品，订单永远是他们追求的最大目标。因此，会展业的纠纷主要表现为合同纠纷，而合同纠纷又主要是违约行为造成的。即签订合同的当事人不履行合同，或者不适当履行合同给对方当事人造成不必要的损失而应当承担的民事责任。还有些当事人为了达到某种商业目的而与他人进行恶意磋商，或者不遵循诚实信用原则，给对方当事人造成经济损失，这些行为均属于“缔约过失责任”。

(二)侵权行为

1.侵权行为的概念和特征

侵权行为是指行为人由于过错侵害他人的财产或者人身，违反法定义务，依法应当承担民事责任的行为，包括依照法律特别规定应当承担民事责任的其他致人损害的行为。

侵权行为的特征主要有：

(1)侵犯他人人身权、财产权或利益的行为。行为的违法性是侵权行为的首要特征。由于侵权行为违反法律的强制性或禁止性规定，导致权利人的权利及人身利益遭受损失，作为侵权人必须为自己的侵权行为承担法律后果。

(2)因行为人的过错而实施的行为。一般情况下，过错责任是我国认定侵权行为的主要归责原则，即行为人在实施侵权行为时，其主观上应有过错。但是法律有特别规定适用无过错归责原则时从法律。

(3)违反法定义务的行为。侵权行为虽然也是民事主体违反民事义务的行为，但是与违约行为不同的是，侵权行为违反的是法定义务，而违约行为违反的则是约定义务。例如，最高人民法院关于《审理人身损害赔偿案件适用法律若干问题的解释》第六条规定："从事住宿、餐饮、娱乐等经营活动或者其他社会活动的自然人、法人、其他组织，未尽合理限度范围内的安全保障义务致使他人遭受人身损害，赔偿权利人请求其承担相应赔偿责任的，人民法院应予支持。"因此从事住宿、餐饮、娱乐等经营活动或者其他社会活动的自然人、法人、其他组织就负有上述法定义务。

(4)承担民事责任的行为。法律责任的形式有多种，如行政责任、民事责任和刑事责任。侵权行为所应承担的是民事责任，不能是其他。虽然刑事责任中的犯罪行为部分也侵犯了受害人的人身或者财产权，与民事责任中的侵权表现类似，但是二者却有着本质的区别。刑事责任中的侵权是指已经达到犯罪的程度，需要进行刑事处罚的违法行为。而民事责任中的侵权则是没有达到犯罪程度，只需承担民事责任的一种违法行为。民事责任的种类主要有：停止侵害；排除妨碍；消除危险；返还财产；恢复原状；修理、重作、更换；赔偿损失；支付违约金；消除影响、恢复名誉；赔礼道歉。

2.侵权行为侵害的对象

侵权行为所针对的对象是他人的物权、人身权和知识产权。

物权是指权利人依法对特定的物享有直接支配和排他的权利，包括所有权、用益物权和担保物权。物权的客体是物，物权主要是财产权，这种财产权表现为支配权、绝对权。

人身权是指民事主体依法享有的、与特定人身密不可分的、没有直接财产内容的民事权利。它体现为一种人格关系和身份关系。侵害人身权，是以人身权为侵害客体，直接造成人身伤害或者人格利益、身份利益损害的侵权行为。

知识产权是指公民、法人或者其他组织对其在科学技术和文学艺术等领域内，基于脑力劳动创造的成果，也叫智力成果，并对其依法享有的专有权利。知识产权有与其他财产权不同的特征：第一，基于脑力劳动的成果，是无形财产权，因而是专有权；第二，由国家专门机关进行认定即确认性；第三，具有时间性。法律对知识产权的保护规定一定的保护期限，知识产权只有在法定期限内有效，过期将被纳入公有领域，不再受保护；第四，具有地域性。在一国所确认和保护的知识产权，只在该国领域内发生法律效力，超出这个领域将得不到法律的保护。

3.侵权责任的概念和特征

侵权行为民事责任，简称侵权责任，是指行为人实施一定的侵权行为所应当承担的民事法律后果。我国《民法通则》第一百零六条规定："公民、法人由于过错侵害国家的、集体的财产，侵害他人财产、人身的，应当承担民事责任。"可见，侵权人实施了侵犯他人人身和财产权的，都将承担相应的法律责任。

侵权责任的特征包括：

(1)侵权民事责任是民事主体因违反法定义务而应承担的法律后果。民事义务分为约定义务和法定义务两类,违反约定义务的民事主体应承担违约的民事责任;违反法定义务的民事主体则应当承担侵权的民事责任。

(2)侵权民事责任是以国家强制力保障其实现的,当事人一般不得事先约定免除,其承担赔偿责任的范围也是法定的。

(3)侵权责任以补偿性为主。侵权责任法的主要功能是"补偿"。因侵权行为使权利人的权利或者利益遭受了不当损失,侵权行为人通过损害赔偿或恢复原状等方式,将该损害恢复到其受害前的状况,实为对受害人即权利人的一种经济补偿,这正是民事责任重要特征之一。

(4)侵权民事责任的形式主要是财产责任,但非限于财产责任。《民法通则》规定了十种民事责任的方式,其中财产责任为主要方式,其他方式也可单独或合并使用,如停止侵害、赔礼道歉、消除影响等均为非财产责任。

侵权责任与违约责任虽然都是民事责任,但却存在着重大差别,主要是归责原则和免责条件不同。违约责任一般采取无过错责任原则,例外采取过错责任原则;而侵权民事责任则一般采取过错责任原则,例外采取无过错责任原则和公平责任原则;在违约责任中,除了法定的免责条件(如不可抗力)以外,合同当事人还可以事先约定不承担民事责任的情况,但当事人不得预先约定免除故意或重大过失的责任。而在侵权民事责任中,免责条件只能是法定的,当事人不得事先约定免责条件。

4.侵权责任的构成要件

关于侵权责任的一般构成要件,我国学者有不同的看法,本书作者认为,一般侵权行为(即基于过错责任原则认定的侵权行为)的构成为以下四要件:

(1)侵权行为。行为人的行为违反了法定义务,侵犯了他人的合法权益,因此具有违法性。侵权行为包括作为与不作为两种。作为是指法律要求行为人以一种积极的态度去实现他人的权利,如还债、履行义务等;不作为是指法律要求行为人对他人权利持一种消极的不作为义务,以不作为的行为方式为尊重他人权利的表现形式。如果行为人负有不作为的义务而作为的,则构成作为的侵权行为;反过来如果行为人负有作为的义务而不作为的,则构成不作为的侵权行为。

(2)损害事实。损害事实是指由侵权行为致使权利主体财产权、人身权受到侵害,并造成财产和非财产利益损害的客观事实。该损害的特点是:损害具有可补救性、损害具有确定性。

(3)因果关系。因果关系是指各种客观现象之间的关联。在侵权责任中,侵权行为是因,损害事实是果,这二者之间存在某种关联。如果二者的因果关系确定，那么行为人将可能承担民事责任，否则将不承担民事责任。

(4)主观过错。主观过错是指有侵权责任能力的人在实施侵权行为时，对行为的性质以及可能造成的损害结果的心理态度，这种心理态度有故意和过失之分。故意是指侵权人预见到损害后果的发生并希望或者放任该结果的发生的心理状态。过失是指侵权人对自己的行为后果应当预见或者轻信此后果堪忧避免的心理状态，分为疏忽的过失或者轻信的过失。

上述四个要件是构成一般侵权责任所必须具备的，缺一不可的内容。但是如果是基于无过错责任原则认定的侵权责任则不用考虑行为人主观上有无过错。

5.会展业侵权行为的表现

由于利益关系的驱使以及法律规范的欠缺，一些组展商、参展商，甚至参观者极易采取的侵权行为有以下几种：

(1)冒用其他会展名称进行欺骗性活动。

(2)侵犯他人的知识产权。利用会展，采用剽窃、假冒、仿冒等手段侵犯其他参展商的商标、专利和著作权，以图非法获利。

(3)采用诋毁等方式，侵犯其他企业的名誉权，达到推销自己产品的目的。

(4)采用剽窃、贿赂、回扣、引诱等方式侵犯他人的商业秘密。

(5)兜售假冒伪劣产品，造成消费者人身或财产损失。

6.侵权行为民事责任的承担方式

侵权行为依法应当承担民事责任的方式主要有以下几种：

(1)停止侵害。即指侵权行为人终止其正在进行或者延续的损害他人合法权益的行为。

(2)消除危险。即指侵权行为人消除由其行为引起的现实存在的某种可能对他人合法权益造成损害的紧急事实状态。

(3)排除妨碍。即指侵权行为人排除由其行为造成的妨碍他人权利正常行使和利益实现的客观事实状态。

(4)消除影响。即指侵权行为人在其行为造成不良影响的范围内消除对受害人的不利后果。

(5)恢复名誉。即指侵权行为人采取适当方式使受害人的名誉恢复到未受损害之前的状态。

(6)赔礼道歉。即指由侵权行为人以口头或书面的方式向受害人承认错误，表达歉意的承担责任方式。

(7)赔偿损失。即指行为人违反民事义务致人损害后，以其财产赔偿受害人所受的损失。这是适用最广泛的承担责任方式。

第二节 解决民事纠纷的方式

民事纠纷，按照是否利用国家的力量解决，可以分为自力救济、社会救济、公力救济三种方式。民事纠纷解决机制，经历了由自力救济到公力救济的发展过程，其中也伴随着社会救济的发展。在现代社会，这三种解决纠纷机制也是并存着的，构成了一个系统化的纠纷解决体系。

一、自力救济

自力救济又称私力救济，是指纠纷主体依靠自己的力量解决纠纷，没有第三方协助或主持解决纠纷。自力救济的方式是多种多样的，如依法采取正当防卫和紧急避险，依法留置、变卖，合理拒收、拒付等，但是其典型方式是和解。

民事纠纷发生后，纠纷主体首先想到的就是能否利用自己的力量与对方进行交涉。利用自己的力量试探性的与对方磋商化解纠纷，是纠纷主体自我确信的一种表征，也是人格自尊的外化。自力救济的主体不一定必然是权利人，义务人也可以要求进行和解，这样有利于矛盾自我消化，避免升级。

民事纠纷的自我解决有许多好处：

(1)自愿性。民事纠纷的主体在完全自愿的情况下，按照商讨的内容，互相作出让步，自觉地将问题解决，自我消化矛盾，没有受到任何外界干扰和影响，自愿性充分体现了自力救济的本质特征，是纠纷主体能够顺利实现自力救济的基础。

(2)彻底性。由于纠纷主体是在自愿的基础上解决矛盾的，从情理上，各方当事人能够接受和解的条件，因而纠纷的化解比较彻底。

(3)成本低。自我解决纠纷，涉及面窄，牵涉的人少，花费的精力、财力和时间都相对较少，这样就节省了成本，是一种最为经济实惠的解决纠纷的方法和机制。

自力救济虽然好处颇多，但是在适用时还必须注意到，自力救济的过程和内容必须不违背禁止性法律规定和社会公共利益。自力救济还必须遵守最基本的公平与真实原则，即和解的过程和结果必须建立在纠纷主体平等和真实意志的基础上，其间不得存在强迫、欺诈、显失公平和重大误解等因素。

二、社会救济

社会救济，也有人称其为“第三领域”。它介乎自力救济与公力救济之间。是指依靠社会力量来解决纠纷的方式，简称为“社会救济”，其适用形式表现为：

调解和仲裁等。在我国，调解和仲裁归为非诉讼解决纠纷机制。

（一）调解

调解是指第三方依据一定的社会规范（包括习惯、道德、法律规范等），在纠纷主体之间沟通信息，摆事实明道理，促成纠纷主体相互谅解和妥协，达成解决纠纷的合意。

我国现有的调解形式中，划分为两类：一类属于诉讼调解，是由法院主持下的调解；一类属于非诉讼的调解，主要有人民调解、其他社会团体组织的调解和行政调解等。

人民调解属于民间调解，是指由设立在各个基层单位的人民调解委员会的主持下，在双方当事人自愿的基础上，依据法律和社会公德，对民间纠纷当事人进行说服教育，规劝疏导，促使纠纷各方互谅互让，平等协商，自愿达成协议，消除纷争的自治活动。这种民间纠纷的调解有两个基本特征：第一，自治性。人民调解委员会的工作人员本身就是该单位、街道、村组的成员，并且是由一些德高望重、讲究信誉、有一定群众基础的人员担任，他们来自基层，了解基层，服务基层，比较容易化解一些简单的矛盾，促成和解；第二，约束力欠缺。由于人民调解属于自治组织的自治行为，即便当事人达成和解，也可能遇到反悔之人，不履行承诺时，该合意随即变成一纸空文，它不具有法律强制力。

其他社会团体组织的调解，如，用人单位的劳动争议调解委员会对劳动争议的调解，消费者保护协会对消费者争议的调解，仲裁机构对民事纠纷的调解等。

行政调解是行政机关在行使职权时附带地解决纠纷，例如，公安机关、土地管理部门，就可以对于因交通事故或者违反《治安管理处罚条例（法）》给他人造成人身和财产损失的情况，应当事人请求进行调解。

对于以上的调解形式，应该强调的是它们并非仲裁或者诉讼的必经程序，纠纷主体可以不经调解而直接申请仲裁或者直接提起诉讼，也可以因调解不成或者当事人对调解协议反悔继而申请仲裁或者提起诉讼。

（二）仲裁

仲裁，是指双方当事人根据已达成的仲裁协议，将案件提交有关仲裁机构进行裁决的活动。争议的双方自愿将他们之间的矛盾交给第三者作出裁决，并且愿意就裁决结果作为了结争议的方式而自觉履行。

为公平起见，通常仲裁是由专门的仲裁机构行使仲裁权。当事人对仲裁人选可以自由约定：可以约定由三名仲裁员组成仲裁庭，各自选定或者各自委托仲裁委员会主任指定一名仲裁员，第三名仲裁员由当事人共同选定或者共同委托仲裁委员会主任指定。第三名仲裁员是首席仲裁员；当事人还可以约定由一名仲裁员成立仲裁庭，由当事人共同选定或者共同委托仲裁委员会主任指定仲裁员;如果当事人没有在仲裁规则规定的期限内约定仲裁庭的组成方式或者选定仲裁员的,由仲裁委员会主任指定。

由此可见,仲裁具有自愿性、自主性、终局性的特点。自愿性即是否提交仲裁完全取决于当事人的意思。自主性是指当事人在仲裁协议里,可以自主选择所提交的仲裁机构,双方均可以自主选择自己信任的仲裁员。终局性是指,当事人在仲裁庭的主持下先进行调解,如果调解后达成协议,则仲裁程序结束;如果调解后达不成协议,则由仲动机构做出裁决。仲裁机构的调解协议和裁决书具有终局效力,当事人必须履行,否则,另外一方当事人可向人民法院提出申请,要求强制执行仲裁机构的裁决。

三、公力救济

在民事纠纷解决领域的"公力救济",是指争议的各方当事人利用国家公权力解决民事纠纷的方式。当权利人的权利受到侵害或者有被侵害之虞时,权利人行使诉讼权,诉请人民法院依民事诉讼法和强制执行程序保护自己的权利的措施。

与上述两种解决民事纠纷的方式相比,公力救济的力度要强,是一种具有法律效力的解决争议的措施,当事人一旦不履行应尽义务,必将受到法律制裁。但是应该指出的是,自力救济与社会救济不是公力救济的必经之路,这几种解决争议的方式,完全由当事人自由选择,可以选择自力救济和社会救济解决争议,也可以直接到人民法院进行民事诉讼,即公力救济的方式进行维权。当然,有时一些民事纠纷比较复杂,矛盾比较激烈,选择自力救济和社会救济的效果不一定显效,此时通过民事诉讼,才能最终解决问题。

民事诉讼有以下主要优点:

(1)民事诉讼的严格规范性限制法官的恣意和维护平等。正当、合理的程序制度提供给当事人双方平等的诉讼权利和诉讼手段并让其承担平等的诉讼义务,程序面前人人平等,使得当事人能够自由平等地行使诉讼权利,提出诉讼请求或主张、提供证据、进行辩论,从而有助于案件事实的澄清和民事纠纷的公正解决。

(2)民事诉讼在保护民事实体权益方面,能够做到提高并保障纠纷解决结果的可预见性,满足了当事人明确的权益要求,同时也较充分地实现权利人的民事权益。

(3)民事诉讼的国家强制力使得民事纠纷能够得到最终解决,最终实现当事人的实体权益。在许多人看来,这是其他民事纠纷解决机制所不及的。法律社会遵守"司法最终解决"原则,在解决民事纠纷领域中,民事诉讼是解决民事纠纷的最终方式,诉讼的结果是解决民事纠纷的最终结果。

但是,民事诉讼也存在一些固有的局限性,例如,民事诉讼是一种极具职业专门性的技术性活动,在认知方面不易为一般民众所理解和接受,当事人参加诉讼的程度受到一定的限制,从而在心理上与诉讼保持着一定的距离,妨碍了对诉讼的利用。有许多民众都有宁愿私了也不愿打官司的心理,从而选择自力救济或者社会救济,一方面,调解等非诉讼纠纷解决机制,其程序简单明了;另一方面,调解等非诉讼纠纷解决机制强调当事人高度的意思自治,也给当事人带来能够自主解决问题的成就感。

此外,与其他民事解决纠纷机制相比,民事诉讼的程序复杂繁琐、时间长、成本高,常常让人望而却步。而和解、调解等非诉讼纠纷解决机制,其程序简便,解决纠纷的成本低廉、迅捷便利,也是当事人选择使用的主要原因。

第三节　经济纠纷调解

一、经济纠纷调解的概念

经济纠纷调解是民事纠纷调解机制的重要组成部分,是适用于经济纠纷解决的主要方法。经济纠纷调解是由第三方(调解机构或调解人)出面对经济纠纷的双方当事人进行斡旋调停,用一定的法律规范和道德规范劝导冲突双方,促使他们在互谅互让的基础上达成解决纠纷的合意。该调解合意不具有法律上的强制力,但具有合同意义上的效力。

对于如何确认经济纠纷的范畴和解决经济纠纷的原则,商务部于 1989 年 11 月 23 日颁发了《商业经济纠纷调解试行办法》,该办法规定:本办法所称的商业经济纠纷,是指各类商业经济组织之间发生的经济纠纷;商业经济组织与非商业经济组织、个体经营者之间的经济纠纷,可参照本办法调解。在适用经济纠纷调解的原则上,该办法第四条规定:“商业经济纠纷的调解工作,必须坚持下列原则:(一)自愿;(二)以事实为根据,以法律为准绳;(三)自觉履行与监督履行相结合。”对于实施调解的成员及调解组织的职责,该办法又规定,第一,对当事人在适用法律 、法规和政策上一律平等,保障当事人双方平等行使权利;第二,维护法律尊严,制止违法行为;第三,教育当事人重合同,守信用,依法经营;第四,监督调解协议的执行。

当然,这种调解从后果看是不具有法律强制力的,当事人如果对调解的结果不满意,或者已达成合意而后又反悔的,可以按国家规定向有关部门申请仲裁或提起民事诉讼。

二、经济纠纷调解的特征

经济纠纷调解往往与和解有许多相似之处。它们二者都属于非讼范畴;解决纠纷的核心都是当事人的合意。但是经济纠纷的调解与和解相比有如下特征:

(1)斡旋人的中立性。斡旋人(调解人)可以是国家机关、社会组织和个人,但是在调解中他们都是中立的第三方,通过说服、劝导等方式,使争议双方达成合意。实施调解的斡旋人越具有中立性,纠纷主体所主张的正当性就越显现;并且调解人常常依据正当的社会规范(包括交易习惯、善良风俗、公众看法以及法律规范等)来协调纠纷双方的利益冲突。

这使得调解与和解区别开来,和解没有第三方,和解是发生争议的双方当事人基于某种目的,不希望矛盾扩大或激化,选择主动或被动与对方和解的方式化解矛盾。

(2)调解有缓冲带,即争议双方当事人如果矛盾复杂,一时难以化解时,作为调解的第三方可以进行斡旋,使矛盾的双方在情感上有一个缓冲,便于矛盾的妥善解决;而和解一旦矛盾激化,由于没有第三方进行调停,基本无缓冲可能。

(3)解决纠纷的范畴不同,和解属于自力救济的范畴,而调解则属于社会救济范畴。

三、会展中经济纠纷调解的适用

(一)经济纠纷调解的主体

调解经济纠纷的主体可以是国家机关、社会组织和个人。需要强调的是,国家机关主要指经济纠纷当事人的上级主管行政机关。会展中发生的经济纠纷还可以视情况由组展方设置的法律服务机构进行调停。由于经济纠纷当事人的情况各不相同,例如,国有企业、集体企业、公司、私有经济等特性,因此参与调解的主体也会各不相同,经济纠纷当事人可以协商选择不同的调解主体。

(二)经济纠纷调解的客体

经济纠纷的客体主要指在签订经济合同、履行经济合同过程中所发生的纠纷,包括在会展中出现的侵犯他人知识产权,情节比较轻微的行为。

(三)经济纠纷调解的内容

经济纠纷调解的内容主要是通过说服、调和、劝说、引导等方式,使得纠纷双方当事人达成合意。其中既有法律关系中诸如权利享受,义务承担的提示,又有道德的评价、交易习惯的衡量,全方位促使双方解决矛盾。

(四)经济纠纷调解的效力

由于经济纠纷调解原则上是一种民间的、非诉讼的性质，其调解结果只能依靠各当事人自觉履行；如果纠纷的各当事人反悔不履行先前的承诺，那么只能另行仲裁或者起诉。因此，经济纠纷的调解不具有法律的约束力。

第四节　经济仲裁

一、经济仲裁的概念、特征

（一）经济仲裁的概念

经济仲裁是指当事人双方在发生经济纠纷后，根据其事先约定，将纠纷交由仲裁机构予以裁判，并由国家强制力保证实施的一种经济纠纷解决机制，是通过非官方途径解决经济纠纷的重要方式。《中华人民共和国仲裁法》（以下简称《仲裁法》）第一条规定："为保证公正、及时地仲裁经济纠纷，保护当事人的合法权益，保障社会主义市场经济健康发展，制定本法。"第二条规定："平等主体的公民、法人和其他组织之间发生的合同纠纷和其他财产权益纠纷，可以仲裁。"第三条又规定："下列纠纷不能仲裁：（一）婚姻、收养、监护、扶养、继承纠纷；（二）依法应当由行政机关处理的行政争议。"此外，劳动争议和农业集体经济组织内部的农业承包合同纠纷仲裁机构也不受理。由此可见，仲裁主要是针对经济合同中产生的纠纷以及其他财产权益纠纷。其他财产权益纠纷主要是指由侵权行为引发的纠纷，例如产品质量责任和知识产权领域的侵权行为等。

（二）经济仲裁的特征

仲裁是由双方当事人选定的仲裁机构对纠纷进行审理并作出裁决。仲裁不同于调解，仲裁裁决对双方当事人有法律上的拘束力。但是，仲裁与调解一样，也是以双方当事人的自愿为前提条件的，只有纠纷的双方达成仲裁协议，一致同意将纠纷交付裁决，仲裁才能够开始。

经济仲裁有以下特征：

1.仲裁协议是仲裁程序开始的法定条件

提交仲裁以双方当事人自愿为前提。当事人在进行经济交往时，可以选择各种解决争议的方式。如果当事人选择仲裁的，必须在订立合同时写明仲裁条款或者在发生争议时达成书面的仲裁协议。没有仲裁协议，仲裁机构不予受理。同样，双方已达成仲裁协议，一方又向人民法院起诉，人民法院也不予受理。

2.仲裁实行"一裁终局"制

所谓"一裁终局"，是指裁决书自裁决作出之日起发生法律效力。当事人对仲裁机构作出的裁决不服，不得向人民法院提起诉讼。

当事人就同一纠纷再申请仲裁或者向人民法院起诉的，仲裁委员会或者人民法院不予受理。

仲裁裁决一经作出即为终局裁决，如果当事人一方不履行裁决的，另一方当事人可以依照《民事诉讼法》的有关规定向人民法院申请执行。

3. 仲裁程序有较大的透明度和自主性

如当事人可以依法选定仲裁员和申请仲裁员回避；可以约定仲裁程序，仲裁中可以和解和自愿调解等。

4. 仲裁员的兼职性保证了仲裁过程的公正

仲裁员一般是从各行各业中聘任。《仲裁法》第十三条规定："仲裁委员会应当从公道正派的人员中聘任仲裁员。仲裁员应当符合下列条件之一：(一)从事仲裁工作满八年的；(二)从事律师工作满八年的；(三)曾任审判员满八年的；(四)从事法律研究、教学工作并具有高级职称的；(五)具有法律知识、从事经济贸易等专业工作并具有高级职称或者具有同等专业水平的。仲裁委员会按照不同专业设仲裁员名册。"仲裁员是兼职的，仲裁委员会与仲裁员之间没有固定的人事关系，较好地保证裁决的公正性和权威性。

5. 仲裁裁决具有强制性

仲裁裁决一经作出，即具有法律约束力，当事人一方不履行裁决，另一方可依法向人民法院申请执行，受申请的人民法院应当执行。

二、经济仲裁的历史发展与现实意义

仲裁起源于古希腊和古罗马。最初，仲裁是用来解决商人之间的商务纠纷。早期的仲裁在民间进行，由德高望重的个人或者社会团体(如商人组织、行会等)作为仲裁人，依据商业、行业惯例或道德规范来解决纠纷。此时的仲裁具有纯粹的民间性和纠纷主体的自治性，未渗入国家公权力和国家法律因素。这一时期仲裁与诉讼(或法院)几乎不存在任何联系。仲裁和民事诉讼(或法院)的联系仅存在于仲裁成为法律制度之时。仲裁成为一种法律制度始于中世纪，形成于英国、瑞士。至19世纪末20世纪初，由于商品经济和国际经济贸易的发展，仲裁制度遂普及于整个世界，并出现了国际性的仲裁立法。不仅如此，仲裁的适用范围由原初的商务纠纷扩展到整个民商事纠纷以及劳动纠纷、消费者纠纷等。仲裁的法律化使得仲裁的性质由纯粹的民间性和自治性发展到民间性、自治性和法律性的交相融合。

在频繁的国际商事交往中，争议的发生不可避免。特别是在一些国际会展中，国际贸易纠纷会不断发生，如果当事人在矛盾发生时都通过诉讼解决，将带来许多不便，例如各国法院判决能否协助执行就是一个很大的障碍。而通过自行解决又达不到预期目的时，最好的方法就是将该争议提交给与争议无利害关系的第三方裁定，即将争议提交给他们所信赖的仲裁机构解决。仲裁庭的裁决与国家法院判决具有同等法律效力，且能得到多数国家的承认与执行。这是由于世界上绝大多数国家均为《承认和执行外国仲裁裁决公约》（也称《纽约公约》）的缔约国。缔约国根据公约规定承担了按照公约规定的条件承认和执行外国仲裁裁决的国际法上的义务。因此，在一国境内作出的仲裁裁决，除了存在着公约规定的不予执行的条件外，在所有缔约国都能够得到承认与执行。而执行地法院只能根据公约规定，对该外国仲裁裁决进行司法复审后即作出是否承认与执行该外国仲裁裁决的裁定。但是在执行外国法院判决方面，则不存在类似的国际公约。因此，当今的国际商事合同中，绝大多数都含有通过仲裁解决当事人之间争议的仲裁条款。仲裁作为解决国际商事争议的重要手段之一，已经得到国际商事交易当事人的普遍采用。

三、经济仲裁的适用

（一）经济仲裁的适用范围

经济仲裁的适用范围主要是平等主体的公民、法人和其他组织之间发生的合同纠纷和其他财产权益纠纷。合同纠纷包括合同法规定的 15 种有名合同及当事人自己约定的无名合同；其他财产权益纠纷主要是指由侵权行为引发的纠纷，例如产品质量责任和知识产权领域的侵权行为等。

根据法律规定，不适用于仲裁的纠纷包括：婚姻、收养、监护、扶养、继承纠纷；依法应当由行政机关处理的行政争议、劳动争议、农业集体经济组织内部的农业承包合同纠纷等。

（二）仲裁员应具备的条件

作为仲裁员必须符合如下条件：

(1)从事仲裁工作满八年的；

(2)从事律师工作满八年的；

(3)曾任审判员满八年的；

(4)从事法律研究、教学工作并具有高级职称的；

(5)具有法律知识、从事经济贸易等专业工作并具有高级职称或者具有同等专业水平的。

（三）仲裁庭的组成

仲裁庭可以由三名仲裁员或者一名仲裁员组成。由三名仲裁员组成的，设首席仲裁员；当事人约定由三名仲裁员组成仲裁庭的，应当各自选定或者各自委托仲裁委员会主任指定一名仲裁员，第三名仲裁员由当事人共同选定或者共同委托仲裁委员会主任指定。第三名仲裁员是首席仲裁员；

当事人约定由一名仲裁员成立仲裁庭的，应当由当事人共同选定或者共同委托仲裁委员会主任指定仲裁员。

当事人没有在仲裁规则规定的期限内约定仲裁庭的组成方式或者选定仲裁员的，由仲裁委员会主任指定。

（四）一裁终局

仲裁庭在作出裁决前，可以先行调解。当事人自愿调解的，仲裁庭应当调解；调解不成的，应当及时作出裁决。

仲裁实行一裁终局的制度。裁决作出后，当事人就同一纠纷再申请仲裁或者向人民法院起诉的，仲裁委员会或者人民法院不予受理。裁决书自作出之日起发生法律效力。

（五）经济仲裁与民事诉讼的关系

(1)仲裁是当事人事先或者事后约定，若无该约定，则不得申请仲裁；而诉讼不管是否约定，当事人都可以向人民法院起诉；

(2)仲裁是由仲裁机构进行调停的一种民间活动；而诉讼则是由人民法院代表国家对争议的双方进行裁判的法律活动；

(3)仲裁实行一裁终局制，当事人不服该仲裁裁决的，也不得申请再裁决或者向人民法院起诉；但是诉讼当事人如果不服一审法院判决的，可以向上一级人民法院上诉，并且有些案件，如离婚诉讼，当事人还可以在判决生效后6个月内就此案再向人民法院起诉；

(4)仲裁裁决与判决虽然都具有法律效力，但是在当事人不履行裁决与判决义务的执行力上存在差异。如果当事人不履行裁决义务时，仲裁机构无权对其进行强制执行，一方当事人不履行的，另一方当事人可以依照民事诉讼法的有关规定向人民法院申请执行。因为根据法律规定，只有人民法院有权对拒不履行法律义务的当事人采取强制执行的措施，其他任何机关、个人都无权对他人的人身和财产适用强制执行措施，否则构成违法。

第五节　经济纠纷的诉讼

一、民事诉讼的概念、特征和种类

经济纠纷的诉讼属民事诉讼的范畴。

（一）民事诉讼的概念

民事诉讼是指法院在当事人和其他诉讼参与人的参加下，以审理、调解、判决、执行等方式解决民事纠纷的活动，以及由这些活动产生的各种诉讼关系的总和。

诉讼参与人，包括原告、被告、共同诉讼人和第三人，还包括代理人、证人、鉴定人和翻译人员；诉讼活动，既包括人民法院的活动，如受理案件、调查取证、审理案件、作出判决等，也包括诉讼参与人的活动，如原告起诉、被告应诉、证人出庭作证等；诉讼法律关系，是指人民法院和一切诉讼参与人之间，依法在诉讼过程中所形成的诉讼上的权利义务关系。

民事诉讼是以司法方式解决平等主体之间的纠纷，是由法院代表国家行使审判权解决民事争议的方式。民事诉讼是解决民事纠纷的最终方式，它适用于没有仲裁协议的民事纠纷。

根据诉讼所要解决的案件性质不同，诉讼可分为民事诉讼、行政诉讼和刑事诉讼三种。凡因财产关系和人身关系所产生的矛盾，如继承、房屋、损害赔偿、离婚、赡养、子女抚养以及各类经济合同纠纷等，当事人就可以提起民事诉讼。在人民法院主持、诉讼参与人的参加下，依照法定程序，审理民事纠纷的各种诉讼活动，就是民事诉讼。

（二）民事诉讼的特征

1. 民事诉讼活动由民事诉讼法来调整

《中华人民共和国民事诉讼法》（以下简称为《民事诉讼法》）作为一部重要的程序法在我国整个法律体系中占有重要地位，它不仅是民事诉讼活动必须依照的法律规范，而且它也体现了国家对司法审判制度公正性的态度，因为程序公正也就意味着司法公正。在民事诉讼中，任何违反民事诉讼法律规范的行为都将会使诉讼活动无效。

2. 民事诉讼具有广泛性

适用民事诉讼程序解决的纠纷非常广泛，包括普通民事纠纷：如，继承、房屋、损害赔偿、离婚、赡养、子女抚养等。同时民事诉讼还审理经济合同纠纷，劳动争议，侵犯专利权、商标权、著作权，海事争议，债务催偿和法律规定的特殊类型的案件。这一特征正是其他诉讼所不具备的。

3. 民事诉讼具有公权性

民事诉讼是由人民法院代表国家行使审判权，解决民事争议的一种司法方式。它与各类调解解决民事纠纷的方式相比有着重大的区别，即民事诉讼具有国家强制力做保障，凡是经人民法院通过民事诉讼程序审理的案件，无论人民法院作出何种裁决，都将产生法律效力。例如，人民法院在开庭审理后作出判决前，当事人要求撤诉的，是否允许，须经人民法院决定。说明当事人一旦启动民事诉讼程序，就不能随心所欲，必须遵守法律规定和服从人民法院的审理。同时公权性还表现在执行法院判决、裁定以及调解的强制力度，对于那些不自动履行义务的当事人，法院可采取强制措施，迫使当事人履行义务。因此，强制性是公权力的重要属性。

3. 民事诉讼具有程序性

民事诉讼是依照法定程序进行的诉讼活动，民事诉讼是一个连续进行的活动过程。一般情况下民事诉讼程序包括起诉和受理、庭前的准备、开庭审理、裁判、上诉和执行等六个阶段。但是不是每个案件都必须经过这六个阶段，比如，有的一审案件当事人没有上诉的，一审判决就发生法律效力；又如，当事人对法院判决能够自觉执行的，那么执行程序也没有实施的必要了。

(三)民事诉讼的种类

根据民事权利被侵害的种类，当事人提起诉讼请求的目的和要求也有所不同。通常有以下几种：

1. 确认之诉

当事人诉讼目的是请求人民法院确认某种权利的存在。例如，确认权利的归属，确认合同无效，确认某种身份的存在与否等。

对于会展中有权利人提出侵犯其“驰名商标权”诉讼请求，人民法院可根据不同情况作不同处理：一是经各地省级工商机关上报，由国家商标局批准，已经被确认为是驰名商标的，按照《商标法》和《民事诉讼法》的规定审理；二是未经国家商标局认定的，当事人可以在诉讼中要求人民法院通过“个案认定”方式确认“驰名商标”。根据最高人民法院《关于审理涉及驰名商标保护的民事纠纷案件应用法律若干问题的解释》规定，在下列民事纠纷案件中，当事人以商标驰名作为事实根据，人民法院根据案件具体情况，认为确有必要的，对所涉商标是否驰名作出认定。

当事人主张商标驰名的，应当根据案件具体情况，提供下列证据，证明被诉侵犯商标权或者不正当竞争行为发生时，其商标已属驰名：(1)使用该商标的商品的市场份额、销售区域、利税等；(2)该商标的持续使用时间；(3)该商标的宣传或者促销活动的方式、持续时间、程度、资金投入和地域范围；(4)该商标曾被作为驰名商标受保护的记录；(5)该商标享有的市场声誉；(6)证明该商标已属驰名的其他事实。

对于在中国境内为社会公众广为知晓的商标，原告已提供其商标驰名的基本证据，或者被告不持异议的，人民法院对该商标驰名的事实予以认定。

2. 给付之诉

权利人请求人民法院责令义务人履行义务，实现自己权利的诉讼。如，请求交付财产、支付违约金和赔偿金的诉讼即是给付之诉。

3.形成之诉

当事人请求人民法院通过判决变更现有的某种民事权利义务关系，形成某种新的民事权利义务关系的诉讼。如当事人请求人民法院分割共同财产、终止合同关系、解除收养关系、申请死亡宣告等即为形成之诉。

二、我国民事诉讼的管辖

（一）民事诉讼管辖的概念

民事诉讼中的管辖，是指各级法院之间和同级法院之间受理第一审民事案件的分工和权限。它是在法院内部具体确定特定的民事案件由那个法院行使民事审判权的一项制度。

（二）民事诉讼管辖的种类

1.级别管辖

级别管辖是指人民法院内部划分上下级法院之间受理第一审民事案件的分工和权限。我国民事诉讼的体制为“四级两审终审制”。“四级”是指我国的法院系统有四个级别，即基层人民法院、中级人民法院、高级人民法院和最高人民法院。基层人民法院管辖第一审普通民事案件；重大涉外案件、在本辖区有重大影响的案件、最高人民法院确定由中级人民法院管辖的案件由中级人民法院管辖；高级人民法院管辖在本辖区有重大影响的第一审民事案件；最高人民法院则管辖下列第一审民事案件：在全国有重大影响的案件和它认为应当由本院审理的案件。

“两审终审”是指地方各级法院对于按照审判管辖权的规定对由其审判的一审案件做出判决或裁定以后，若当事人不服，可以在法定期限内向上一级法院提起上诉；上一级法院有权经过对第二审案件的审理，改变或维持一审法院的判决或裁定。上级法院的二审判决、裁定，是终审判决、裁定，当事人不得上诉。

2.地域管辖

地域管辖是指确定同级人民法院之间受理第一审民事案件的分工和权限。地域管辖又分一般地域管辖和特殊地域管辖。一般地域管辖又称普通管辖，是指以被告住所地为标准来确定受诉法院。我国《民事诉讼法》是以被告所在地管辖为原则，原告所在地为例外来确定一般地域管辖。特殊地域管辖又称特别地域管辖，是指以被告住所地、诉讼标的所在地、法律事实所在地为标准确定的管辖。如因合同纠纷提起的诉讼，由被告住所地或者合同履行地人民法院管辖；因侵权行为提起的诉讼，由侵权行为地或者被告住所地人民法院管辖等即为特殊地域管辖。

3.移送管辖、指定管辖与管辖权的转移

移送管辖是指某一人民法院受理民事案件后,发现自己对该案没有管辖权,将案件移送给有管辖权的人民法院受理的诉讼制度。

指定管辖是指上级人民法院用裁定的方式将某一案件交由某一个下级人民法院管辖。《民事诉讼法》第三十七条规定:"有管辖权的人民法院由于特殊原因,不能行使管辖权的,由上级人民法院指定管辖。人民法院之间因管辖权发生争议,由争议双方协商解决;协商解决不了的,报请它们的共同上级人民法院指定管辖。"

管辖权的转移是指经上级人民法院决定或者同意,将案件的管辖权由上级人民法院移交给下级人民法院,或者由下级人民法院转交给上级人民法院的制度。

三、会展经济纠纷案件的管辖和审理

在市场经济条件下,经济法律关系主体为实现各自的经济目标,必须要进行各种经济活动,由于各自的经济权益相互独立,加之客观情况经常变化,因合同纠纷、纳税人与税务机关就纳税事务发生争议等。为了保护当事人的合法权益,维持社会经济秩序,必须利用有效手段,及时解决这些纠纷。特别是在会展中,由于各种利益的驱使,一些当事人违反约定,不履行或者不适当履行合同义务;一些当事人不惜利用会展侵犯他人的知识产权获得自身的利益。这些都是产生经济纠纷的主要原因。

会展经济纠纷主要有如下几类:一是合同纠纷,二是侵权纠纷。侵权又主要集中在侵犯知识产权问题上。当事人可以就此进行民事诉讼,以期争取自己的合法权益。

(一)经济纠纷案件的管辖

1.会展期间因合同纠纷的诉讼管辖

(1)因合同纠纷提起的诉讼,如果合同没有实际履行,当事人双方住所地又都不在合同约定的履行地的,由被告住所地或者合同履行地人民法院管辖。

(2)购销合同的双方当事人在合同中对交货地点有约定的,以约定的交货地点为合同履行地;没有约定的,依交货方式确定合同履行地;采用送货方式的,以货物送达地为合同履行地;采用自提方式的,以提货地为合同履行地;代办托运或按木材、煤炭送货办法送货的,以货物发运地为合同履行地。购销合同的实际履行地点与合同中约定的交货地点不一致的,以实际履行地点为合同履行地。

(3)加工承揽合同,以加工行为地为合同履行地,但合同中对履行地有约定的除外。

(4)财产租赁合同、融资租赁合同以租赁物使用地为合同履行地,但合同中对履行地有约定的除外。

(5)补偿贸易合同,以接受投资一方主要义务履行地为合同履行地。

(6)合同的双方当事人可以在书面合同中协议选择被告住所地、合同履行地、合同签订地、原告住所地、标的物所在地人民法院管辖,但不得违反本法对级别管辖和专属管辖的规定。

(7)因保险合同纠纷提起的诉讼,由被告住所地或者保险标的物所在地人民法院管辖。

(8)票据纠纷提起的诉讼,由票据支付地或者被告住所地人民法院管辖。

(9)铁路、公路、水上、航空运输和联合运输合同纠纷提起的诉讼,由运输始发地、目的地或者被告住所地人民法院管辖。

2.会展期间因侵权行为的诉讼管辖

会展期间的经济贸易往来复杂,进出口人员与物流频繁,所引起的争议与矛盾不可避免,当事人之间发生的侵权纠纷,既包括普通的侵权行为,也包括侵犯知识产权的行为。可以按照下列原则,向具有管辖权的人民法院起诉:

(1)因侵权行为提起的诉讼,由侵权行为地或者被告住所地人民法院管辖。侵权行为地,包括侵权行为实施地、侵权结果发生地。

(2)因产品质量不合格造成他人财产、人身损害提起的诉讼,产品制造地、产品销售地、侵权行为地和被告住所地的人民法院都有管辖权。

(3)因铁路、公路、水上和航空事故请求损害赔偿提起的诉讼,由事故发生地或者车辆、船舶最先到达地、航空器最先降落地或者被告住所地人民法院管辖;

(4)因船舶碰撞或者其他海事损害事故请求损害赔偿提起的诉讼,由碰撞发生地、碰撞船舶最先到达地、加害船舶被扣留地或者被告住所地人民法院管辖;

(5)因海难救助费用提起的诉讼,由救助地或者被救助船舶最先到达地人民法院管辖;

(6)因共同海损提起的诉讼,由船舶最先到达地、共同海损理算地或者航程终止地的人民法院管辖。

(二)经济纠纷案件的审理

当事人按照管辖将案件起诉到人民法院后,将引起民事诉讼一审程序开始。人民法院根据民事诉讼法规定程序,审理民事案件。民事诉讼程序主要有一审普通程序、简易程序、二审程序、审判监督程序等。

一审普通程序主要有:起诉和受理、审理前的准备、开庭审理、判决和裁定。

对于简易程序,我国《民事诉讼法》第一百四十二条规定:“基层人民法院和它派出的法庭审理事实清楚、权利义务关系明确、争议不大的简单的民事案件,适用本章规定。”

第一百四十三条又规定："对简单的民事案件，原告可以口头起诉。"简单的民事案件由审判员一人独任审理，其审理程序也较一审程序简单。

二审人民法院审理上诉案件，除依照本章规定外，适用第一审普通程序。二审人民法院对上诉案件，经过审理，按照下列情形，分别处理：(1)原判决认定事实清楚，适用法律正确的，判决驳回上诉，维持原判决；(2)原判决适用法律错误的，依法改判；(3)原判决认定事实错误，或者原判决认定事实不清，证据不足，裁定撤销原判决，发回原审人民法院重审，或者查清事实后改判；(4)原判决违反法定程序，可能影响案件正确判决的，裁定撤销原判决，发回原审人民法院重审。二审人民法院的判决、裁定，是终审的判决、裁定。

审判监督程序：各级人民法院院长对本院已经发生法律效力的判决、裁定，发现确有错误，认为需要再审的，应当提交审判委员会讨论决定。当事人对已经发生法律效力的判决、裁定，认为有错误的，可以向上一级人民法院申请再审，但不停止判决、裁定的执行。当事人的申请符合下列情形之一的，人民法院应当再审：(1)有新的证据，足以推翻原判决、裁定的；(2)原判决、裁定认定的基本事实缺乏证据证明的；(3)原判决、裁定认定事实的主要证据是伪造的；(4)原判决、裁定认定事实的主要证据未经质证的。

总之，在我国，解决经济纠纷的途径和方式主要有仲裁、民事诉讼、行政复议、行政诉讼。仲裁、民事诉讼、行政复议与行政诉讼都是解决当事人争议的方式，但适用的范围不同。做为平等民事主体的当事人之间发生的经济纠纷适用仲裁或者民事诉讼方式解决；当公民、法人或者其他组织认为行政机关的具体行政行为侵犯其合法权益时，可采取申请行政复议或者提起行政诉讼的方式解决。

仲裁与民事诉讼是两种不同的争议解决方式。当事人发生争议只能在仲裁或者民事诉讼两种方式中选择一种解决方式。有效的仲裁协议可排除法院的管辖权，只有在没有仲裁协议或者仲裁协议无效的情况下，法院才可以行使管辖权。

行政复议与行政诉讼方式的选择则与纠纷的性质有关。根据法律的不同规定，有的可以直接向法院起诉，也可以先申请行政复议，对行政复议决定不服才能提起诉讼；还有的则只能通过行政复议的方式解决，由行政机关对纠纷作出最终裁决。

现实中，许多展会经营者忙于追求效益，遵守展会规章制度的意识淡薄，包括行规行约，使参展商和参观者违反合同约定或者侵犯他人的知识产权以及其他权利的行为时有发生。当权利人的权利遭受不法侵害时，有权按照案情向相关部门，如仲裁机构、行政机关、人民法院等提出不同的诉求，以维护自己的合法权益。

案例分析

【案情简介】北京某公司与加拿大某机构合作在北京召开的“加拿大企业家中国投资贸易洽谈会”，北京这家公司负责进行筹备、组织、协调、联系等相关事宜。双方在京签订协议书议定并就甲、乙双方的责任、会费、利润分配及其他事宜作了约定(中方为乙方，加方为甲方)。双方约定：加方负责组织除政府部门及随行人员、翻译以外的加拿大企业家代表不少于30人出席2001年11月5日至6日在京举办的“中、加企业家中国投资贸易洽谈会”，并在9月20日之前将加拿大投资商的相关资料传真至乙方；加拿大投资商参会代表不足30人，少一人则扣除甲方利润(21万元)的10%。

然而，加方直到10月25日才将加拿大参会人员确定名单等资料传真给北京的合作方，而11月5日实际到京代表的身份与传真材料不符，而且并非都是加拿大企业家代表，洽谈会未能如期召开。北京这家公司只能退回中方参会代表会费，并向各地寄出致歉信，并要承担印刷费、邮费、广告费、食宿费等方面的损失。无奈，北京这家公司只能寻求法律途径来维护自己的利益。然而，因找不到现成的行业依据，还涉及国际诉讼，这家公司曾一度不知该找哪些部门求助。

【法律评析】根据甲、乙双方签订的协议不难看出存在不少漏洞。首先，乙方受委托举办的洽谈会未经过正式审批。而对于涉外洽谈会，须经外经贸委正式审批，审批的过程也就是资格审定的过程。其次，乙方与甲方的合作缺乏信用认证。由于乙方与甲方的合作是通过一位中间人联络的，并且对甲方的资信情况了解仅凭一本宣传册子，乙方并未做任何确认，直至合作过程中出现争议后才知悉甲方在上海的办事处没有注册。其三，双方协议中未约定任何仲裁条款或争议解决办法，双方缺乏必要的法律保护意识。

会展本身是一种隐含契约的交易行为。比如举办一个招商引资洽谈会，在会展主办者和慕名而来的投资者之间，主办者出售“招商信息”给投资者，信息产品的价格就是门票收入；在会展主办者和参展的招商者之间，主办者出售“投资信息”给参展商，同时还向其出租场地使用权，价格就是展位费用；在会展主办者和场馆所有者、广告商之间，主办者又成为买者，它买入场地使用权、信息广告权，付出场地费和广告费。可见，会展本身就是集“买”与“卖”于一身的一种交易行为。

【启示】既然会展也是一种交易，那么就必须遵循基本的市场规则，这些规则有利于规范蓬勃而起的会展经济。作为一个开放的市场，会展业要保持其“窗口”的优势。管理者要注意价格合理稳定，配套设施跟进，法制环境优化。更为重要的是，信息要公开、信用要保证。会展交易的直接产品就是信息，如果信息误导或者不公开，就是在销售假冒伪劣商品。会展主办者和参展商必须注意几个重要问题:第一,交易一定要讲信用,要树立品牌意识,做长久生意,不能做"一锤子买卖"。因为一次会展失败了,下次别人就不会来参展了。这样会对本地区的会展带来恶劣影响。第二,在签订合同时一定要注明解决争议的方法和途径,比如仲裁或者诉讼,特别是涉外合同内容的制定应严格。第三,在会展中及时发现问题及时解决,避免时过境迁,证据不好固定,从而产生不必要的麻烦。

会展经济已成为继旅游、房地产之后又一个崛起的"无烟产业"、"朝阳产业",而且比旅游和房地产更具魅力。尽管对于会展经济的认识和会展经济的兴起是最近几年的事情,但其带来了直接场馆收入和间接效益,即由会展巨大的人流、物流所带来的食、宿、运输、广告等效益,而且还带来了比经济效益更显著的社会效益。但是,在目前的快速发展中,我国会展业还存在着不少问题,在现阶段尤其缺乏必要的规范制度和引导性政策,这是制约会展经济发展的致命障碍。

复习思考题

1.简述经济纠纷与民事纠纷的关系。

2.什么是自力救济?它有什么现实意义?

3.什么是社会救济?它的分类效力如何?

4.会展中经济纠纷调解是如何适用的?

5.什么是仲裁?简述仲裁的适用。

6.民事诉讼的概念和种类有哪些?

7.什么情况下适用简易程序?

8.民事诉讼的普通程序是什么?

9.会展中的合同纠纷应如何进行诉讼管辖?

参考文献

[1]马洁,刘松萍.会展概论.广州:华南理工大学出版社,2005

[2]孙国华,朱景文.法理学.北京:中国人民大学出版社,1999

[3]刘建民.新编经济法教程.上海:复旦大学出版社,2008

[4]朱余桂.会展法概论.北京:高等教育出版社,2004

[5]韩福文,夏学英.会展政策与法规.北京:中国商务出版社,2004

[6]王玉松.会展业的法律规制.上海:上海人民出版社,2005

[7]王小强.会展法律法规.北京:电子工业出版社,2008

[8]陈燕.会展法律法规.北京:中国财政经济出版社,2008

[9]柏亚琴.关于会展合同的法律思考.中国会展,2004,(7)

[10]刘强.会展法律问题刍议(二)——会展中的主体及其法律地位.中国会展,2003(16)

鸣　谢

首先，感谢南开大学出版社为本书提供了出版机会，特别感谢南开大学出版社彭海英编辑为本书出版所付出的辛勤劳动。本书在编写过程中，得到了广州大学旅游学院会展专家刘松萍教授的大力支持和具体指导，广州大学旅游学院会展系主任张以琼副教授、薛莹博士为本书的资料收集提供了帮助。广州大学旅游学院院长肖星教授和书记胡幸福教授为本教材获得广州大学出版基金支助给予了大力支持，在此一并深表感谢。本书编写过程中参考了同行们的同类教材以及不少会展业学术界人士的文章，还参考了大量其他相关文献资料，并引用了相应的内容，在此对所有原作者表示衷心的感谢，如有遗漏而未注明出处的地方，敬请原谅。

本书编著者

2009 年 8 月 31 日 于广州市桂花岗